A. J. P. Taylor

The Trouble Makers

Dissent Over Foreign Policy 1792-1939

A. J. P. テイラー　　真壁広道 訳

トラブルメーカーズ

イギリスの外交政策に反対した人々　1792-1939

りぶらりあ選書／法政大学出版局

アラン・ブロックへ

目次

はじめに vii

1 急進主義の伝統——フォックス、ペイン、そしてコベット 1

2 異端のライバル——アーカートとコブデン 38

3 グラッドストンの外交政策——道徳性の矛盾 74

4 一九一四年以前の新しい急進主義 111

5 大　戦——E・D・モレルの勝利 156

6 両大戦のあいだに——政策の模索 197

訳者あとがき 237

原　注　巻末(23)

人名索引／訳注　巻末(1)

はじめに

私はオックスフォード大学でフォード講演を行った。その後、これを少々縮めてBBCの第三放送で放送した。引用文以外は書いた資料を持たなかった。私はこの講演を記憶から再構成した。ところどころ日常語の表現に改め、文末をくっきりと区切って仕上げたのである。本文は講演で行った内容より、少々一貫性を持たせている。だがそれでも、これは講演であって、文章にして書いたものではない。

私は、異端者たちを、軽視し、批判的に扱うこともあった。それでもこの本は、私が最も尊敬するイギリス人を扱った作品である。同じ時代に生きていたとしたら、私は彼らと同じ見解を共有したはずだと思う。彼らの過ちを私自身繰り返したとしても、恥じることなどないだろう。

私は脚注〔本訳書では巻末の原注〕で挙げた論文の著者に、たいへんお世話になっている。彼らの労作によって、私の仕事は楽になった。資料を提供してくださったG・D・H・コール、ヘンリー・ペリング、そしてグレアム・ハットンに感謝している。原稿を批判してくださったM・R・D・フットに感謝している。感謝の最後のことばは、私の息子、セバスチャン・テイラーに捧げたい。講演前の不安な三十分、セバスチャンは私を支えてくれたのである。

A・J・P・T

1　急進主義の伝統——フォックス、ペイン、そしてコベット

私はまず、H・G・ウェルズの『世界史概観』から、歴史とは生きたテーマであるということを学んだ——歴史とは心ときめくもの、大切なもの、論争の的となるもの、それゆえよく間違いを起こすものであると学んだのである。挿し絵の一つには、十九世紀の種族の神々という題がついていた。その神々はそれぞれの国民のシンボルであり、そのシンボルに人々は命を懸けるのである。神々は一列に並んで立っていた。男はジョン・ブルだけである。並んで古代ふうに布の覆いを身につけた四人の女性が立っている——ブリタニア、ゲルマニア、ラ・フランスそしてキャスリーン・ニ・フーリハンである。四人の淑女はよく似ている。もちろん、キャスリーン・ニ・フーリハンは他の女性たちとくらべると悲しそうに見える。ブリタニアは控えめで落ち着きがある。フランスの胸がいちばん豊満だったのはたしかである。

歴史家には、それも特に外交政策を扱う歴史家には、種族の神々の影響から逃れることは容易ではないという自覚がある。一国の外交政策は、少数の専門家とそれほど専門的でない少数の政治家によってつくられるものだということを、われわれは何度も思い出す。時に外交政策の方向を前後に揺さぶる逆の流れを明らかにしようと努めることもある。政府はいつも世論と一致するという仮定に、反対することもある。いや世論というものがあると確認したとしても、世論は国中の人々が抱いている意見だということに、なお反対することだろう。しかし、種族の神々はいつも割って入ってくるのである。この議論を進めるため

には、われわれは外交政策をブロックとして、すなわち一つの固まりとして扱わなければならない。われわれは「たまたまその問題に関わった外務省の少数メンバー」を表現するのに、「イギリス人」ということばを用いる。イギリスはジョン・ブルのどっしりと重い実在とともに、動かなければならない。詰まるところ、われわれは使徒から使徒への引き継ぎの場面の絵を描くのである。その絵のなかでは、混乱から混乱へと動いていく政治家たちが、「イギリス外交政策の一貫性」を示しているのである。

「イギリスの伝統」、「イギリス流の生活」、「党派の違いを越えた政策」――こうしたフレーズには、種族の神々の鼻をくすぐる香りがある。私も、お香をたいて奉納したばかりである。私は最近、あえて「立派な」外交史と言ってもよい本格的な本を書いた。この講演は、それを後悔して行うものである。今回、私は「バーダカーに載っていないもの」という題の、大都市について書かれた少々品のないガイドブック・シリーズに対抗しようと思っている。また、公式の総括からはずされたイギリス外交政策の様々な側面について論じようと思っている。イギリス外交政策のなかでただ一つ継承されてきたことは、政策が広く承認を受けてきたということではなく、政策に対し、不一致や論争が常に存在してきたことである。

これはイギリス固有の現象ではない。主権国家からなる世界というものは、敵と味方を選ぶに当たって、意見が一致しないということはよくあることである。ケナン氏やモーゲンソー教授は、民主国家の外交政策は軟弱で混乱したものだと愚痴を言い、アンシャン・レジーム時代の権威主義はよかったと懐かしんでため息をつくかもしれない。絶対主義国家の顧問たちは、彼らと同じくらい議論をし、しばしばもっと破滅的な結果に終わったものである。たとえばの話だが、政治家が断固としてプロイセンと協調することにするのか、それとも断固としてプロイセンに反対するのか決断できなかったというだけの理由で、オーストリアがドイツにおける覇権を失った経緯を考えてみるとよい。ベルリン会議でのロシアの屈辱に責任があった顧問たちの混乱、あるいはその一世代ほどあとの日露戦争でロシア敗北の責任があった顧問たちの混乱を取り上げてみるとよい。われわれは、外交政策というものはその国が、あるいはとにかくその統治者階級が、その背後で団結しているとき以外には成功しないのだと言いたくなるものである。実際には、政策の方向をどうとろうと、関係する国のうちのあるところから非難される。しかも多くの場合、影響力のあるところから、非難されるのである。全員が同意するまで待っている外務大臣がいるとすれば、その外務大臣には一切外交政策がないということになるだろう。

　敵と味方の選択をするとなると現実に意見の相違が起こるものだが、ヨーロッパの問題に関わりを持ち始めて以来、こうした意見の相違は、イギリスにも存在していた。重要なのは、というより実際存在するのは、意見の相違だけだという人々もいる。名前は遠慮するが、ある国際問題についての権威に、私のテーマのことを話したら、こう答えた。「過去数百年間、イギリスの政策上唯一の問題は、ドイツに反対するのか、それともロシアに反対するのかということだった」。キリスト教側の立場から勢力均衡を説くバターフィールド教授は、彼に賛成している。キリスト教徒の政治家たるものは、相手に負けないくらい権謀術数に長けているべきだと彼は考えているのである。私はまさにこの同じ仮定から出発した。外交政策が論争の的となった事柄について、そのエピソードでも議論したらおもしろいだろうと単純に考えたのだ。よく考えてみると、もっとやりがいのあるテーマがあるように思われた。間口は狭くてももっと大きなテーマである。意見の相違をテーマにするのではなく、異端をテーマにするのである。私は宗教史からこのことばを取ってきた。それは他に良いことばが思いつかなかっただけのことである。「急進主義」ということばが自由党の一派と結びついていなかったら、外交政策上の「急進主義」ということばを使ってもよいのだ。とにかく、このアナロジーは私が思っていたことに光をあててくれる。イギリス国教会に従うメンバーであっても、主教の言うことに賛成しないことはありうるし、現実にそういうこともよくあると思う。主教は存在すべきでないと考えている異端者もいる。この国の外交政策についても同様である——合衆国の外交政策についても同じである。異端は、英語圏の国民に特有の資質である。人は総論としての前提を受け入れながら、ある特別のイギリス外交政策の方向に賛成しないということも可能である。異端者は、その目的を、その方法を、その基本理念を非難する。それだけではない。異端者は、相手より自分の方がよく理解していて、相手よりも自分の方が高邁な主張を推進しているのだと主張する。異端者は、自分たちが道徳的に、もしくは知的に相手より優越していると断言する。異端者たちが、外務大臣やその顧問を無知だとか、腐敗していると糾弾することもある——腐敗は個人が不正直であることから生じるよりも、階級エゴから生じるのが普通なのだ。現実にどうするかという結論については、異端者たちはそれぞれ大きく違っていた。一切干渉しないと決めて提唱したこともあったし、何に対しても介入すると提唱したこともあったのである。だが、異端者たちはみな、権力者を軽蔑したのだ。異端者たちは「国民的利害」に無関心だというのは誤りである——「体制」側の人々は苛立って、よくこんなことを言うものである。逆に、異端者たちは、正しい主張を行った方が（そのときどきにはどんな結果が生じようと）、平和や安全、それに世界におけるイギリスの優位を確保する上で、良い手となることもあるといつも主張してきたのである。しかし、こんなふうに現実に生まれる利益はボーナスの類である。正当な報いとして正しい者についてくるものなのである。

　異端者たちについて、話すだけの価値があるのか？　彼らは現実の世界を何も知らない、教条的理論家にすぎなかったのではなかったか？　正統派の外交政策を擁護した人々は、いつもそう考えた。歴史家の大半はその判断に従ったのである。歴史家は誰だって過去を愛する。いや、愛さなければならないのだ。

さもなければ、職を間違えたのだ。しかし、過去を愛することと、過去が変化したことを遺憾に思うということのあいだには、ほんのわずかな違いしか存在していないのである。保守主義はわれわれの職業上最大の危険なのだ。われわれは、精神分析学者に負けじと、「正常な人々」というのは、自分にも他者にも問題を起こさない人々のみを指すものだと思い込んでいる。異端者たちを話題にする歴史家は、『ヒューダブラス』をモデルにする。これに出てくる異端者は、悪業にふけっていないときは、愉快な人物である。チャールズ・ジェームズ・フォックスは軽薄な博打打ちで、権力にどん欲で、なまけ者で、節操のない人物。ブライトとコブデンが考えていたのは、木綿商売のことだけ。ジョン・モーリーは同僚の閣僚よりも無知——何人か名前を挙げたなら、困惑して頭をかいてもむだである。E・D・モレルはドイツの諜報員、アーサー・ヘンダスンは非現実的な夢想家、C・P・スコットとH・W・マッシンガムは大きな問題について無理解。最近人気の言い方をすれば、彼らは全員、イギリス流生活様式と相容れない「根なしの知識人」だったということになろう。

　この秤をちょっとばかり他の方向に傾けたとしても、害などないだろう。体制に従っていけば、静かな生活が得られるかもしれない。大学教授の地位も得られるかもしれない。しかし、歴史におけるすべての変化は、そしてすべての進歩は、体制と一致しない人々から生まれたのである。トラブルメーカーがいなければ、すなわち異端者たちがいなければ、われわれは今でも洞穴のなかで暮らしていたにちがいない。「根なしの知識人」であることについて言っておこう。異端者たちは、イギリス人の気質に深く根づいていた——ご立派にも彼らを批判する人々よりはるかに根づいていたのである。ペイン、コベット、ブライト、ホブスン、トレヴァリアン——わがイギリス史のなかで、これほど芳しい名前があるだろうか？　異端者の一人は、私よりもうまいことばを見つけている。

どうしてあなたがたよりも、反イギリス的に、反国民的になることができましょうか？　私が同じ大地の上に生まれたのではないとでもおっしゃるつもりでしょうか？　私が同じイギリス人の血を引いていないとでもおっしゃるつもりでしょうか？　わが一族がこの国の繁栄のため大きく関わってきたことを否定できる人などおりましょうか？　私に財産があるとすれば、あなたがたの財産と同じく共通の父なる大地に良き統治が行われていることにかかっているのではないでしょうか？　公共政策の問題についてたまたま違う意見を持っているという理由だけのために、自国の人間に対して、そんなふうだからおまえは反イギリス的だ、非国民だと非難されてしかるべきだ、などどうして言うことができましょうか？(1)

私は特別に愛情を込めて、このことばを読み上げる。私がオックスフォード大学でヨーロッパ史を学ぶに当たって受けた最初の助言は、このことばのもとになったジョン・ブライトの演説を読めということだった。当時私は、ブライトの演説のことなどたいしたことないと思っていた。それが役に立つと知ったのはのちのことである。

だが、こんな高踏的な議論をする必要はない。異端者たちは存在した。それゆえ、記録されるに値するのである。正式にイギリス外交政策を研究する者なら、異端者たちを見過ごすことはできないのである。彼らはいつもただの「雑音」として本に登場した。ある外務大臣は都合のいい口実として、繰り返し異端者たちのせいにしなければならなかった。外国の政府は、議会に非現実的な急進主義者たちさえいなければ、イギリスもいっしょにやっていけるのだがという説明を繰り返し聞かされたのである。ラブーシェアーがいなければ、いったいどうやってソールズベリは、三国同盟に加わるよう説くビスマルクの押しをかわしてこれたというのか？『マンチェスター・ガーディアン』がなければどうやってグレイが、協商を同盟に変えるようにと説くフランスの圧力に抵抗してこれたというのか？ E・G・ブラウン教授がいなければどうやって、ペルシアでロシアを押しとどめてこれたというのか？ 労働党がなければどうやってボールドウィンとイーデンは、ロカルノ条約下の義務を裏切ることができたというのか？ むろん、公務員や外務大臣までもが、彼らの「秘技」に、素人の邪魔が入ることに対して腹を立てるのだ。エア・クローといっしょになって、彼らは「外交政策について行われた公開のスピーチすべてを遺憾に思って」いる。だが、おおよそ外交の目的などというのは、決定を延期すること、行動を避けることなのだから、外交の専門家たちは、深く考えずに歓迎せざる武器を取り出した人々に対して感謝すべきなのである。外務省は自分で異端をつくり出さなければならない羽目に陥っていたにちがいない。

　それればかりでない――歴史をつくる者というより、歴史を学ぶ者にとって、特別な関心対象となる点なのだが――異端者たちは、いつも異端を主張したその時代に非難され、実際、まずたいていは、歴史家たちに非難されているのだが、後世の人々が、異端者の正しさを立証するのである。ブライスは一八九九年に述べている。

> 戦争につながる政策を非難する人々は常に、愛国心に欠けているとの罪を着せられる。アメリカ独立戦争の時代には、フォックスとバークに汚名が着せられた。クリミア戦争の時代にはブライトとコブデンに罪が着せられた……。一八七六年から七八年にかけて、グラッドストンがベコンズフィールド卿の親トルコ政策に抵抗したときには、グラッドストンにその罪が着せられた。しかし、いずれの場合も、当時不人気であった側が正しかったことが、今日では明らかになっている。

おそらく、こう言っても正確とはいえないだろう。異端者たちは、いまなお非難されている。だが、彼らの見解は暗黙のうちに受け入れられている。保守主義とは、前世代にウイッグが達成したものを守ろうとすることだとマコーリーは述べた。これは歴史家の保守主義についてもあてはまるのである。こんなことができるとしての仮定だが、いまから五十年あるいは百年後の歴史を書いてみたいと思ったとしよう。そのときは、現在の急進主義を説くがいい。ブルームは一八一四年の勝者について、こう述べている。「彼らは獲物を山分けすることとすることしか考えていない」。今日、どの教科書を見てもそう書いてある。ストラトフォード・ド・レドクリフがクリミア戦争を引き起こしたのだとする信念は相当広範囲に広がっていた、これを考えてみるとよい。この信念はジョン・ブライトが言い出したことである。一八七六年から七八年の東方問題について、われわれは誰の本を読んだらよいのか？　終始一貫グラッドストン主義者だったシートン＝ワトスンの本である。両大戦間に広く承認され、いまでも一般的に受け入れられている第一次世界大戦の解釈を明確に述べたのは誰だったか？　それはローズ・ディキンスンであり、ブレイルズフォードであり、バートランド・ラッセルであり、G・P・グーチ博士である——全員、民主管理同盟のメンバーである。最後に挙げた人物は、一九〇六年から一九一〇年まで、イギリス議会中の急進主義グループの一員だった。彼らの見解は、民主管理同盟と独立労働党が戦争の勃発直後に発表したパンフレットに、完全なかたちで書かれている。あるいは、第二次世界大戦の起源に、われわれの現在の姿勢を取り上げてみてもよい。サー・ルイス・ネイミア、ウィーラー＝ベネット氏、ミス・ウィスクマン、トインビー教授、これら権威ある人々はみな、同じメロディーを奏でていた。ミュンヘンを非難し、ソ連との同盟を提唱していたのである。まさに、当時少数だった異端者たちが提唱していたものにほかならないのである。しばらくのあいだ、外交政策から目を離してみよう。不偏不党のトーリー的学識の金字塔とでもいうべきネイミアの作品『ジョージ三世の継承時における政治の構造 *The Structure of Politics at the Accession of George III*』を見るとよい。その中心的な教義は、思想ではなくビジネスが、基本理念ではなく地位が政治を動かしたということにある。私はこの話を以前聞いたことがあったのだが、どこで聞いたのか考え込んだものである。あとになって私は気がついた。それはコベットが「世俗的に重要なもの THE THING」と呼んだものを、もっと学問的なかたちで表現したものだったのである。このためにコベットはどれほど非難されたことか！

私は、異端者たちが正しく、伝統的な流れの外交政策が間違っていたということを議論して、時間をむだにしようなどとは思っていない。歴史家としてのわれわれの任務は、過去の闘争を再び甦らせることである。判決を嘆くことでも、違う判決を願うことでもない。私のかつての師、大歴史家のA・F・プリブラムが一九三〇年代に次のように述べたとき、私は困惑したものである。「ハプスブルク帝国がその民族問題の解決法を見つけ出すことが可能であったのかどうかは、今日でも結論が出ていない」。いったいどのようにしてわれわれは起こらなかったことについて、結論を下すことなどできるのか？ 神のみぞ知る。われわれは起こったことに結論を下すことさえも困難なのだ。実際に起こったできごとが、ハプスブルク家は民族問題について解決策を見いだせなかったと結論を下したのである。われわれの知るところは、また知らなければならないことは、それだけである。「誰それの行った行動が正しかったのかどうか、判決を下すことこそ歴史家の役目である」。こんなことばが書いてあるときはいつも、私はその本を閉じることにしている。そんなことを言う作者は、歴史からつくり話に移ってしまったのだ。それゆえ、異端者たちの助言が生かされていたなら、事態は良い方向に動いたはずだなどと示すことに関心はない。逆に、助言が容れられなかったという事実があったとしても、異端者たちが間違っていたということを証明するものでもないのである。

もっと言おう。後世の人々は、過去のできごとをそのまま取り入れるだけではない――断りなしに。後世の人々は異端者たちの方向を今このときに取り入れるのである。未来をのぞいてみようと思うなら――多くの人々はそのために歴史を学んでいるのだが、それこそひどく間違ったかたちでだと思う――、二十年後あるいは三十年後のこの国の外交政策がどうなっているのか知りたいと思うなら、少数の異端者たちが現在行っている主張のなかから探すとよい。採用されている政策は彼らの政策であろう――おそらくは間違ったタイミングで、間違ったやり方で採用され、必ずや異端者たちから反対の合唱が起こっていることだろうが。今日の現実主義は、明日には近視眼的な失敗と思われるだろう。今日の理想主義は未来の現実主義である。フォックスがフランス大革命の時代に説いた姿勢――すなわち共感、和解、忍耐――は、一八三〇年および一八四八年のフランスの革命に対して採用され、大きな成功を収め、多くの人々の賛同を得た。保守党の首相、ソールズベリはブライトのクリミア戦争に対する非難をその四十年後に採用し、はずれ馬に賭けることを拒否した。ブライトとコブデンの不干渉主義は、スペイン内戦時代の挙国政府の聖なる大義となった。グラッドストンは一八七八年に、バルカン諸民族の民族国家を主張した。一九一八年のイギリス政府は――保守党を中心とする連立政権だったが――、オスマン・トルコ帝国のみならず、ハプスブルク帝国を犠牲にして、バルカンの民族国家を支援した。しかも、この政策を最も熱心にあと押ししたのは、バルフォアだった。ソールズベリの甥である。一九一四年以前に急進主義者たちが推進していたドイツに対する宥和政策を、すばらしい大義にふさわしく熱心に実践したのは、第二次世界大戦前の挙国政府である。もっと近いところでは――六年前のことだが――イギリス政府は、一九三五年に、挙国政府が裏切った集団安全保障という考え方を擁護して保守党の賛同を得て朝鮮戦争に参戦している。かつて罵倒された異端者たちに、勝利の声をあげる資格があったのである。彼らは実際には、流れからはずれたままで、平和的共存を説いていたのだ。私自身のことを言うと、一九五〇年七月、こんなことを言おうとして、BBCヨーロッパ放送と喧嘩することになったのである。「宥和は外交に関することばのなかで、最も気高いことばである」。「生きよ、生かせよ」が政府の政策となっている。ソ連の統治者に対する友好のデモンストレーションから好ましい結果が生じるのかどうか疑っているのは、異端者たちだけである。

　この主題で話すことの問題について言っておかなければならないことがある。外交政策にまつわる話は、政府公認の線で話を進める場合でさえ、暗示や断片から組み立てなければならないのだ。正式の条約あるいは同盟といったかたちで表現されることはまずないのである――こうしたものでさえ、書かれていることばどおりではないのである。私の話にはまだまとまりがないと文句をつけたくなるかもしれない――そもそも十分に言い尽くすことが不可能なテーマについて、否定しているだけだと。急進的外交政策を記した国家文書はほとんどないのである。われわれは議会演説、あるいは新聞記事の短文のなかから、仮説をつなぎ合わせていかなければならない。関連する本やパンフレットが存在するなどという場合は、それこそ思いがけない幸運なのである。異端者たちは、このことばの意味からして批判を行う人々だった。既存の政策に取って代わる政策を主張することより、これを攻撃を行う方に関心があったのである。だが、外交政策を持たないという政策であるにせよ、たいてい既存の政策に取って代わる政策を持っていた。だからこそ、私はその代替案を明らかにしようと努めてきたのである。本当のところはっきりとさせ過ぎたかもしれない。できごとに対して自動的に反応しているにすぎないのに、時に体系的外観や意識的伝統があるといった印象を与えてしまうことがあるかもしれない。正統派の勢力均衡の外交が、カドリールの踊りに似ているとしたら、異端者たちの外交は、むしろサー・ロジャー・ド・カヴァリーの踊りに似ているからである——つまり、何ともやかましい混乱した手足の動きであり、よほど寛容な観察者でもなければ、そのパターンを見て取ることなどできないのである。

私はなぜ人々が異端者となったのかということについては、議論するつもりはない。私にとっては、異端はごくふつうのわかりやすいものであって、説明など要しないことなのである。しかし、私は異端者たちがなぜ特殊な形態をとったのかということについて、理由を探してみたい。異端者たちには、どんな知的背景があったのだろうか？　異端の主張を始めるに当たって、決まった型にしたがって、おそらく先人の演説を読んでから始めたのだろうか？　議員が昔の、『ハンサード』を開くとき、それを調査と呼ぶことを思い出さなければならない。批判者たちは、外務省が外交青書のなかに書き込んだ情報を取り出して、違う目的のために使ったのだろうか？　たとえばブライトがクリミア戦争のときにそうしたように。あるいは、ある特定の国の専門家として、独自の情報源を持っていたのだろうか？　バルカン問題に夢中になっている多くの人々やエジプトにおけるウィルフレッド・スコーエン・ブラントのように。あるいは、労働党と社会主義インターナショナルの関係のように政府機関が認めていないチャンネルを通じて情報を得たのだろうか？　批判者たちが異端者たちを飛び越えて、政府に対抗する外交政策を展開しようとしたこともあった——自分たちの代表を海外に派遣し、直接外国の支配者と話し合いを持ち、自分たちこそがイギリスの真の声であると主張したのである。チャールズ・ジェームズ・フォックスは、一七九一年にこれをやったとして非難された。友人アデアーがサンクト・ペテルブルクのエカチェリーナ大帝を訪問したのである。労働党の顧問を務めたことのあるロードン・バクストンは、「秘密外交」の使者として一九三九年にヒトラーのところに出向いている。いちばん衝撃的な事例は、おそらく一九二〇年に労働運動がとった方向かもしれない。ロシア‐ポーランド戦争のあいだ仲介者として行動し、実際リガで行われる平和会議に代表を送ると主張したのである。もっとも結果的には成功しなかったのだ。

私自身気をつけておくべきことが一つある。異端を、自由党と保守党のあいだの論争と混同してはならないということである。この議論が真の違いを表すこともあった——異端者たちが認めている以上に。だが、それらは相違であって、異端ではない——戦術の相違であり、根本的な戦略の相違ではないのである。異端者たちは急進主義者であり、代替政府を要求する政党人ではない。しかしながら、異端者たちは自由党と、あるいはのちには労働党と結びつけられて考えることが多かった。自由党あるいは労働党が野党のときには、特に大きな混乱が生じたのだ。その場合、党のリーダーは自分はもっと穏健なタイプだが、同じく異端者であると主張したからである。自分たちが司教の座に就いてしまうと、自分でも驚くことになるのである。チャールズ・フォックスは革命フランス政府に反対する戦争が続いているあいだ、たしかに異端者だった。フォックスの死後、フォックス派の人々は同じ性格を維持しようと努力した。しかし、フォックス派は役職に就くことだけが基本理念だった一七八〇年代のウイッグ主義に逆戻りしたのである。ナポレオン戦争のあいだ、フォックス派は現在の政府に代わる政府をつくると主張した。だが、現在の政策に代わる政策をほとんど持ち合わせていなかったのである。しかし、異端の立場をとるグループが存在するかぎり、必ずこうしたウイッグの野望に巻き込まれることになるのである。さらに、この話の最後になるが、両大戦間の労働党は現在の政府に代わるもう一つの政府であるのと同時に、異端政党というものがあるとすればそれに最接近した政党だったといえる。一方からは、現実性を欠く理想主義だという非難があった。もう一方では、裏切り者という非難があった。私の話は、あちこちで糸が絡まってしまう。歴史の記録を再現しようとすると必ずこうなってしまうのである。

挫折した異端者ほどよく見られるものはない。しかし、故意の裏切り者についてとやかく言うのは間違いだろう。どんな政治家の心のなかにも、権力への野望が潜んでいる。退屈な政治の繰り返しは、こんなご褒美でもなければ耐え難いにちがいない。ブライトのように、実際に権力を持っていることを楽しまない人物などきわめてまれなのだ。政府に参加することで唯一良いことは給料を受け取ることだとブライトはかつて述べたことがある[2]。ほかの者たちがうんざりしているのは糾弾されることだけなのである。間違いなく高邁な基本理念に基づいて、自分たちならもっとましなことができるということを示そうと躍起になっていたのである。もっと長生きしていたら、コブデンはこうした気持ちにしたがったはずである。E・D・モレルは一九二四年に、外務大臣になりたいと思っていた。人の上に立った人々——フォックスやマクドナルドやグラッドストン——は、既存の秩序のもとではすべてが間違いだと確信していたが、無意識のうちに、最大の改善策は権力そのものを掌握することだということを前提に行動していたのである。こうした人々から、大きな「裏切り」が生まれた——裏切ったことでいちばん困ったのは、当の本人だったのである。異端に命を捧げる人々と、権力を追い求める人々が別々の人物だったら、もっと便利なのだろう。だが、事態はそんなふうではなかったのである。

　それゆえ、異端者たちの真の議論が、保守党とのあいだで起こることはまずないのである。保守党の人々は常識はずれか、あるいは常識的すぎて、議論する価値などほとんどないほどだったのだ。まじめな議論は、ちょっと口を滑らせて大陸ふうに言うと、「左翼」の内部で続けられた——自由党もしくは労働党が政権にあるときに政府を攻撃したのである。野党となったときには、将来の政策について討論したのである。チャーティストの、あるいはブライトとコブデンの第一の標的となったのはアバディーンではなく、パーマストンだった。急進主義者にとって、秘密外交と言えば、ランズダウンではなくサー・エドワード・グレイだったのである。一八七六年から七八年にかけて異端者たちの目的は、保守党政府を倒すというより、グラッドストンの力で自由党を掌握することだった。両大戦間、労働党員で、保守党あるいは挙国政府の悪事を疑わない人々はまず存在しなかった。論争は党が過半数を得たら何をするのかという問題に集中したのである。ある瞬間に純然たる異端の可能性のある人々が、次の瞬間には同胞から非難されるのだ。チャールズ・ジェームズ・フォックスは、一八〇六年に陸軍大臣となった。小事を大事とくらべることになるが、民主管理同盟の創設者の一人、アーサー・ポンスンビーは一九二四年に外務政務次官になったとき、民主管理同盟が全力で自分に敵対する羽目になったことに気がついたのである。

一方、公的な地位に就くことが、必ず人を異端の道から遠ざけるというわけでもないのだ。外交問題にそれほど関係を持たない地位に就いているときにはもちろんである。内閣のなかで異端者となることは——たとえば、一九〇九年にウィンストン・チャーチルとロイド・ジョージが海軍の予算に反対するグループを率いたときのように——特別に魅力ある話となる。これに勝るのは首相が自らの内閣で異端の立場をとった場合だけである。自分の仕事を台無しにしてしまおうとする場合にはなおさら詮索したくなる。内閣の秘密を探ってみないことには、うまく話せない話である。秘密は今日ではガードされている。大仰で、もったいぶっていて、厳重に過ぎると私には思えてならないのだ。事態はかなり困った状態である。内閣官房の許可がないと、実際には私的なメモ書きにすぎないのにグラッドストンの「内閣文書」に当たることができないのだ——しかも、内閣官房などグラッドストンが死んで何年もたってから創設された役所なのである。この話でばかばかしいのは、こういった聖なる文書が、たいていの秘密文書と同じで、歴史家にとっては大きな関心ではあっても、人を驚かすようなことを何ひとつ含んでいないということなのである。秘密は、これを暴くなと主張する公務員が、自分の重要度を落としたくないだけのために課したものである。私の歴史家としての好奇心は尽きることがない。私は役人をすべて敵だと考えている。他の歴史家が同じように考えていないということに戸惑いを感じている。こうしたばかげた禁止に対し抵抗しないというなら、英国学士院はいったい何のために存在しているというのか？　それはさておき、私は内閣について、いくらかためになるおもしろい話をしたいと思う。

人が過去に抱いた思想を論じようとするとき、私は歴史学の現在の流行に反して議論を進めているのだということを承知している。私は「歴史における人間性」についてラジオで放送されたシリーズのことをよく覚えている。意識した思想などほとんどあてにならないものだと著名な歴史家たちが述べたのだ。人の偏見と集団的な感情だけが重要であるという話だった。人は考えなければ考えないほど自分のためになるし、みなのためになる。だが、おわかりのように、人は考える。トレヴァ＝ローパー氏やペアーズ教授やサー・ルイス・ネイミアは一生懸命説得しようとしたが、人は思想や理想を持つことにこだわるのである。歴史家は見るがままに過去をとらえるので、そうあってほしいという思いを反映させてはならないのである。われわれの過去の政治をかたちづくるのは、家系のつながりや、土地保有制度だけではなく、議論の衝突も関わっているのである。こうしたことが面倒だと思っても、少なくとも中世の異端思想に対するくらいの好奇心を持って、近代の異端者たちの思想を辛抱して見ていってほしい。

私の態度はさらに流行からはずれているのだと告白しなければならない。私はひとつの話をしよう、時系列にしたがって話そう。私はどこか適当だと思ったところで始めて、時間が尽きるところまで駆け足で進めようと思っている。歴史は、ものごとが時間順に起こっていくという性質から、他の社会科学研究とは違った特徴を持っていると私は思っている。中世の行政の専門家から、政治に起こる事実を分析するナフィールド・カレッジの熱心な研究員に至るまでの同僚たちの話を聞いていると、心底すばらしいと思う。だが、貧乏なナイフ研ぎといっしょに、小声で言わずにはいられない気持ちになる。「話。ああ。彼らには話すべきものがないのだ！」　しかし、こうした方法を用いたからといって、異端者たちには継承発展させた伝統があっただとか、彼らがそれぞれの世代に先行者たちが行ったことに改良を加えてきたなどと言うつもりはない。進化というものは、羊や薔薇、あるいは蒸気エンジンにさえ作用するものである。人間の思想に作用するものではない。人の思想は進歩しない。思想は変化する。異端者たちは、過去から立派な名前を持つ大物を引っぱり出したこともあったが、できごとに対応して、自分たちの政策を工夫し更新したのである。異端を親から受け継ぐというのは、親から独身を受け継ぐというのと、ことばの上ではまったく同じで、矛盾しているのだ。事実を言えば、異端者たちの子どもは、たいてい非の打ち所のない保守主義者となっているのである。例を挙げよう。コベットの息子は一八三九年にチャーティスト・コンヴェンションの代表を務めた。だが、ディズレイリを支持する保守党議員として生涯を終えたのである。

　私は、現在の外交政策に適用してもいいような教訓を引き出そうとは思っていない。異端者たちについても同じである。人間の行動は無限に多様であるということ以外、歴史から学ぶことは何もないというのが私の意見である。音楽を聴いたり、詩を読んだりするように、楽しみのために歴史を学ぶのであって、教えを受けるために学ぶのではないのだ。だが、答えにつながる糸がある。それを前もって言っておこう。政府の政策を拒絶した人々は、二つの極端のうちの一方に向かって動いたのである。一方は、行動を非難しそれゆえ不干渉を提唱する、ときには戦時において平和交渉を提唱するといった実践的な形態をとることもある。もう一方は、行動しないことを非難し、平和時に理想主義的な理由から戦争を提唱する。どちらも異端者たちのとった態度である。時には、混乱して、同一人物が両方の態度をとる場合もある。どちらの場合も厄介な問題を引き起こしたのである。一つ。どのようにして、戦争に反対し、かつそれでもなお愛国心を持つイギリス人でいられるか？　もう一つ。どのようにして、戦争を提唱し、かつそれでもなお現在の政府を糾弾できるか？　異端者たちはこうした問題を無視したわけではない。解決を見いだそうと努力したこともあったのである。

実際的な問題もある。どこから始めようか？　イギリス人は外交政策を持つようになって以来、これを論争し続けてきた。十七世紀初頭には、イデオロギー上の相違があった。ミス・ウェッジウッドは、最近になって、自分自身スペイン内戦と宥和政策に関する論争に関わったおかげで、三十年戦争中ピューリタンがプロテスタントの大義を支持したいと願っていたこと、ジェームズ一世がスペインと和解しようとしたことに対し、彼らが苦い思いを感じていたことを、以前よりも深く理解できるようになった、と述べている。われわれは現在のおかげで過去を理解することができるようになる。その逆ではないのだ。話を戻そう。名誉革命は外交政策をめぐる問題に深く関わっていた。ウィリアム三世の勝利は、対フランス戦争政策の勝利だった。ウイッグとトーリーのあいだの相違がほとんどなかったようにみえる十八世紀だったが——私の謙虚で用心ぶかい姿勢に気をつけてほしい——それでも両者は外交政策について異なる考えを持っていた。ウイッグは勢力均衡と大陸との同盟政策を主張していた。トーリー主義とは、ヨーロッパとの関係を曖昧にして距離を置いておくことを指していた。ニューカッスル公は一七六二年、辞任に追い込まれたあとに「昔の大義」を復活させようと考えたとき、オーストリアと同盟を結ぶというスローガンくらいのことしか思いつかなかった。「ルール・ブリタニア」はそもそもトーリーの歌である。この歌が主張しているのは、イギリスは海軍の優位を維持することにこだわるべきで、大陸については放っておくべしということだった——すなわち「ブリタニアは海を支配する」だったのである。だが、私はあえてこのテーマについて話そうとは思わない。権威ある歴史家はみな、思想と基本理念は十八世紀の政治に何の役割も果たさなかったと言っている——これこそ彼らの取り柄である。それゆえ、彼らに挑戦しようなどという私は何者だろう?

アメリカ独立戦争はたしかに、異端者たちの真の抵抗を引き起こした。私はこの問題を省略することにした。理由の一つは私がその問題について十分に理解していないということ。もう一つはこの話そのものが十分この講演の一シリーズに値するということからである。ここでは、古代史は一七八九年まで続いたとするキャムデン古代史講座の教授が教えてくれた考え方を取り入れたくなる。とにかく、私はチャールズ・ジェームズ・フォックスを抜きにして話をすることはできない。フォックスはのちの急進主義者の守護神となった人物である。コブデンは『一七九三年と一八五三年 *1793 and 1853*』という題のパンフレットに次のように書いている。

> 今日、フォックスの演説を聞くと、彼が大胆にかつ断固として戦争に反対したことに、称賛と感謝の気持ちを感じ、憧れを感じずにはいられない。もっと無惨な敗北のもとでも、屈服することなく、不平を述べることもなかった……気高い目的のために行った、これほどすばらしい戦いは議会記録のなかには存在していない。

一九〇二年、急進主義の雑誌『スピーカー』の編集者J・L・ハモンドは、仕事のかたわらフォックスの伝記を書き、フォックスが事実上最初のボーア人支持派であると主張した。

> 彼は政治にナショナリズムの思想を持ち込み、民族の自己表現という考え方を一般的に用いた最初のイギリス人である……彼は、民族の文明というものは、文明を生み出した民族の才能と意思を表し

ているがゆえに、聖なるものだと考えたのである。(3)

私はフォックスの演説のなかに、あえてこのような思想を探してみようとは思っていなかった。だが、これは、私の論点を固めるものになるだろう。四十年後、『マンチェスター・ガーディアン』の論説員となったハモンドは、なおもフォックスを引用し、演説のなかから第二次世界大戦後の世界の必要に応える外交政策を探し出した。これもあえて言うのだが、第一次大戦中、外交政策について持っていた意見のために投獄されたにもかかわらず、第二次世界大戦後十年にわたり、自分の方針を主張し続けたバートランド・ラッセルは、自分の祖父が書き留めたフォックスの最後の演説から教えを得ていたのかもしれない。(4)必要なら、フォックスが外交問題に関わった最初の国務大臣だったと言うと、さらに詳しく説明することになる。外務大臣となってからは、過ちや失敗があったと思われたとしても、外交政策について話すとき、フォックスに匹敵する権威を持って話をすることができる者は誰ひとりいなかった。この偉大な人物を、現在の歴史家は軽視している。彼らはフォックスが自己の基本理念よりも、賭博に重きを置いていたことを重要視しているのである。いつの日か、フォックスは自分の価値にふさわしい扱いを受けることになるにちがいない。

　私は一七九一年のオチャコフ事件について多くを語るつもりはない。これはおそらく、フォックスが個人として一七八四年以来続けてきたピットとジョージ三世に対する戦いの最後のエピソードとなるものだったと思われる。フォックスが最も成功に近づいた瞬間でもあったのである。フォックスはいったんは世論に歩調を合わせた――議会においても、シティーにおいても。フォックスがロシア反対にあくまでこだわったとしたら、ピットは倒れただろう。ジョージ三世はフォックスを大臣として受け入れてもよいと口にしたほどである。だが、フォックスの演説は一般的な基本理念を述べたものではなかった。いや、仮に述べたとしても、議会が外交政策を決定すべきだという原則だけだった――将来の論争の種を内に含むものである。フォックスは議会は大臣たちが提示したものを黙って飲み込むべしと求める「信頼というたちの悪い教義」を非難した。「この議会の任務は、秘密を守ることよりも用心をすること、迅速に行動することよりじっくり考えることである」。われわれは道徳的観点から東方問題を議論するためには、どこか別の場所を考えなければならない。以下は昔の仲間の側で行った最後の演説でバークに対し述べたことばである。

> 野蛮人［トルコ人のこと］がヨーロッパ列強のあいだに戦争や破壊や悪疫を広げていくというのではなく、野蛮人と手を結ぶほどひどいことがありましょうか？……こんな破壊的な野蛮人ではなく、どんなものであったにせよキリスト教勢力の方を選ぶべきでした。

あるいはロシアがコンスタンティノープルを支配することは「世界の繁栄と幸福」につながると考えていたウィットブレッドに対して述べたことばである――「ヨーロッパのバランスをうまく調整しようなどというつまらない考えなど問題外となるできごとだ」。オチャコフ事件からこう言うことができる。異端者たちはこの百五十年のあいだに二度ないしおそらく三度参戦の決意を固めていた政府を押しとどめたのである。オチャコフ事件と一九二〇年のロシア‐ポーランド戦争はたしかにこのケースである。一八七八年二月の方はこの二度にくらべるとあやしいものである。とにかく、回避したのは、対ロシア戦争だった――偶然の一致だとも、そうでないとも言える[5]。とにかく、オチャコフ事件では、何も起こらないまま終わった。ピットは退いた。フォックスは抵抗する支持者が百六十二人から百十六人に減ったことを知った。女帝エカチェリーナが彼の友人、アデアーを受け入れたこと、もしくはデモステネスの銅像とキケロの銅像のあいだにフォックスの銅像が置かれたことが、せめてもの慰めだった。

一七九三年初頭に始まるフランス革命に反対する戦争は、はるかに大きな意味があった。この戦争は以後のフォックスの政治家としての生活を決定するとともに、急進主義のパンテオンのなかに居場所を約束することになったのである。少なくともここでは、地位や権力に対する野望という観点からフォックスの行動を説明することはできない。ジャコバンの恐怖からパニックに陥り、ほかのウイッグの仲間といっしょに政府に駆け寄っていたなら、フォックスは国務大臣となっていたはずである。フォックスならば、ピットよりはるかにじょうずに戦争を指揮していただろう——もっとも小ピットはわが国の歴史のなかでは最悪の陸軍大臣という評価だから、そんなに難しいことではなかったのだが。ピットではなく、フォックスなら、「嵐を乗り切るパイロット」になることができただろう。こんなことはフォックスには思いもよらないことだった。もちろん、彼はアメリカ独立戦争のことを覚えていた——すなわち、開戦時には人気があったということ、またこの戦争の失敗の結果、とうとう政府に参加することになったということを。同様のことが起こって、王権に対してさらに効果的なパンチをお見舞いすることができると思っていたのは間違いない。ほかの異端者たちも、同様の計算をしたものである——一八七六年から七八年の東方の危機のときのグラッドストン、一九一四年八月のマクドナルドがそうである。労働党でさえ一九四五年の予想外の成功は、一九三九年以前に提唱した——あるいは提唱したように見えた——外交政策についての記憶が混乱していたおかげだったのである。

それだけではない。フォックスは、ピットの外交政策は最も正統派的観点から判断したとしても大失敗で、間違いだと考えていた。百五十年の時を経てフォックスの演説を読んでみると、賛成しないでいることは難しい。一七九二年と一七九七年にかけてのフォックスの演説は、一八五四年三月三十一日のブライトの演説のように、良心から行ったものではないし、道徳的に優位にあるということを示そうとしたものでもない。フォックスの演説は現実的な主張であり、この戦争は交渉によって決着をつけうるということを示そうと組み立てたものだった。演説が終わるたびに、フォックスは議会を採決に持ち込んだ。フォックスは多数を得ることができないと確信した一七九七年に、闘争をあきらめた。同じかたちで、コブデンはクリミア戦争中に、モーリーは一九一四年八月以後に、論争を断念したのである。フォックスの演説は実践的な性格を持っていたために、一般的な原則を求める歴史家には物足りなさを感じさせるものである。だが、それは珍しいことではない。異端者たちは、よく自分たちの論拠に立って政府の政策を弁護する人々に挑戦したものである。関係する部分に限ったとしても政策が間違いだと示そうとしたのだ。ブライトはパーマストンに答えている。「私は彼と同様、外交青書を理解している」——主張は正しい。また、アーサー・ポンスンビーは第一次世界大戦中、平和交渉を論じて、自分の直系の先祖チャールズ・グレイが一七九六年に演説した効果的なことばを引用したのである。

　フォックスはその戦争が間違いだと言っただけではなかった。この戦争が国内にも悪しき結果をもたらすにちがいないと論じたのである。フォックスは一八〇二年に、グレイに宛てて戦争再開について書いている。

> 本質的に見て、われわれがこれだけさんざん経験してきた戦争の惨禍に加えて、戦争を再開すれば、諸種の所得税等が繰り返し課されることによってたしかな苦痛を引き起こすにちがいありません。差

し迫って破綻してしまう恐れがあるのはこの場合、かなり具体的に考えられることですが、士気がくじけて、われわれの目的が失敗に終わり、フランスの勢力がこれまで以上に大きくなっているという気になってしまうことです[6]。

それにもかかわらず一般に、人はその戦争が間違っていると思い知らされたときだけ戦争が不必要だと考えたり、負けるにちがいないと思うものである。フォックスも決して例外ではなかった。のちの時代の異端者たち同様、彼は単に戦争に反対しただけではなかったのである。フォックスは敵側に共感を感じていた。オチャコフ事件に関する討論を行っていたなかで、フォックスはフランスの新政府について「時と場所を越えて、人間がひとつであるという基礎の上に組み立てられた最も見事で栄誉ある自由の殿堂[7]」であると述べている。この見解が揺れ動くことはなかった。ヴァルミーの戦いでフランスが勝利を収めたことを歓迎したと責められたとき、フォックスは次のように答えている。

正直言ってデュモーリエの降伏を耳にしたとき、私は気持ちがくじけてしまい、すっかり気落ちしてしまった。私は［オーストリアとプロイセンの］陰謀がフランスの自由を破壊するだけでなく、イギリスの自由も破壊する、すなわち人間の自由を破壊することであると考えたのである[8]。

フォックスは恐怖政治の害悪を隠そうとしなかったし、言い訳しようともしなかった。だが、こう述べている。「憎むべき専制君主同士の同盟が、ありとあらゆる疑いを引き起こし、殺戮につながったのである[9]」。「悪名高いブリュンズウィック公の宣言の作成に関わった人々、すなわちピルニッツ条約を結んだ人々のことを、公平な立場で声を発する後世の人々は、人間を蹂躙し、ヨーロッパを荒廃に陥れた全犯罪を計画した中心的な人々と呼ぶことになるだろう」[10]。まったく奇妙な話だが、ピットはフォックスの判断を固めたのである。フランス軍が勝利を収めたとき、恐怖政治は緩和された。ピットはここに戦争の正当性を見いだしたのである。フォックスが述べたように、ピットの議論は「フランス軍が自分を災厄と敗北の体制に向かわせるのだとしたら、勝利がどれだけフランスのためになるのかはわからない」[11]というものだった。

フォックスは、戦争を道徳的十字軍と考えることを糾弾した。「野望あるいは偶然から、ヨーロッパ大陸で闘争や変動が起こるたびに、この国の人命と財産」を危険に巻き込むことになるからである。それゆえ、ブライトは「ヨーロッパの自由」のため戦争を行うことに反対したし、一九一七年、異端者たちは、オーストリア‐ハンガリーの諸民族のための戦争を長期化させることに反対したのである。フォックスも同様、敵側の美点と同盟側の悪事とを比較した。一九一七年に秘密条約を非難した人々と同じである。ここで二つの議論が一つに結びつく。「悪徳に対する怒りが国家間の戦争の原因ではない。だとすると、神よ、いまフランスに反対して結集している国々のなかで、われわれと平和な関係を維持しなければならない国などあるだろうか?」フォックスは演説するたびにといっていいほど、第二回ポーランド分割のことを指摘した。イギリス政府が抗議しないということは、事実上分割に関与した勢力と同盟を結んだことと同じである。大臣たちは「名誉も、後ろめたい気持ちすらほとんど感じないままに、ポーランドを与えた」のである。道徳的なことを主張する資格などあっただろうか? フォックスの時代から始まってこの国が一九三九年ポーランドのために戦争を始めるまでのあいだ、異端者たちは、ポーランドのために多くのことを行った。ポーランドは、一八三〇年以後の急進主義運動の最強の武器となったし、クリミア戦争の際には強力な大義となった。だが、ポーランドはいつも、ドイツあるいはロシアといったポーランド以外の国に反対するための武器だった。ポーランドが好きだからというわけではなかったのである。ミッキーヴィッツはポーランドのことを「様々な民族のはざまにいるキリスト」と述べているが、まさにこうした意味だと私は考えている。もう少し一般的に言うと、フォックスは平和が実現する場合、「分割体制を基本としない」と考えていたし、国王レベルでなく人としての利益、および関わった各国の利益を検討すること、そして正義という大きな基盤の上に安定が再建されると考えていた[12]。ここにのちの時代に、異端者たちがウィーン条約およびヴェルサイユ条約に対して攻撃を行う際、手本とした教科書がある。

　フォックスはほかの反戦論者同様、国の安全を無視しているという非難を受けた。フォックスは平和こそ最善の安全保障だと答えた。どうしても戦争が避けられない場合には、フォックスは海軍に頼ろうとした。フォックスを受け継いだ二十世紀の急進主義者と同じである。フォックスは一七九四年にこう述べている。「現状のもとで船を造ることができるのに、船を一隻も造らないということがあったら、重大犯である[13]」。これは昔のトーリーの方針への逆行だった――おかしな役割の転換である。フォックスはピットの同盟政策を糾弾したときにも、かつてのトーリーが行った主張を取り上げ、イギリスが自分の力を頼みにすることを願った。フォックスは外国勢力に節操があるとは頑として信じなかった。事実、フォックスの嫌悪は基本理念に基づくものだったのである――「忌まわしい独裁者の陰謀」、「吐き気を催す国王間の同盟」。フォックスはイギリスが自由のチャンピオンに見えてほしいと望んでいたにちがいない。

> 国民の自由な精神を尊重すべきです。人々のあいだで討論を行う権利を復活すべきです……かたちばかりのお世辞に浮かれるのではなく、昔のイギリス憲法の精神を持つことを認めるべきです。そうすれば、イギリス国民のエネルギーが現れてくるのを目にすることでしょう……これこそが真の財産

なのです。ほかはどれも幻想にすぎません[14]。

とにかく、なぜイギリス政府は戦争を始めたのか？　フォックスは大臣たちが自分の地位を守るのに汲々としていて、この国の自由を破壊しようとしているからだと考えた。この戦争はそのときどきに「高教会の僧侶、ジャコバイト、トーリーという別々の名前のもとで、この国の市民的自由を破壊しようと努めた[15]」政党によって、推し進められたと考えたのである。

この国の現在の戦争もアメリカ独立戦争も宮廷党が原因である。宮廷党はまさに自由の名そのものを憎んでいる。国民の苦痛に、野蛮なまでになっている政府の無関心も原因である[16]。

フォックスは特に、ピットが戦争のきらびやかな部分を、派手なロマンティックな部分を楽しんでいることを特に非難した。ピットが一八〇三年、戦争再開を呼びかけた演説に対し、フォックスが答えたすばらしいフレーズがある。

> すばらしい雄弁を振るって行われた罵倒演説を一句漏らさず聞かせていただきました。私はこのような演説が一般的にどんな成果をあげてきたか思い出さずにはいられません。たいていこうした演説に付随して起こる破壊と虐殺を思い出して、不安を感じずにはいられないのです。名誉ある紳士が、すばらしい弁舌を振るって話をするときには、私はあるモロッコの野蛮な王子の話、あるいは頑迷なモロク、あるいは頑迷なイシュマイルの話を思い起こします。彼は派手な衣装を身にまとうことなど

ありませんし、常軌を逸するまで虚飾をこらしたりはしないのですが、出て来るときには、大量殺戮の始まりとなるのです。それよりももっとすばらしいきらめきを目の前にし、優秀な頭脳の努力の成果がはっきりと感じられたいま、選び抜かれたことばを耳にし、磨き抜かれた話術をじっくり味わったいま、この議会に居合わせ、この光景を見ることができただけでも私は満足しております。けれども、ロビーにいる私の選挙民にこの結果を伝えると考えると、非常に暗い気持ちがいたします。[17]

選挙区の話はフォックスの戦争反対が議会に限定されていたことを思い起こさせる。フォックスは、国民には自由に反対するピットの手管に対し抵抗する権利があると考えた。ある有名なおりのことだが、フォックスは「主権者である国民に」と挑発的な乾杯の挨拶を行い、そのために枢密院からたたき出されたことがあった。だが、国民も人気のあるアジテーターもフォックスから距離を置いていたのである。フォックスは『人間の権利』の最初の部分だけを読んで、これは扇情的な中傷とは言えないまでも、中傷だと述べた。続けてその先を読んでいたならば、そのなかにフォックス自身の外交政策と非常によく似た見解を目にしたにちがいないのである。

トム・ペインはかつてアメリカ議会の外交担当となったことがあったが、外交問題の詳細にはほとんど関心を持っていなかった。ファイリング教授は「ペインはイギリス人としての感情のもととなるものを持ち合わせていなかったし、思想家というわけでもなかった」と述べている。[18] この言い方は純然たるイギリス人の血を引き、クエーカー教徒の教育を受け、この国のことばで書かれた本のなかで最も有名な本を書いた人物について述べたことばとしては、奇妙なことばである。百五十年を経過しても興奮が冷めることなく読める本なのである。おそらく、ファイリング教授は「イギリスの感情」というものを、今では消えたわれわれのインド帝国の官僚たちに限定される資質だと考えているのだろう――あるいは悪名高い略奪者、ウォーレン・ヘイスティングズに。ペインはわずかな何気ない文で、外交政策の一般的基本理念を定義した。以後異端者たちはこの基本理念を示し続けることになったのである。全体の話が始まってもいないのに答えが出るというのは、興ざめである。けれども、驚くことではない。私は『人間の権利』がイギリス人の作家が書いた政治論文のなかでは、いちばんすばらしいものと思っているからである。

ペインの外交問題に対する見解は二つの文で表現されうる。戦争を起こすのは政府である。民主主義が戦争を終結させる。「そもそも人間同士は敵にはならないが、政府という偽のシステムの媒介によって敵となる[19]」。政府は、「課税、地位および官職の任命が必要だということにかこつけて、戦争を進めるものである」――ブライトとコブデンはこの考えを巧みに引用することになる。「戦争を回避するための方法を確立してしまうと、国民にとっては利益になるかもしれないが、政府からいちばん利益のあがる部署をもぎ取ることになる[20]」。「いま新体制が世界の眼前に広がりつつあるが、ヨーロッパ諸国の宮廷は、反対の動きをとろうと画策している……人間共通の利益に反して宮廷の共通利益がかたちづくられている[21]」。民主主義の新体制が誕生すれば、イギリス、フランス、そして合衆国の同盟が生まれるだろう。この同盟があれば、「効果的にヨーロッパの海軍すべてを抑制し、全体として削減することになるだろう[22]」。そのとき、「諸国民は互いに理解し合うようになり、宮廷の陰謀と策略によって生み出された憎しみや偏見は消えていくだろう[23]」。こうした感情は、今日でも非の打ちどころのないほど立派なものである。西側の三勢力が実行していることなのである。

当時の急進主義者は、トム・ペインから、外交政策は自分たちには無関係だという教訓を引き出していた。外交政策は旧秩序によって行われる陰謀で、急進主義の勝利とともに消えていく――トロツキーが一九一七年に外務人民委員になったときに言ったのと同じ精神である。「声明は少ししか出さない。そして店をたたむのだ」。一七九七年、フォックスが議会から退いたことは同じ結論を指すものである。旧秩序が続くあいだは、何もすべきことはなかった。古い体制が倒されれば外交問題すべてが解決されるはずである。フォックスは一八〇一年に議会に戻り、アミアンの和を自分の予言が正しかったことの証として歓迎した。「イギリス政府に対するフランス政府の勝利は、実際、隠しておけないくらい大きな喜びを与えてくれた[24]」。フォックスは、自分が考えてきたより良き未来の願いが実現したとさえ想像した。「もしわれわれ二つの国が同時にリベラルな政府を持てば、人類の大義は勝利を収める」。この文は一世紀後の急進主義者の外交政策を予期させる。当時はありえないことだったし、フォックスはまず実行に移さなかった。フォックスはアミアンの和のあと、パリを訪れ、イギリス史のための材料を集め、ボナパルトにインタビューをした。インタビューは一般論の域を出るものではなかった。

ナポレオン戦争は、異端者たちのはっきりした反応を喚起しなかった。戦争が勃発したとき、フォックスは戦争の原因となったマルタ島の領有を批判し、再度戦争は不要だと論じた。だが、フォックスの確信には心がこもっていなかった。フォックスがホランド卿に宛てた手紙には、重要な調子の変化がある。「平和の次に私が嫌ってはいけないのは、正義がイギリスの側にある戦争です。けれども、私はそれさえも希望が持てないのです[25]」。一八〇四年、フォックスが行った唯一重要な演説は、戦争の指揮に関するもので、戦争そのものについて述べたものではなかった。ジョージ三世の反対がなかったならフォックスは、このとき大臣になっていたにちがいない。ピットが死んだ一八〇六年、フォックスは外務大臣になった。フォックスはわずかに残っていた数カ月の生涯、若い頃の教養を実践に移し、タレーランと平和交渉を行った。結局何も実現しなかった。フォックスは気持ちが決まらないまま生涯を終えた——立派な戦争大臣になる可能性のある平和の提唱者として。ヨーロッパが暴君によって真に危機にさらされていたとき何をなすべきか答えを明らかにしない自由の提唱者として。

フォックスの死はウイッグや急進主義者を困惑させた。彼らはナポレオン戦争中、そこから逃れられなかったのである。ウィットブレッドは、フォックスがフランス革命に反対する戦争のあいだ支持していた方向と同じ、平和交渉の方向で解決しようとし続けた。リヴァプールのウイッグだったロスコーは、同じ立場でパンフレットを書いている。だが、グレイおよびウイッグの大半は、トーリーのやり方をまずいと断言したものの、戦争そのものについては支持していた。少数の急進主義者——特にヘイズリット——は、なおもナポレオンを自由のチャンピオンであると考えていた。急進主義者の多くは、人々のあいだでよく言われる不満を口にしていたが、系統立てて外交政策について発言することはなかった。彼らはペインのように、戦争を宮廷の問題と考えていて、国民の問題とは考えていなかった。ナポレオンがスペインに侵入したことによって、新しいアプローチが可能になった。ここには侵略者に対する民衆の抵抗があった。異端者たちが、基本理念に矛盾することなく戦えるものだった。フォックスとごく親密だったホーナーは、ウイッグがスペインを「逆方向に向かう転換点」と考えず、ナポレオンに反対することを真っ先に主張しないでいることを遺憾だと考えた。フォックスの甥でまだ「若者」だったホランドは、スペインに熱心に関わった——とにかく、戦場周辺でウイッグのグループを指揮するくらいの行動はしたのである。だが、その背後に、真面目なものがあったわけではない。半島戦争は、異端者たちの賛成も、反対もないままに過ぎ去ったのである。

フォックス派の伝統は一八一三年、事態がナポレオンと逆方向に動き出したとき甦った。ウイッグは平和交渉を熱心に提唱した。ウイッグは問題をいくつか提案した。フォックスはかつて、ポーランド分割を

「専制君主の同盟」に協力しない理由として挙げていた。フォックスの後継者たちは、ポーランド問題のために戦ったのである。ブルームをポーランド支持者に変えたのは、チャルトリスキが派遣した密使だった。ブルームは『ポーランドの独立のために行う、連合国およびイギリス国民に対するアピール *An Appeal to the Allies and the English Nation on Behalf of Poland*』という題のパンフレットを匿名で書き、今度は自分自身の名前を使って『エディンバラ・レヴュー』に熱烈な書評を書いた——見事な脚色である。チャルトリスキはロシア皇帝主権下のポーランド王国を望んでいた。実際これがウィーン会議で実現したことである。イギリスの歴史家たちは、ポーランドについて状況を悪化させたことに奇妙なこだわりを示している。どの国の歴史家もこのときほどこだわりを示していることはないのである。彼らはカースルレーがポーランドの自由を擁護し、それなりに成功を収めたと暗に述べている。これは事実に反している。カースルレーは第三次ポーランド分割を更新したいと望んでいたのであって、それに完全にと言っていいほど失敗したのである。「ポーランド立憲王国」はカースルレーおよびメッテルニヒに対するアレクサンドル一世とチャルトリスキの勝利であり、イギリス政府の政策に対するブルームの勝利だったのである。あるいは、一般的に言うと、勢力均衡に対するナショナリズムの勝利だったのだ。異端者たちがポーランド問題で賭けられているものについて明確な考えを持っていなかったということをこんなに明らかにしていなければ、これをもって異端者たちの勝利と呼びたい気持ちになったかもしれない。

「ポーランド立憲王国」はウィーン会議で達成したもののなかでは、いちばん重要だった。ウイッグはカースルレーが成功した数点——すなわちツーランをプロイセンに、クラカウを自由市にするという点——を除いてしまうと、批判すべきものを何も持ち合わせていなかった。ウイッグは、イタリアあるいはドイツ統一の失敗について不満を言おうとさえしなかった——唯一彼らが気にしていたのはシチリアの憲法だけだったのである。ウイッグの目から見て大罪と思われる二点は、サクソニアの一部をプロイセンが、ジェノアをサルディニア王国が併合したことだった――急進主義者たちは、後者については、まもなく大目に見るようになる。この二つの行為によって、ウィットブレッドの心は「恥ずかしさと良心の呵責と嫌悪」でいっぱいになった。ウィットブレッドは「人々に旧政府をあきらめるよう強制すること」を非難した――トーリーの正統主義の基本理念を、おかしなかたちでひっくり返したものである。ウイッグの一般論を推し進めると、小国はたとえ大国の一部を構成していたとしても、大国に浸食されるべきではないということである。これは、外交問題というものは大国の腐った陰謀にほかならないとする急進主義者の信念と一致していた。

ナポレオンの百日天下はウイッグを惑わせ、フォックス時代が再来したと思い込ませた。ナポレオンその人のように、ウイッグは若さを取り戻し、昔のパフォーマンスを繰り返そうとしたのである。グレイは上院で戦争に反対する動議を行った。下院では、最初はウィットブレッドが、その後ジョージ・キャベンディッシュ卿が動議を行った。急進主義者のバーデットは「外国政府の問題に首を突っ込むという原則が一旦認められてしまうと、戦争は永遠に続くものとなる――すなわち、専制支配を行っている政府は、いつも自由な国家と戦争をすることになる」。まったく昔のままである。これは結局何にもならなかった。ナポレオンはワーテルローで敗れ、セント・ヘレナ島に送られた――この地でレディー・ホランドが捧げた本と讃辞を受け取ることになるのである。議会は一八一六年二月まで、平和協定を議論しなかった。この頃になると、ヨーロッパの条約はほぼ一年も経過していて、冷たく固まっていた。条約に対する論評はほとんどなかった。ウイッグの批判は、フランスと結んだパリの和にだけ向けられた。上院でホランドが、下院でロミリーとホーナーが、ブルボン家に示された保護を攻撃した。ホーナーは平和をいちばんうまく保障するやり方があるとすれば、それはフランスに自由な憲法を与えることだと述べた。いつものように、イギリス憲法はベドフォード家の私的な所有物であると主張していたジョン・ラッセル卿は、一世紀前には、正統主義の原則が時流に一致していなかったことをありがたいと考えた。「あのときに、彼自身の一族は微賤に埋もれ、名誉を失い、裏切り者と汚名を着せられ、一族が王冠からもらいうけた栄誉をすべて剝奪されたにちがいないのである[26]」。ウイッグの不満は、フランスを占領しているイギリス軍に対して最も激しく向けられた。イギリス軍はフランスを破ったはずだ。必要なら、領土を奪うべきだったのだ。だから撤退して、イギリスの戦艦だけを頼りとする「孤立」に戻るべきである。

国内で起こった事件が、しだいにウィーンを根底から非難する方向に向かわせることになった。ピータールー事件はワーテルローを忘却させた。というより、同じ抑圧的な力に対して戦ったのだという信念を確立させることになった。トーリーの政府は国内で弾圧を行っていたので、続いて海外でも抑圧的な政策をとるようになった。ヨーロッパの協調は、各地の民衆の自由に反対して行う謀略となった。「臣民の競売」をするための「隣保評議会(Amphyctonic Council)」となったのである[27]。この信念はナポリとスペインで起こった革命によって、固められた。ウイッグも急進主義者も同様に協調を非難し、戦争によって自由を擁護しようと考えた。ウイッグはヨーロッパの勢力均衡についても議論した——イギリスが専制に反対して自由主義の側に立つことによって実現する均衡のことである。急進主義者はこれを非難したが、基本理念に関する闘争は重要であるとは思われなかった。みなが一様に同じ結論に達したのである。ふだんは平和主義の立場をとるホランドは、ナポリに関して次のように述べている。「戦争に対する嫌悪が心のなかに深く根づいているけれども、国民の名誉のために必要な場合、国や財政の困難は、戦争を控える理由にはならない[28]」。ブルームはスペインについて次のように述べている。「イギリスの状況がいまより良ければきっと戦争になると脅すことで、敵対心を抑え込み、平和を確保したにちがいない[29]」。ブルームは「きっと戦争になると脅すこと」と軍備および海軍支出を削減することを結びつけて考えない人物だったのである。

旧体制を支持する人々は、平和を維持することによって、体制を維持しようとしていた。急進主義者は「ヨーロッパの自由」のための戦争について論じた――このことばをピットとはまったく違う意味で用いていたのである。急進主義者はスペインの体制を嘆き、スペイン植民地の独立に賛同した。ヒュームやボウリングら急進主義者は、ギリシア委員会を設立した。委員会はギリシアの公債を発行し、結果として信用を傷つけた。秘密裏にギリシア海軍用の船を購入しようとした。ギリシアは「自由になるために正当な戦いを行う民族」に対して起こるあまたの熱狂の最初となった。古典の教養と国民主義の原則、商業上の利益と無私の理想主義が奇妙に入り交じった熱狂だった。急進主義者は実力を行使する者を軽蔑し、信頼していなかったが、イギリスの実力には無限の信頼を置いていた。彼らは孤立と普遍的な介入を同時に説いていた。大陸のごたごたすべてから距離を置くのだが、全世界に反対して自由を擁護しようとしていたのである。

コベットは極端な例である。コベットは急進主義者のなかではいちばん熱狂的で、頑固な人物だった。コベットは外交政策はすべて旧体制、すなわち世俗的に重要なもの（THE THING）が行う欺瞞だと考えた。コベットはナポレオン戦争の結果生じた債務によって、積極的な政策が不可能になったことを喜んだ。コベットは、仲間の急進主義者のことを、金利を稼ぎたいというだけの理由で、ギリシアの独立を支持していると非難さえしたのである。だが、コベットは世界に、特にロシアとアメリカ合衆国――ほかの急進主義者が好意を示したことがあるという理由で選んだ敵――に、イギリスの海軍力を誇示したいと思っていた。コベットの死後二十年たって、『コベットがトルコを擁護し、対ロシア戦争を支持した理由 *Cobbet's Reasons for War againt Russia in Defence of Turkey*』という題で、外交問題について書いたものを集めたパンフレットが出版された。コベットは、ロシア皇帝を暴君だと非難した。ロシアの最大の罪は他者の自由に干渉を加えたことではなく、イギリスの海上覇権に挑戦しようとしたことだとしたのである。ここに二つの引用文がある。コベットは一八二二年に次のように書いている。

> 大臣は召集できる限りの船を派遣すべきである。穏やかなことばで、トルコが支配する公国の境界線からコサックを撤退させるよう要求するメッセージを独裁者に届けるためである。従わない場合には、暴君が持っているものすべてを奪い取り、焼いて、沈め、粉砕すべきである。

一八二九年、ナヴァリノの戦いのあと、コベットは自分に先見の明があったことを自慢した。コベットのことばには大衆的急進主義のあらゆる特徴——海軍の自慢、他国に対する軽蔑、支配者階級批判——が備わっている。

> われわれの領土にとって最も差し迫った危機は北米の貧しい植民地に関するものでも、黒人の砂糖の島々に関するものでも、「東洋の帝国」に関するものでもないと私は理解しているし、そうも述べた。ほかならないわれわれ全体としての危機である。重大な、しかも差し迫った危険なのである。明らかに神と自然が与えてくれた海上の領土が直面する危機であり、われわれの先祖が枠組みをつくった諸法の危機である。すなわち、われわれの偉大さのすべて、われわれの名声すべての根源にとって

の危機なのである。「慈善」について語りたまえ。「普遍的自由」について語りたまえ。「世界中の文明と信仰の自由」について語りたまえ。イギリスのことに気を配ること、イギリスのことだけに気を配ることこそ、私の務めであり、イギリス人全員の務めである……自由の実現を目指す人々の面倒を見るために世界を歩き回ることなど、われわれには無関係なのである。自分の面倒を見ること、われわれの国および主権に気を配ることこそわれわれの務めである。個別的な事項に入り込んでしまったときは、イギリスが海上の覇者であるよう気を配ることがわれわれの第一の義務である。

なぜこの巨人の成長を止めようとしないのか？ それは、何年か前に大きな犠牲を払って手に入れ、われわれが誇りとし自慢した「勝利」の代価を払っていないからである。

ここに外交問題において異端の立場をとった人々の極端な一面がある。人々は選挙法改革法案の通過によって、この一面が勝利を収めるにちがいないと思っていた——そのうちの選りすぐった条項のいくつかは、事実このあと続く三十年のあいだに勝利を収めたのである。

2　異端のライバル――アーカートとコブデン

歴史上の名声というものは、女性のスカート丈のように、長くなったり短くなったりするものである。われわれは第一次選挙法改正が資本家的中流階級の勝利を記すものであり、議会制民主政治の端緒をなすものだと考えることになじんできた。今になってわれわれは、選挙法改正はイギリスの政治を何ら変更するものではなかったと聞かされている。私は下院の構成に関する限り、その通りだと考える。選挙民は依然として地元の利害を第一に考えていた。議員は以前と同じ階級から選ばれ、同じ動機に基づいて行動していた。すなわち一族の関係や商売上の利害関係、個人的な野心や理想主義的気まぐれにしたがって行動していたのである。まったくその通り、本当にためになる話である。だが、こうしたことが決定的に重要だと考える人々は、下院というものは部分部分を総計したものであると考える誤りに陥っているのである。議員ひとりひとりを叙述すれば、当時の議会を叙述したことになると彼らは想像する。これと同じ見方が私の同僚のなかでいちばん力量のある人々が関与している「議会の歴史」の根底にある。私はこの計画を聞いたとき、議会の歴史は、少なくとももっと現代に近い時代に関してはつくられているのに、と思わないわけにはいかなかった。われわれはそれを「ハンサード」――もっともったいぶって言うと――「議会討論集」と呼んでいる。個々の議員の伝記を積み重ねていくことは、社会史家にとっては大きな関心の対象となるものにちがいない。大臣のポストを獲得するために行われた陰謀のいくつかを説明することになるのかもしれない。だが、議会の歴史は議員が見聞きしたことや感じたことのなかにあるものであり、議員のいた場所にあるのではないのだ。

ほかの集合体のように、下院は独自の行動規範を備えている。個々の議員が同じままであっても性格が変化することもあるのかもしれない。一八四一年の「買収された」議会は、これまでの選挙のなかで最も腐敗した選挙の結果、成立したものだった。しかし、この議会はこの五年後に穀物法を廃止したとき、無私の知という高い段階に到達したのである。ボールドウィンのもとで与党が大多数を占めた一九三五年選出の議会を考えてみるとよい。この議会が過去最大の戦争を通じて、ウィンストン・チャーチルを支持し続けるなど、いったい誰が想像することができただろう? 正確に言うと、選挙法改正後の議員は間違いなく、以前と同じ議員だったのである。だが、この議会と議会を含む政界全体は、以前とはまったく別物だった。一九〇六年の総選挙後も、同じような雰囲気があった。古い秩序が滅び、新しい夜明けを迎えるという雰囲気である――ハイレアー・ベロックが実にうまく表現した次のような感情である。

> 特権をほしいままにした権力が告発を受け
> (女とシャンペンとブリッジといっしょに)
> 敗れて――民主主義の時代が始まる。

最後の一節については、ここでは省略しようと思う。

選挙法改正法案そのものについては重要ではない。ウイッグ政権が四十年間も政権から離れた後、権力の座に就いたことということさえも重要ではないのである。これは世論の勝利と言ってもいい。今日の政府とは何から何までやるものだ。振り返ってみて、われわれは選挙法改正法を実現したのは、ウイッグ政府であると考えている。これは当時の人々が考えていたこととは違っている。この時代の人々は、改正法案を実現したのは、議会改革を目指す多数派で、大臣たちから何らかの援助を得ていた人々だと考えたのである。改革を目指した人々は、選挙制度のために行ったことを何に対しても応用できると自信を持っていた。奴隷制、東インド会社、国教会、救貧法、地方政府、そしてもちろん外交に応用できると考えたのだ。彼らは正しかった。新しい時代の幕開けだった。当時は政党に関係を持たない議員が活躍したすばらしい時代である。パトロンはしだいに衰えていった。選挙法改正のために衰えたというよりは、選挙法改正を生んだ同じ力のために衰えたのである。近代的政党組織はまだ生まれていなかった。議員たちは好きなように、自分の判断で行動することができた。一八三五年から一八七四年にかけての内閣は、どの内閣も既存の議会のなかで破れたために倒れたのである。選挙で敗れたことによって倒れたわけではなかったのだ。それはわれわれが今日では軽蔑して呼んでいる「フランスのシステム」がイギリスでも行われていたことを表す衝撃的な証拠だった[1]。

　十八世紀の政党に関係をもたない議員は、その沈黙が政府の運命を左右することもあったが、とにかく黙っていたことで際だっていた。いまや政党に関係を持たない議員が能弁になったのである。彼らは討論を持ち上げ、政策に関する法を書き下ろし、情報を要求した。この時代、外交政策に関して行われた大きな討論は二つある。一つは一八五〇年のドン・パシフィコ討論であり、一つは一八五五年のクリミア戦争に関する調査を求めた動議である。両方とも無所属の急進主義者、ローバックの発議によるものである。外交青書は数も大きさも膨大なものとなった。特に外交青書が議会命令によって作成された点が示唆に富んでいる。大臣たちに対して初めて質問が行われた。一八四〇年代に、このシステムが組織化されたのである。Ａ・Ｃ・ターナー氏は、クリミア戦争以前の二十年ばかりのあいだに、外交政策について不屈の魂をもって質問を行った七人の名を示している。ヒューム、カトラー・ファーガスン、ダドゥリー・ステュアート、アーカート、ローバック、アンスティー、レイヤードの七人である。[2] アーカートとレイヤードは外交政策にある程度直接的な知識を持っていた。ほかの人々は、一つの民族のために、あるいは一つの理想のために夢中になった人々である。七人中四人がスコットランド人だったのは特徴的である。のちの時代にも繰り返されるのである。たぶんスコットランド人は、ほかの人々より多くの質問をするのだろう。自分たちが小民族であるために、ほかの人々の民族的主張に対して共感を持つ傾向があったと言った方がいいのかもしれない。ウェールズ人は十九世紀末、ボーア人に対し同様の共感を抱いている。カトリック教徒解放令以後、議会に姿を現すようになったアイルランド人はもちろん、いつも同様の反応をした——ただしある場合を除いてである。ローマカトリックであるアイルランド人は、イタリア統一を絶対に支援しない唯一の急進主義者である。一八三〇年代には、イタリアはまだ現実の問題ではなかった。当時重要だったのは、カトリックの解放がポーランド問題を力強く後押しすることになる、という点だったのである。

　これがもちろん、ポーランドが急進的外交政策の象徴となった唯一の理由ではない。ポーランドの反抗は、急進主義者が夢中になることのできる外交問題を求めていたまさにそのとき、タイミングよく始まったのである。ポーランド問題のおかげで、「神聖同盟」を非難することと、フランスの急進主義者との連帯を宣言することが同時にできるようになったのである。急進主義者は、条約上の権利と民族原則のどちらかをとる必要などなかったのだ。急進主義者はポーランド立憲王国の憲法復活を要求することもできた。ウィーン条約で約束されていたのである。だが、同時にポーランド人自身のように、一七七二年の国境についても主張することができたのである。急進主義者は誰ひとり、戦争しようとは考えていなかった。世論というものは国内と同じで、国際関係においても圧倒的な力を持つと思い込んでいた。公共経済について同様、ポーランドにも夢中になっていたヒュームは、一八三二年四月、次のように述べている。「ヨーロッパ列強が主張している強硬論を見ると、戦争突入は避けられないと断固確信しております[3]」。オコンネルは同じテーマを発展させている。

> この国に民主主義の原則を与えた選挙法改正法案は、いまだ経験したことがないほど大きな衝撃である。その精神は自由に対して抱く共感に励まされ、わが国の政府に対する、あるいは株にうつつを抜かすフランス政府に対する圧力となるだろう。不人気なフランスの王政がフランス国民の感情を理解しないわけにはいかない雰囲気をつくり出し、ドイツ国民が……ほかの合理的政府といっしょにやらざるをえないよう促すことになるだろう。ポーランドについて正義が行われなければならないという主張が出て来るにちがいない[4]。

同じ討論で、ヒュームはロシア皇帝のことを「人の姿をした怪物」だと表現した。アイルランド人議員のシールは「ロシア皇帝を悪党だなどと言ったりはしない。悪党というのではあまりにもことばが弱い。堕落ぶりはこんなものではないからである」と述べた。

ポーランド問題は、議会外でも広く取り上げられた。ギリシアに対して起こった熱狂は、上流階級が中心だったと私は思う。ギリシアに夢中になるには古典の教養が必要だった。ポーランドにも同じく文学的な要素がないわけではなかったが、ポーランドに対する熱狂は「民主主義」に対して初めて起こった熱狂だった。活動の中心は、ポーランドの友文学協会（Literary Association of the Friend of Poland）という組織だった。これを組織したのは詩人のトマス・キャンベルである。キャンベルは四十年も昔のコシチューシコの死について賛歌を送った人物である。この組織は、急進主義の主たる中心地――バーミンガム、マンチェスター、グラスゴー――に支部を持っていた。また、（なかでも特にロシアに反対する扇動の中心地となった）バルト海貿易に関わる海港、ハルおよびニューカッスルに支部を持っていた。おかしな話だが、これはわれわれは自分たちの顧客を愛するものだというコブデンの法則に矛盾している。選挙法改正運動のあいだ、大衆集会が流行した。デマゴーグたちは、これまでのテーマに代わる新しいテーマを歓迎した。いままでのテーマに取って代わる新しいテーマではあったが、別個のものではなかった。選挙法改正とポーランドは堅く結びつけて考えられた。ポーランドの解放は、急進主義改革の勝利を導くはずだった。ちょうど逆方向に作用してポーランド分割がフランス革命に反対する戦争を誘発したのと同じだったのである。『ウェストミンスター・レビュー』にこの議論をパロディーにした記事が掲載された。

イギリス国民は、政府が一七九二年に神聖な同盟に加わってから一八一五年にその同盟が消滅するまでのあいだ、事実上戦争を仕掛ける側だった……。ロシア人をニーメンまで追い立てる力があれば、われわれは選挙できる。ロシア人がドニエプル川を越えてしまえば、われわれは穀物法を廃止できる。ポーランド人がスモレンスク(5)を獲得できれば、租税の基点を一六八六年まで戻すことができる……。ポーランドは自由を獲得しなければならない。われわれ二人とも、盗賊たちのあいだで倒れていたのだ。だから、協力してゲームに参加するしかないのである。(6)

いったいここから何が出てくるというのか？　ポーランドのためにということで、そんなにたくさんのものが出てきたわけではなかった。議会は一八五二年まで毎年額を更新していく補助金として、ポーランド人亡命者に一万ポンドを決定した。静かな良心の価格はほかの物価と同じで、この百年間に高騰している。ミュンヘン会談に関わった人々は、チェコスロヴァキアを裏切ったことに対する後ろめたさから気持ちを楽にするために、五百万ポンドの経費をかけたのである。ポーランドのためには何もしなかったが、水面下では感情が煮え立っていた。この感情は強力で、一八三五年、ロンドンデリーのセント・ペテルスブルク大使任命が中止になるほどだったのである。理由は、ロンドンデリーが抑圧された者の自由と踏みにじられたポーランド人の権利に共感するイギリス人の国民感情を共有していないからだった。文学協会は一八八〇年代まで存続した。この頃もなお、協会は一八六三年の反乱以後続けてきた、亡命ポーランド人の支援を続けていた。亡命ポーランド人は、急進主義者に大陸の政治について教育を与えた。そのために、ペナルティーを科されたのだ。ダドリー・スチュアートが、チャーティスト運動と手を組んだポーランド人を、財務省の補助金リストから削除したのである。急進主義者たちがポーランド人から学んだのは、ロシアに対する敵意だった。一八一五年以後、急進主義者のそもそもの毒舌の対象は、オーストリアで、メッテルニヒが悪の主役だった。当時ロシアを疑っていたのは、急進主義者ではなく、トーリーだった。いまやポーランド問題のために、ロシアが「神聖同盟」の主要動機となった。敵意の切り替えは決して完全ではなかった。イタリア問題が爆発するとき必ず急進主義者の相手となるのは、オーストリアという化け物だった。ポーランドは長いあいだ、人々に知られないままでいた。だが、一八三一年以後、イギリスの急進主義者がロシアのことを「ヨーロッパの憲兵」と考えていたというのはおおむね本当なのである。

それだけではない。単純に論法を拡大することにより、ロシアに対する敵意が、急進主義者をトルコ人の友としたということになる。たしかにこれは奇妙なことである。いったいどうして衰退しつつあるオスマン帝国を助けることが急進主義者の大義となりうるのか。ましてやそれも、一八三〇年代にギリシア独立を支持した人々がトルコを支持することなどありうるのか？　抜け目ない投機家たちは、トルコの関税が低くロシアの関税が高いという事実から説明しようとした。パーマストンがトルコを開明的で進歩的な国であると表現しようとしたときに使った論法である。最大の自由貿易主義者リチャード・コブデンがいつも反トルコ派で、ロシア支持の態度をとっていたことが、この論法を展開する上でじゃまになる。いずれにせよ、これ以後イギリス－ロシア関係に翳りを与える感情的な雰囲気をつくり出すには、何かが必要だった。ポーランドはその役割を務めたのである。ギリシア独立戦争のあいだ、トルコに対する関心はまったく存在しなかった。ウェリントン周辺のトーリー上層部以外、イギリスの地中海利権について話をする者はほとんどいなかった。オスマン・トルコのスルタンが、臣下ムハンマド・アリーの反逆によって脅かされた一八三三年の次の危機のときも、急進主義者は、イギリスはロシアに対する障壁としてトルコを支持するべしと論じたのである。その後まもなくすると、今度はトルコのために熱心にトルコを支持したのである。

　この新見解の主張の中心となったのが、デイヴィッド・アーカートである。アーカートは十九世紀の異端者としては最も風変わりな人物である。アーカートは決して、はじめから急進主義者というわけではない。ほかの人々は一般的急進主義の基本理念から出発し、それを外交政策に敷衍していった。アーカートの場合は、自分独自の外交政策を考案したのだが、あとになって、自分の外交政策を支持しているのは急進主義者だけであるということを発見したのだ。自分自身も驚いたのだが、腹立たしく思われることでもあった。若い頃、アーカートはギリシアのために戦った。戦後、アーカートは自分の意志で選んで、トルコ人のような格好をするようになった。アーカートはイギリスにトルコ風呂を紹介し、身体上道徳上、万病の特効薬として提唱した。アーカートはトルコを理想共同体だと考えた——カール・マルクスはこの見解を受け継いで、トルコは資本主義を経験することなく社会主義に移行する可能性がある国の一つだと考えたのである。アーカートには人を惹きつけるところがあった——情熱と魅惑がひとつになっていたのである。アーカートはウィリアム四世を魅了し、国王の支援を受けて、最初のコンスタンティノープル領事となった。その地で、アーカートは独力でイギリス－ロシア間の戦争を引き起こそうとしたのである。パーマストンがアーカートの首を切ったために戦争にはならなかった。その後アーカートは、パーマストンはロシアに買収されているというばかばかしい議論を展開し、生涯復讐を続けたのである。

よく似たのちの時代のE・D・モレルのように、アーカートは一つのことに取り憑かれたように夢中になる人物だった。いや、アーカートは二つのことに取り憑かれていたのだ。アーカートは最初、パーマストンに反対することに夢中になった。急進主義者は誰もが、外交政策を統治者階級の陰謀だと考えていた。アーカートはこれをもっとしっかりしたことばで表現したのである。パーマストンは陰謀家だ。パーマストンを動かしたのはロシアの資金だ。アーカートが全体としてもっと夢中になったのは、ロシアに対する反対だった。ポーランドの反乱の後、急進主義者はロシアを専制勢力だと考えた。アーカートはロシア人のなかに人の形をした悪魔が潜んでいると考えた。アーカートはすばらしいパンチを二発くり出して、ロシアは神聖同盟の中心であるばかりか、金を使って革命をあやつっていると非難した。イタリアの革命家はロシアの命令下で行動しているという告白をマッツィーニからとりつけた、と主張さえしたのである。多くの情熱家のように——またもやモレルそっくりなのだが——アーカートは自分だけが正しい、ほかの人々はみな救い難いほど間違っていると思い込んでいた。アーカートの特別の発見は（これまでのところトルコ人にしか知られていない）道徳の掟だった。すべての戦争を非難する法、それも特にロシアの対トルコ戦争を非難する法だった。アーカートはロシアの力を乱暴に誇張し、オスマン帝国は西洋の改革計画に妨害されなければ、浸食しようとする者を簡単に打ち負かせるとする信念と結合しようとした。ここにアーカートが執着していたものをランダムに集めたサンプルがある。

> ロシアは自分のタイミングを選ぶ。ロシアは事件を準備し、すべてを自らの制御下に置く。ロシアは瞬時に全体を見る……ロシアは行動に先だって完璧に成功を確信しているのである。確信を得ないうちに行動をとらないという理由はない。ロシアの持つ知識、決断力、秘密主義、迅速さ、アプローチの仕方を、われわれの無知、不確実さ、不安定さ、使うことのできる力の欠如、距離が離れていることをくらべてみるがよい。それから、ロシアがイギリスにおける関心の高まりと憤激から、理解していることがあるのかどうかを論じるべきである。[7]

それが証拠に、ある日コンスタンティノープルにいたロシアは、翌日にはペルシアにいる。そして翌週には五万人をインドに投入するのである。

　アーカートは立派な人々の意見に訴えたが効果はなかった。アーカートはチャーティストから温かい歓迎を受けた。アーカートはチャーティストに、普通選挙権ではなく、開かれた外交政策こそすべての悪を癒すものだと説得しようとした——その理由はおそらく、ロシアが潰れてしまえば税が廃止されるにちがいないということである。アーカートが取り憑かれていたのはアーカート同様奇抜で、自己流で勉強した労働者階級の急進主義者の食欲にぴったりの堅い肉だった。例を挙げよう。プレストンで、アーカートに夢中になった聴衆は、教育宗教分離主義運動を展開している二十名の人々と、スウェーデンボルジアン一人だった。アーカートは、国内および国際問題研究協会 Association for the Study of National and International Affairs（もうひとつの名前として外交文書調査委員会 Committees for the Investigation of Diplomatic Pocuments という名がついていた）を創設した。これは民主管理同盟の最初の先駆者となるものである。この研究協会で熱心に研究を行った人々は外交青書に取り組み、パーマストン卿に非があることを証明する部分に印を付けた。アーカートが外交というものはすべて邪悪なものだと教えたからである。外交という邪悪なものは、外交官自身がつけた記録のなかから探すことができると確信していたからでもある。のちの時代の異端者たちは、ほかの点でアーカートの方向に反対することがあったとしても、この教義についてはすべて承認したのである。

一八三九年と一八四〇年に生じた東方の危機によって、風向きはアーカートに有利な方向に変化した。イギリスがトルコを支持したということは、アーカートが書いたものが影響を及ぼしたという証拠である。だが、ほかの点で言うと、それは大間違いだった。アーカートの主張は、おそらくフランスと協力のもとで、ロシアに反対し、トルコを支持するというものだった。パーマストンは、ロシアと協力してフランスを打倒しようとしていたのである。そんなわけで、パーマストンはロシアの手先だというアーカートの妄想が膨らんだのだ。アーカートとアーカートほど夢中にならなかった急進主義者たちは、ともに引きつけられた。アーカートはロシアとの協力に反対した。急進主義者はフランスとの協力に反対したのである。マンチェスターで、アーカートとコブデンは同じ演壇に立った。アーカートの関わる協会のメンバーは、イギリスの友好を約束するという保障を持ってパリに赴いた。アーカート自身、フランスの首相チエールのもとを訪問した。この訪問は実を結ばなかった。チエールは「フランスの公人が理解していないことについて私が述べたところ」、「それを冷ややかに受け流した」のである。そして、「次にチエールを見ると、すっかり眠り込んでいたのだ！」。一八四〇年のパーマストンの政策に対する批判を探そうと思ったら、アーカートや急進主義者たちのような極端な例まで進む必要はない。困難はむしろパーマストンの政策の支持者を探すことなのである。『ザ・タイムズ』はパーマストンの政策に強く反対した――政策を進めようとするときには吉兆である場合が多いものである。内閣は分裂した。ホランドは叔父にならって、対フランス戦争に反対しようとした。クラレンドンは多くの職業外交官と同様、単純で、決然とした効果的な政策を好まなかった。二人は演説で女王に異端の見解を述べ、公式の議事録に記録を残した。私の記憶では、こんなことが行われたのはこのときが最後である。注意してほしい。私は憲政史をほとんどかじったことがないのである。ほかの閣僚にはまったく力がなく、パーマストンに反対することさえできなかった。パーマストンは自信を持って我が道を歩んだ。最大の危機が訪れた瞬間が議会会期外にあたっていたということも理由の一つにちがいない――のちの時代の外務大臣は、議会会期外だというメリットを使えることなどほとんどなかったのである。

一八四〇年の危機はフランスとの「自由同盟」を打ち砕いた。コブデンはこれを「外交上の大決裂……その影響は現在の軍備増強にまで及ぶ[8]」と表現した。保守党のピール内閣は、ロシアとの友好関係を誇示した。これに応えてロシアを非難することがチャーティストの綱領の基本線となった。チャーティスト穏健派ラヴェットは、一八四四年にロシア皇帝がロンドンを訪れたとき、抗議デモを組織した。過激派ハーニーは、一八四七年の総選挙に際し、ティヴァートンでパーマストンの対立候補として立候補した。アーカートはパーマストンが金銭面で腐敗しているとを追及したが、ハーニーはこの立場をとらなかった。ハーニーの立候補は、空虚なジェスチャーだった。だが、アーカートはスタフォードで当選したのである。

アーカート自身の演説はそれほど力がなかったので、アンスティーに頼み込んで、一八四八年の初め、パーマストン弾劾を十二個の大きな訴因をあげて行わせたのである。尋問が行われた。下院で弾劾動議が行われたのはこれが最後だったのではないだろうか？　こうした活動は実を結ばなかったが、パーマストンを相当困難な立場に陥れた。パーマストンは、弾劾の演壇上で二時間以上にわたり、ハーニーに対抗演説を行った。パーマストンは閑散とした議会で、アンスティーとアーカートに答えて演説し、イギリスは永遠の同盟国など持たない、永遠の敵など持たない、利益だけが永遠だとする有名なことばで結んだのである。

　パーマストンに反対する運動は誤った標的を選んだのだ。一八四六年から五二年にかけての非力なウイッグ内閣で、パーマストンは巧みに人気を維持していた。人気というものは急進主義者の感情に訴えかけることによって得られるものだということを知っていたのである。激励も刺激もそれほど要らなかった。パーマストンは、専制政治よりも立憲政治の方が良いと信じていた。パーマストンは外国の支配者相手に講義するのが好きだった。一八四八年と一八四九年に起こったヨーロッパ革命のあいだ、パーマストンは同僚たちより自分の方が好ましいという印象を、何とかしてつくり出そうと努めた。たしかに宮廷やパーマストンと同階級に属する人々よりは好ましかったのである。外国の自由の実現に対するイギリスの熱狂はますます高まった。一八四一年にポーランド蜂起十周年を記念し祝典を行ったのは、イギリスでただ一カ所、シェフィールドだけだった。オーストリアがクラカウを併合した一八四六年でさえ、抗議を行ったのは、チャーティストから枝分かれた友愛民主主義者（Fraternal Democrats）だけだった。だが、一八四七年、中流階級の共和主義者、W・J・リントンは、もっと立派な人々を基盤に、マッツィーニと協同して人民国際同盟（People's International League）を創設した。ポーランドとは違いイタリアは、中流階級の人々の大義となった。マッツィーニのローマ共和国は——教皇に反対する方向に向けられたために——自由を崇拝する急進主義者の支持を得ただけでなく、プロテスタントのトーリーの人々の支持をも獲得した。ハンガリーは、ほぼ全員を——オーストリアに反対する人々だけでなく、ロシアに反対する人々も、チャーティストも中流階級の急進主義者も——一つにした。一八五〇年の秋、バークレイの醸造所の労働者がオーストリアのハイナウ将軍——ブレシアのハイエナ——に対して暴動を起こしたときには、パーマストンからハーニーに至るまで全面的な称賛があったのである。

しかし、パーマストンが急進主義者の支持を獲得しようとしていたまさにその瞬間、パーマストンに対抗する急進主義政策が持ち上がった。それは最終的にパーマストンを打ち破ることになったのである。パーマストンを破った急進主義政策は、単純かつ的確にコブデン主義と呼ばれる。リチャード・コブデンは、急進的異端者たちのなかでもっとも独創性に富み、深さを備えている人物だった。反対意見を主張するところから出発し、はっきり現状に代わる新たな外交政策を形成するところまで進んだのである。初期の頃の異端者たちは——またのちの時代の異端者たちの多くは——豊かな感情を持っていることで際だっていた。イギリスが正しいということ、とりわけ自分たちが正しいということにどこまでも自信を持っていて——伝統的なウイッグ流の言い方をすると——「世界中に市民的宗教的自由を拡大すること」を望んでいた。コブデンは正気だった。ほかの人々はレトリックに頼っていたのである。コブデンは論理的に考えた。コブデンは最強の理論家でありいつも現実の政治に力を尽くしたのである。コブデンの後に続いた人々みなに特徴的なことは、「世界が正気を失っているときに、正気でいること」だった。ほかの人々が熱くなると、コブデンは冷静になった。人々はコブデンについて、ピールが言ったことばを何度も繰り返して言わなければならなかった。「君が答えろ。私には答えられない」。

まったくおかしな話だが、コブデンは最初アーカートの影響を受けて外交問題に引き込まれたのである。「マンチェスターの実業家」の名で発表したコブデンの二つのパンフレット——「イギリスとアイルランドとアメリカ」（一八三五年）、「ロシア」（一八三六年）——はトルコを支持したアーカートの運動の刺激を受けて生まれたものである。コブデンは、即座にアーカートの議論に含まれる誇張を指摘した。

> コンスタンティノープルはカルカッタからおよそ三千マイル離れたところにある。もしボスポラスの海岸がガンジス軍の前哨基地となるべきものならば、われわれのインドの財産は、言われるままに軍隊を拡大し、金をかけて守らなければならないほど、イギリス国民にとって価値のあるものだろうか？[9]

コブデンはロシアに行った経験がある。それゆえコブデンは、ロシアがトルコとは違って、近代国家になる可能性があると信じていた。ロシアがオスマン帝国を征服するとなれば、世界中の人々に測り知れないほど大きな利益をもたらすだろう。「イギリスだけでなく、全文明世界が自ら祝福するだけのことはあるということになる。とにかく、その領土が再びヨーロッパ勢力のもとに置かれることになる」[10]。コブデンはコンスタンティノープルがロシアの統治下に入ることによって得られる利益——立派な公共建築物が建つようになる、教養ある社会が実現する、奴隷制や一夫多妻制や悪疫が消える——を挙げ、結んでいる。

> われわれ商工業を生業にする国民が、野蛮と無知の状態にあるヨーロッパ最大の地域を保有することに関心があると明言することは——すなわちトルコには貧困、奴隷制、一夫多妻制それに悪疫がは

びこっているからこそわれわれは得をしているのだと明言することは――あまりにもひどい誤謬であって、反論するのもばかばかしくなる。[11]

コブデンは、いずれかの国が、たとえばロシアでさえも、計算づくで世界征服を狙う政策を進めているということを認めなかった。勢力均衡は「誤謬というより誤解であり、欺瞞である。文章表現されていないし、まったく文章表現できない。思想に訴えるのではなく、気分に訴えることばにすぎない。プレスター・ジョンだとか、賢者の石といったかたちで、われわれの先祖がことば遊びをするために集めた、あの同じ不毛なことばのように聞こえるものである」[12]。コブデンは、他国の善意にだけ頼ればよいとは言わなかった。一八六二年、フランスとの海軍協定を提唱した際、コブデンは「諸君の艦隊を、フランスの水準に引き下げる……という妄想」[13]を抱いたりしなかった。ときに平和主義に接近することもあったブライトでさえ、[14]「この国は、必要かつ科学的な防衛力を持たずにとどまるべし[15]」とは主張しなかった。コブデンが主張したのは、突然の攻撃を防ぐには既存の海軍力で十分で、危険が発生した場合でも、われわれには優越した産業の力があるので、攻撃を仕掛けようとする者より迅速かつ効果的に武装することができるということだったのである。

もっとロマンティックな急進主義者だったならば、これに賛成しただろう。彼らも勢力均衡を拒絶していたのである。彼らもイギリス海軍の優越を頼みとし、同盟国など要らないと思い込んでいた。だが、彼らは問うたのである。普遍的自由という神聖な理想についてはどうなのか？　世界中の抑圧された人々を解放するということについてはどうなのか？　コブデンは二つの答えを用意した――きわめて挑戦的かつ独創的答えである。コブデンはまず、イギリスが道徳的にほかの者より優れているという点を拒否した。

コブデンはポーランドについて書いている。

ポーランドが地球上の諸民族に正義を施すイギリスの領土だったならば……この場合、弱者を弾圧者の手から救出するために、われわれは求められるにちがいない。けれども、われわれには好意的な援助があるのだろうか？　われわれには万能の武力があるのだろうか？……超越した力を持つにふさわしい徳と知恵を備えているとわれわれ自身考えているのだろうか？　むしろ逆に、わが国民の一部に間違いがあって、正当性を持って主張できるものなどないということを示す証拠が、われわれの側にあるのではないだろうか？[16]

コブデンは簡単に自分の問いに答えた。

国民大衆が、こう思われたいと思っている国民になるために、こうでなければならない思っている国民になるために、きっとこれからもこうあるのだろうと思われる国民になるために、イギリスほどやるべきことが多く求められる国はないのである……国民大衆の不満状態の原因として考えなければならないのは、ほかの国に介入しようという精神であり、それが戦争に発展することであり、最終的に国民の目が国内の不満からそらされてしまうことである。[17]

コブデンの見解によると、戦争は偶然から起こるものではない。戦争はイギリスの社会の性格が民主的でないために必然的に起こる。軍隊は貴族の子弟に職業を提供するために維持されている。貴族制そのものが「本質的に好戦的」である。われわれが平和を愛好する国民だというのは「聞こえがいい思い違い」である。

われわれはローマ帝国時代以後登場した共同体のなかで、最も戦闘的で攻撃的な共同体である……それはわれわれが商業市場のドアの前にさえ兵士の記念碑を建てたがるところにも現れている。あちこちにある戦闘記念碑に、橋や通りやバスの名前に、そればかりか特に大都市の大聖堂のなかで人々が気づかずに見過ごしてしまう掲示物にも現れているのである。大聖堂の壁面は戦闘の光景や、都市襲撃や、銃剣による攻撃の浮き彫り画の装飾が施されている。馬と騎手、船、大砲とマスケット銃が順番に、キリスト教会のなかで、壮絶な包囲戦や戦場の攻防を見つめている。レイヤード氏はニネヴェからまったく同じような芸術作品を持って帰ったが、それがキリスト教会のなかで発見されたことを黙っていたのである。[18]

コブデンは大司教が水爆を祝福する日が来るなど予見するはずがなかったのである。

第二に、コブデンは他国が自由であることによって得られる利益すべてを非難したわけではなかった。ほかの急進主義者とは違い、コブデンは、なかには利益もあることを直に理解していたのである。一八四九年、コブデンは経済制裁、彼のことばを借りると「供給停止」によって、ハンガリーからロシアを締め出すことに賛成した。コブデンはこの年の終わりには、この政策が実を結ぶにちがいないと思っていた。ハンガリーの亡命者を引き渡せというロシアの対トルコ要求を断念させたのは、「西欧の至るところで起こる世論の爆発と非難」だとコブデンは思っていた――この爆発が、実際ロシアに無様な結果をもたらすはずだったのである。コブデンは晩年に告白している。「われわれはみな、海外に干渉するにあたってお気に入りの計画を持っているものである」。コブデンの場合はヴェネツィアの解放だった。だが、われわれがほかの者たちを抑えることができる唯一の方法は「われわれ自身が良き手本となる」ことだった。コブデン主義の鍵となることばは、一八五〇年のドン・パシフィコ討論のあいだに、コブデンが行った演説のなかに見ることができる――金文字で印字するに値することばである。

　自由の進歩は、平和の維持や商業の拡大や教育の普及に多くを負っている。内閣や外務省の苦労に負うところよりも大きいのである。

それゆえ、実践的な結論がある。「政府間関係をできるだけ少なくする。世界の国民同士のつながりをできるだけ深める」。コブデンが好んだ乾杯のあいさつは、外交政策なしだった。「このような気持ちが五十年前、この国に広がっていたら、どんなに幸福で繁栄していたことだろう！」――百年後にそうだったなら、どんなに幸福であることか。コブデンを現実的でないとか、限界があるとか、時代遅れとか片づけてしまう前に、このことを考えてほしい。われわれは、産業化や物質的繁栄が、共産主義、迷信、一夫多妻制、その他諸々の悪に効き目がある良薬だとする教義に、まったく関与していないとでも言うのだろうか？　コブデンは狂気の世界にあっては、なおも正気の声であり続けているのである。

　一八三六年、コブデンの意見は、名もない「マンチェスターのビジネスマン」の声にすぎなかった。一八四六年になると、コブデンはイギリスで最大の影響力を持つ政治家となっていた。数年後、コブデンの主張は、イギリスの政策の基礎として認められたように思われた。これをもって中流階級の自由主義の勝利であるだとか、もっと正確に言ってランカシャーの木綿業の、すなわち木綿政治の勝利であるだとか見られることが多いのである。けれども、これは粗雑な分析だと思われる。コブデン自身、この見解を受け入れなかった。コブデンは、ブライトがクリミア戦争に反対した結果、一八五七年に敗れたことを自信を持って指摘した。コブデンとブライトに対して、『マンチェスター・ガーディアン』ほど乱暴な新聞はなかった。『マンチェスター・ガーディアン』は、いま以上にマンチェスターの真の資本家の声だったのである。コブデン主義者とは誰なのか？　私は答えようと思う。ビジネスマンそのものではなく、ビジネスマンふうの人、つまり階級そのものではなく、心性の問題だったのである。社会学者は分析しようと取り組んでいる階級について、まったく奇妙な考えを抱いている。特に資本家階級に対してはそうなのだ。彼らは何もわかっていないのではないかと思うことも多い。たとえばマルクスは、情け容赦なく、冷淡で、いつも経済法則に従う資本家を描いている。けれども、マルクスがよく知っている資本家のエンゲルスは、少しもそんなふうではなかった。エンゲルスは見栄っ張りで、いい格好しいの、情緒的で、寛大な人物だった。チェシャーの人と週に二回狩り出かけた。マンチェスター・ジェントルメン・グリークラブのメンバーだった。工場で働く少女メアリ・バーンズに恋し、愛人にした。資本家は、几帳面で、合理的で、控え目でいることによって金持ちになるわけではない。資本家は、ひらめきによって、直感に頼って行動することによって金持ちになるのである。ケインズはこう述べている。「ビジネスというものはみな賭である」。だから、成功したビジネスマンとは、成功することを知らない平凡な共同体のなかにあっては、不安定な常識はずれの人間なのである。ハドスンは正気だったのか？　ローズは？　ノースクリフは？　コブデン主義は、ランカシャーの木綿業の経済的利害を抽象化したものを代表していたのだろう。だが、工場所有者や商人は自分の利益を抽象的に考えたりはしないのである。工場所有者や商人という職業に就いてはいたが、彼らもまたロマン主義時代の典型——濃いほお髭をたくわえ、ヴィクトリア・パークにあるゴシックふうの家に住み、大言壮語を吐き、ショパンとリストに金をかけ、テニスンを読み、木綿の先物取引をする人々だったのだ。こんな人たちがどうして、コブデンの議論通りに動いたりするだろうか？受け入れるなんて論外ではなかろうか？

　コブデンの議論は、実際議論を受け入れることに慣れている人々に受け入れられた——資本家階級の上か下かのカテゴリーである。一方には、これまで「影響」を拒否し、公的奉仕だけを考え、高邁な精神を持つ支配者階級がいた——ピールとその周辺である。のちの競争試験が行われる時代だったなら財務省に配置されようかという人々である。例を挙げよう。一八四六年に自由貿易を実現したのは、彼らが宗旨替えをしたからで、議会に資本家階級の自由党員が選出されたからではなかった。だが、彼らがコブデンの言うことをいちばんきっちりと支持するようになったのである。ピールとピール派の人々のなかには、産業と直接の関係を持っている者は誰もいなかったし、急進主義とレッテルを貼られることが有利に働く者もまずいなかったのに。同様に、二十世紀初頭のコブデン派は、産業界のリーダーではなかった。コブデン派というのは、Ｊ・Ａ・ホブスンやケンブリッジの合理主義者のような人々で、孤立した知識人たちだった。なかには、上流社会出の——たとえばバートランド・ラッセルのような——人物も含まれていたのである。

　社会の物差しの反対端を見よう。政治に関わった労働者階級の人々は、最初の本能的な爆発と言えるチャーティスト運動を一旦飛び越えると、資本家階級より合理的にものを考えるようになり、感情的ではなくなった。そもそも労働者は、資本家のように想像で頭がいっぱいになってしまうようなことはなく、思慮分別があるものである。だからこそ、資本家になんかならないのだ。労働者は少しものを得ただけで満足する。労働組合幹部はわずかな現金を頭に置く。雇い主は何百万という単位で投機する。代表的な習慣をみるとこんなにも違いがあるのである。株式市場にはね返るような乱暴な計画はないし、ばかばかしい噂もない。パブこそが常識の住処なのである。

たとえばの話として、仮に敵が海岸に上陸した場合、コブデンとブライトだったら、敵を連れて行くのと締め出しておくのとどちらが安あがりか計算するだろうとパーマストンは断言したが、このように、コブデンが唯物論的な議論をもとにしていたと想像するのは間違いなのだ。たしかにコブデンは戦争には金がかかるという議論を用いた。もちろんその通りであるだが、経済的な問題を引き合いに出すのは、この時代の常套手段の一部だった。パーマストンはイギリスの貿易の利益を増進すると主張していた。コッシュートでさえ、一八五一年にロシアに対して十字軍を行おうと主張したときには、商業上の利益を引き合いにしたのである。コブデンは本質的に、即物的な利益に訴えるのではなく、理性に訴えようとした。さらにコブデンは、いちばん合理的な道はいちばん道徳的なものでもあることを明らかにしようとしたのである。コブデンにとって、自由貿易と国際平和は神聖な理想であり、一部の少数者に配当金をもたらすのではなく、全人類に利益をもたらすものだったのである。

私はアーカートとコブデンのあいだで行われた闘争、すなわちロマン的急進主義と合理的急進主義のあいだの闘争を、実際よりも露骨に提示し、意識的に強調してきた。この議論は何年かたつうちに、古くさくなった。例を挙げよう。穀物法を廃止した一八四六年のことだが、急進主義者はみな、支配階級が外交政策でかなり失敗していると考えていた。一八四八年には、ほぼ全員が、少々戸惑いを感じながらもパーマストンの政策に喝采を送っていたのである。ある者は、パーマストンがヨーロッパで起こっている革命に好意を抱いていたから賛成した。またある者は、パーマストンが革命側に立って介入しなかったから賛成していたのである。しかし、違いはしだいに大きくなった。違いは一八五〇年六月のドン・パシフィコ事件に関して行われた討論で公になった。おそらくこの討論は、議会記録中、外交政策の原則をめぐって行われた討論としては最大のものである。結果的にパーマストン自身が行った弁明が勝利を得たのだが、討論を支配したのは、両極の急進主義者だったからである。外交政策の伝統的テーマ――勢力均衡、インド確保、海軍の優越――は無視された。討論の中心は道徳に集中した。急進主義者の望み通りだったのである。どうやったら、われわれ全員が信じる平和と自由の理念を、いちばんうまく増進させることができるのか？

　パーマストンに賛成する動議を行ったのはローバックである――距離を置いていたとはいえ、チャーティストと行動を共にした議会内少数派の急進主義者であり、一八五五年には、クリミア戦争の指揮について調査をするよう急進的な要求を行い、連立内閣を倒した人物である。後方の席にいた急進主義者は、討論の最後にパーマストンに多数票を投じた。だが、自分の内閣の外務大臣を擁護すること以外何もすることができなかったラッセルを除くと、大物――モールズワース、グレアム、ピール、グラッドストン、コブデン――は全員反対の側に立っていたのである。全員、不干渉こそ最良の手本というコブデンの議論を用いた。全員、コブデンのリーダーシップを認めていた。グラッドストンは除外しておくべきなのだろう。グラッドストンは、まず矛盾する雑多なものを寄せ集め、後になって、一つのシステムにまで高めたのである。グラッドストンは財政に熱心だったので、コブデンの方向へ傾いた。グラッドストンは道徳的情熱から、普遍的に介入するという方向に向かったのである。あるときに、グラッドストンはかつてのトーリーに逆戻りした。「われわれは外国に赴いて、神聖だと思っている政治意見を披瀝する機会を設定すべきなのか否か？　私は否と答える……私はたとえそれが穏健な改革を宣伝するというものであっても反対するつもりである」。別の機会に、グラッドストンはミドロジアンで行う主張を先取りしたこともあった。「強者と弱者の平等、諸国民間の同胞愛の原則、諸国民の独立を侵すべからざること」。ある一節で、グラッドストンはヨーロッパの協調と諸国民の法に関して、のちに抱く信念を先取りして述べている。この信念こそ、のちに主張したように、グラッドストンをコブデンおよびマンチェスター学派から分かつものである。「熱心に観察すること、人類に敬意を表し讃えること」こそが外務大臣の義務であるはずである。「それが諸国民の法と呼ばれる原則の規範である」[19]。ここに一八八二年のエジプト占領事件の萌芽がある。

討論の終わりになってパーマストンが獲得した多数は、勝って手にした無罪放免というより、再びこんなことがあってはならないという警告の性質を帯びていた。パーマストンの政治的蓄積は崩れていった。その後、パーマストンは外務省を去った——戻ることは二度となかった——一八五一年の終わりのことである。万国博覧会はコブデンの見解の勝利を記していると思われた。賢い外国人の観察者の目には、一八五一年にイギリスの外交政策は平和の方向に固まったと見えたにちがいない。けれども、二年もしないうちに、イギリスは世論の、それも特に急進主義の支持を得て、大戦争を始めたのである。コブデンを打ち負かしたのは何か？ 大部分は、遅まきながらふくれあがったロシアの圧制に対する怒りだった。昔のポーランドのできごと、近いところで起こったハンガリーのできごとが思い出されたのである。一八五四年、ジョーゼフ・ヒュームは生まれて初めて、軍事費削減の動議を行わなかった。ヒュームは一八三一年、ポーランド友好文学協会の一員だったのである。世論のうねりは、一八五一年にコッシュートがイギリスを訪問したときに、いっそう強くなった。ガリバルディを別にすると、イギリスでこれほど歓待を受けた外国人はほかに見あたらない。ウィルソン大統領を別にすると、イギリスの政策にこれほど決定的な影響を及ぼした外国人もほかにないと言ってもいいほどである。

サウサンプトンの自治体とロンドンのシティーは、コッシュートを歓迎した。コッシュートはコペンハーゲン・フィールズで十万人、マンチェスターでは二十万人の歓迎を受けた。バーミンガムでは、「町全員」の歓迎を受けた。記者が数を数えられなくなったのである。本物の急進主義者らしい流儀で、コッシュートは政府から世論に至るまでの相手に訴えかけた。

> 外交の基礎は秘密厳守である。絶対主義の勝利と自由な国民の不幸が存在する。こんなことがおしまいになり、立憲政体では唯一統治原則であるべき力――すなわち世論――が、外交政策を導くことを願っている[20]。

アーカートのことばにちょうどこんなものがある。「ヨーロッパにおけるすべての悪の原因は何か？ それはロシアの侵略精神である」。薬が少々変わっただけである。トルコではなくハンガリーが、ロシアの攻撃に対する不可欠の障壁だったのだ。「ヨーロッパの首根っこに農奴制という縛りをかけているのはハンガリー問題に対するロシアの干渉である、……ハンガリーの独立が確保されなければ、ヨーロッパ大陸におけるロシアの覇権を抑えるものは何もない……ハンガリーの自由と独立はロシアの侵略と優位に対抗し、ヨーロッパが独立を維持するため、不可欠のものである[21]」。コッシュートは自分の政策が戦争につながる恐れがあるということを拒否した。この一世紀後に同様の方向を取った人々と同じである。

ロシア皇帝が再び抑圧された人々を脅かし、諸国民の主権と独立を侵害することがある場合、相手かまわずに、平気で足で踏み潰すと主張する場合、ヨーロッパの自由を血まみれにする場合、人々は

> ブリタニアに、その万能の御旗を掲げ、力強くやめよと叫ぶことを期待するのである。断固たる決意をもって発するこの一言に自信を持ってほしい。一言で十分なのである。この一語によって、血も金も犠牲にしなければならなくなるわけではない。タイミング良く発すれば、無数の命を救い、流血を避け、世界に自由を与えることになるはずだからである。[22]

コッシュートは正しかったのかもしれない。クリミア戦争は、力強くやめよと叫ぶことによって始まった戦争ではなかった――コッシュートだけでなくパーマストンも好んだ政策だったのだが、クリミア戦争は、何も叫ぶことができなかったために始まった戦争だったのである。

だが、一旦戦争が始まると、クリミア戦争は急進主義の勝利であるかのように見えた。ここには貴族制に対する挑戦、圧制者に対する挑戦があった。急進主義者たちはこれを選挙法改革法案以来ずっと言い続けてきたのである。ポーランド人亡命者たちは、結局実現しなかったのだが、外人部隊を組織すると申し出た。もう一人の亡命者、マッツィーニは急進主義の希望をことばで表現した。この戦争は「残忍な組織力によって踏み潰されるのを待つだけの奴隷となるのか、それとも自由の代行者となるのかという、何世代にもわたって考えてきた問題を一気に解決するための戦争」だった。ニューカッスル・オン・タインでジャーナリストとして働いていたチャーティストのハーニーは、この戦争を二つの文で定義した。「政策、抑圧された諸民族との同盟。目的、ロシアの覇権の打倒[23]」。アーカートが再登場した。アーカートは新しい人気の波に乗り、少なくとも六十八を越える外交問題委員会を立ち上げた――「秘密外交の諸悪に対抗するため」である。いちばん強力だったのはハルとニューカッスルの委員会だった。

しかし、アーカートはまさに急進主義者らしくつむじ曲がりだったので、クリミア戦争に反対したのである。アーカートは昔の悪漢、とりわけパーマストンが戦争を行っている以上、この戦争は悪ふざけで、「ばかばかしく、不道徳なもの」だと考えていた。実際アーカートは、ロシアの利益のためにこの戦争をやっているのだと確信していたのである（戦争の指揮について言えば、たしかにこの戦争についての説明として唯一合理的なものだった）。そんなわけで、アーカートはセバストポリ遠征について次のように書いている。

なぜセバストポリ港を選んだのか？　なぜロシアの港を封鎖せず、ロシア貿易を破壊しないのか？　なぜ敵の遠征隊が航海できない強力な要塞を選ばないのか？　なぜオデッサの市場を放っておくのか？　オデッサはいつもロシアの軍事行動の基地だったのである。[24]

等々。アーカートの主張した解決策は、のちの世代が「開かれた外交」と名づけたものである。政策は「憲法に則ったかたちで女王に召集された」枢密院で討論されるべきだ――古くさい衣装で仮装しているが、急進主義者らしい提案である。ハーニーは一八五五年、アーカートに反対し、外交問題委員会を取り仕切った。ニューカッスル委員会はたまたま生き長らえて、一八七六年に起こった次の東方の危機のあいだ、ディズレイリを支持し続けたのである。アメリカ合衆国にいたハーニーも『反トルコ十字軍 *Anti-Turkish Crusade*』というパンフレットのなかでディズレイリを支持したのである。アーカートはイギリスの労働者階級を見捨て、ローマ・カトリックに改宗こそしなかったが、これ以後、教皇のことを、ロシアに反対する仲間としては唯一頼りにできる存在と考えるようになった。だが、実際に起こったできごとから、アーカートの疑いが正しかったことが証明された。クリミア戦争は「ポーランドや抑圧されたほかの民族を復活」させなかった。ローバックの出した戦争の指揮について調査せよという動議は、急進的革命を始めることを狙っていた。この動議によって連立政府は崩壊した。パーマストンが権力の座に就いた。それですべてだったのである。外交問題については急進的なところもあるナポレオン三世は、心から次のように述べている。「偉大な政治革命となるはずの戦争が、ただの勝ち抜き試合に落ちてしまった」。それは国内でも同様だった。ボーア戦争、第一次世界大戦、第二次世界大戦は、どれもみな政治上の新秩序を生み出している。クリミア戦争は軍事システムを改善することさえしなかった。コッシュート、ハーニー、ローバックは、間違っていたように思われた。戦争に反対した人々は、現実に起こったできごとから正しかったことが証明された。コブデンとブライトは勝利を収めた。これは彼らにとっては大きな驚きだったのである。

　彼らの反対は、気高く一貫していたが、戦争が続いているあいだ効果をあげることができなかったのである。本当のところコブデンは、戦争反対はどれも不毛だと考えていた。コブデンは一八六二年に、次のことばを書いている。第一次世界大戦中にモーリーがよく繰り返したことばである。

> 私は戦争が一旦始まってしまうと、反対はまったく役に立たないと確信している。だから、自分が政治家を務める限り、イギリスとある列強のあいだで戦争が起こった場合には、最初の銃が火を噴いた瞬間から平和が実現するまで、この問題については決して口を開かないつもりだ。

ブライトも現実的な結果が得られるとは思っていなかった——革命中のフランスに反対したフォックスとは違って、ブライトは決して議会採決に持ち込まなかったのである。ブライトは自分の良心をはっきりさせるため演説をした。「私としては、自分の議会での態度に人気があろうとなかろうと気にしたりしない。私は自分の行動が賢明であるのか、あるいは正しいのか、それだけを気にかけている」[25]。一八五四年十二月二十二日の演説の終わりに次のように述べている。

> 私は政治家ではありませんし、政治家ぶったこともありませんでした。政治家というものは、今日では、すっかり汚れ、いかがわしいものとなっておりますので、純粋に名誉ある野心などというものがあったとしても、政治家に憧れるようなことがあろうとはとても思われません。私は三十年間あまり……公職に就いてきて、そこから生まれる名誉も報酬も甘んじて受けたりすることはありませんでした。私は吹き抜けていく風すべてに対して、自分の帆を張って行動してきたわけでもありませんでした……この戦争を、この無能で罰当たりの行政を非難してきたのは私だけだなどとは言うつもりはありません。私一人だったとしても、私の声が武器の騒音や金目当ての新聞の騒々しい声のただなかであげた孤立した声だったとしても、私には慰めがあるのです。今夜私が手にしている慰めであります――生涯の最後の瞬間に自分のものになると信じているものであります――私のことばによって、わが国の宝を浪費することになったとか、わが国の国民の血を流させることになったなどということがなかったという慰めであります。これには測り知れない大きな価値があると私は思っております。

気高いことばである。だが、なかには危険が隠されている。ブライトは自分の行為が「賢明で正しい」はずだという「測り知れない大きな価値のある慰め」を望んでいた。ブライトは自分が非難した政策を変えさせることにはそれほど熱心ではなかったのである。ブライトのなかには、ブライトの例に従った人々と同様、高邁な精神を持った傍観者的態度が存在する。晩年ブライトがアレクサンドリアの爆破に抗議して公職を退いたとき、この態度がはっきり表れている。このときブライトは、結果に反対するために何もしなかったのである。

ブライトは平和主義の立場でクリミア戦争を批判したのではなかった。ブライトは戦争を主張した人々と同じ論拠に立って、その議論に挑戦し、外交青書を引いて、この戦争が不要で、もっと賢明な外交政策があれば、回避することが可能だったと示したのである。ブライトの議論は当時は実を結ばなかったが、のちの時代に勝利を収めたのだ。一般的に言ってしまうと、ブライトは勢力均衡を拒否するに当たり、コブデンのことばを繰り返したのである。「概念全体が、過去の時代から現在に伝わってきた有害な錯覚である。われわれは自分の心のなかから概念全体を追い出してしまわなければならない」。ブライトは、他者を解放するため戦うべきだという考えをも否定した。「この国を騎士道の冒険に駆り立てる気はない」。

> この島々に住んでいる国民の義務について、どう考えたらよいのでしょうか？　イギリス国民の神聖な宝である勇敢さと決断力、尽きることない勇気が、ドイツの独立を維持するために行う闘争や、全ヨーロッパの統合や文明などを維持するために行う闘争で浪費されると考えてみるならば！[26]

ブライトのクリミア戦争について行った反対演説は、これまで議会で行われた演説のなかで最もすばらしいものだったと言えよう。百年たってなお、ブライトの反対演説は生命の鼓動を打っている。だが、ブライトの反対演説は「マンチェスター学派」の急進主義に不幸なひねりを加えることになるのである。「干渉しないこと」はコブデンにとって、政策の始まりだった。ブライトは、自分にとってはこれが目的だという印象を与えることが多かったのだ。ブライトは政府間で「できるだけ関係を持たないようにすること」を強調すればよいと思っていた。コブデンはさらに次の段階に進むことを望んでいたのである。「世界中の国民同士、できるだけ多くの関係を結ぶこと」である。コブデンほど政府を通してというかたちではない国際協調に強い信念を抱いた人物はいなかった。しかし、ブライトのおかげで、「孤立主義」がマンチェスター学派の印となったのである。

　世論はこれらの高邁な議論で揺れたわけではなかった。戦争の引き起こした混乱と失敗によって、単に幻滅を感じただけだったのである。乱暴に言うと、スクタリで受けたひどい医療のせいで、ブライトとコブデンがイギリス外交政策の師となったのである。彼らは戦争中、いや戦後でさえずっと不人気のままだった。ブライトはマンチェスターで発言する機会を拒否された（もっともブライトの批判者たちも断られたのだ）。ブライトはマーケット・ストリートに押し込まれた。一八五六年、ブライトは緊張のため健康を損ねた。ブライトとコブデンは、一八五七年の総選挙で議席を失った。だが、まもなく彼らは波の頂点に乗ることになる。一八五八年十月、ブライトがバーミンガムを初めて訪問したおりに行った外交政策に関する演説は、喜びに満ち、信頼に溢れ、霊感のこもった勝者の演説となった。イギリスの外交政策はこの一世紀半、「貴族的な国防義勇軍」を別にすると時間と金のむだ使いだったと説明していくにつれ、聴衆はブライトに引きつけられていった。

> この件を調べれば調べるほど、みなさんは私の結論と同じ結論に至るにちがいありません。この外交政策は、「ヨーロッパの自由」に対する関心は、同時にこの「プロテスタントの利益」への配慮は、そして「勢力均衡」に対する過度の愛着は、イギリスの貴族制を外部から救う巨大なシステムにほか

ならないということなのです。（爆笑）

拍手喝采の理由は、バーミンガムの方がマンチェスターよりも進歩的だからというだけではない。時代が変わったのである。外交政策は茶番で、幻想だと誰もが思っていた。

一八五九年、ヨーロッパ大陸で再び戦争が始まった。この戦争は明らかにクリミア戦争以上に、自由のため行う戦争と言ってよかった。フランスとサルディニアが、ロンバルディアからオーストリアを駆逐しようとして行った戦争だった。だが、イギリスには参加しようという動きはなかった。単に外部にとどまっていただけだったのである。コッシュートは新たに演説旅行を行い、ロンドン、マンチェスター、ブラッドフォード、グラスゴーで話をした。コッシュートのテーマはただ一つ、不干渉だった。孤立主義者は勝利を収めていたので、寛大でいられるゆとりがあった。孤立主義者は、戦争が起こる可能性がないことを前提に、この戦争を支援すると譲歩した。一九二〇年代の平和主義者たちが、論理的であることを前提に、国際連盟規約の制裁条項に喝采を送ったのと同じである。たとえばブライトは、フランスのサヴォイ併合に続いたどちらかといえば偽の危機のときに、次のように述べている。

> 私はある大きなイングランドの選挙区の代表としてここに立っております。イギリスの名誉と利益に影響を及ぼす場合を別にすると、この問題には何の関わりも持たない者です……世界中の人々がこう言うにちがいありません。イギリスは自国の利益を第一に考える国で、避けられる場合には干渉を行わない。干渉を行う場合も、ある国をおとしめてほかの国を引き上げるために行うのではなく、ヨーロッパの平和を維持するために、大国を扱うのに必要な正義と中庸の大原則のために干渉を行うの

であると。[27]

これは厳密に解釈すると、不干渉と言うより、グラッドストンのミドロジアン演説に近いものである。

外交政策に関してはいまなお議論が存在していた。実際、外交政策に関する討論の数は着実に増え、一八六四年の「ハンサード」のコラムの二十二パーセントを占めるという前例のない数字に達した[28]。だが、クリミア戦争のときの気高い立役者の二人、パーマストンとラッセルは、今度は守勢に回り、これまであらゆる努力をしてきたにもかかわらず、自分は何もできなかったと説明を繰り返した。内閣のなかでも異端の主張が活発になった。グラッドストンは首相だったとき、内閣は首相と外務大臣が一致した場合にはこの二人のアドバイスを受け入れるものだと明言したものである。一八六〇年代のグラッドストンの実践はこのことば通りではなかった。もっと離れたところにある様々な権威が関与したのである。渋々最後の勅任大臣となったグランヴィルは、ある会合の際、アルバート公に、パーマストンとラッセルの提出した動議に関する情報を提供した。そのあとアルバート公は、この動議に反対するグループを組織したのである。にもかかわらず、異端者となったことの報酬を主張する資格があったのは、よくあることだがラッセル家の人物――この段階では伯爵となり外務大臣となっていたジョン卿――だった。頭角を現しつつあった外交官で、ドイツについて多少なりとも知識があった少数の人々のうちの一人、ロバート・モーリエは、ラッセルを説得し、シュレスウィヒ＝ホルシュタインを引き続きデンマークのもとに置いておくという頑固な主張を断念させ、代わりに民族の線を基礎とする分割案を提唱させたのである。だが、ラッセルがこの政策を検討したとき、内閣は「鼻先で彼をあしらったのである」。そこでラッセルはモーリエに指示し、「デンマーク‐ドイツ間の闘争」についてパンフレットを書かせた[29]。自分の政府の政策を批判したのだ。

コブデンは一八六〇年代初頭には本物の外務大臣となった。コブデンはフランスと通商条約を結んだ。国際的な調停を主張した。合意に基づいて軍備を限定することを要求した最初の人となったのである。これがコブデンの言う「外交政策なし!」の意味なのだ。コブデンは自分が成功するとは思ってもみなかった。一八六〇年から六一年にかけて行われた反フランス派の警告に反対し、コブデンはパンフレット『三つのパニック *The Three Panics*』を書いた。コブデンとしてはいちばん長く書き、いちばん慎重に論じたパンフレットである。だが、こんな苦労は必要ではなかったのである。この警告には現実味が欠けていた。一九二三年にルール占領中、フランスのヘゲモニーについて言われた話と同じで、昔言ったことの繰り返しにすぎなかったのである。ブライトが南北戦争中に行った干渉反対運動のときの方が、情熱とエネルギーに満ちていた。この警告は大げさでもあったのである。だが、この警告は、国内の政治状況に関係する重要問題を背景にしていた。この警告によって、産業労働者階級はマンチェスター学派に改宗したのである。以前には、労働者は、いやとにかくも労働者のリーダーたちは、ハーニーやアーカート・タイプの情緒的急進主義にあこがれていたのである。労働者はパーマストンが「名誉あるご立派な紳士たち」を嘲笑したただけで、すぐ喜んで拍手喝采したのである。地方を遊説していたブライトは、不干渉を提唱するより北部の理想を擁護することに関心があったのだ。当時のアメリカ合衆国は、進んだ民主主義の象徴だったからである——いまはどうなっていようとも。

　様相が変化したということをはっきり示すものがある。一八六三年にポーランドが反乱を起こしたとき、労働組合の指導者で、亡命革命家たちといっしょに抗議集会に参加した人々はわずかだった。イギリスで最も熱心に抗議を行ったのは、実証主義学派の「知識人」だったのである。一方、ブライトは千人単位の労働者の聴衆を集めることができた。労働組合の名だたる運動家がみな、ブライトの演壇上に座っていた。

ブライトはいまでもまぎれもない工場所有者だったし、自由貿易という資本主義の大義を説いていた。それにもかかわらず、当時のイギリスの労働者は、マルクスに従ったのではなく、ブライトに従ったのである。アメリカ合衆国に対する称賛が、ポーランドの無念を覆い隠したのである。

決定的な勝利は一八六四年、シュレスウィヒ事件とともにコブデンのもとにやって来た。イギリスが干渉を行うに当たり、これほどよい機会はまずなかった。海軍力に訴えやすかったのである。バルト海の自由がかかっていた。間違いなく、イギリスの名誉がかかっていたのだ。だが、何もできなかった。パーマストンは、大陸に同盟国がいないし、イギリスの軍隊はカナダに留ったままであると小手先の言い訳をした。だが、下院の討論を読んでみると、イギリス政府がどういう状況下であったとしても、一八六四年の段階で戦争に打って出ることができたとは思えない。戦争をしないという決定さえ、一つもなかったのである。シュレスウィヒは四十年以上ものあいだ、何の挑戦もしないまま放っておかれた。一八六四年から一九〇六年にかけて、イギリス政府はいずれの内閣も、ヨーロッパ大陸に武力干渉することを真剣に考えなかったのである。

六月二十五日の閣議は結局何の解決もみなかった。この閣議で、最後まで勝負したラッセルは、座ったままで、何とか行動を起こすことができるような可能性のある案をなぐり書きし、賛成しそうな支持者の数を数えていた。何度数えても少数派だった。パーマストンは「頭を垂れて……それから顔を上げてくすんだ声で話した。『内閣は戦争に反対すると思う』[30]」。グラッドストンはこれを「最善とは言えないが、まあ我慢のできる結論」と呼んだ——じれったい言い方である。最善とは何だったのだろうか？　何か行動を起こすことだろうか？　それとももっとたくさんしゃべった方がよかったということだろうか？　下院の次の討論を支配したのはコブデンだった。コブデンは否定型を使って述べた。「外交上干渉することから得られるものはない」。勢力均衡を維持するという考えを放棄すべきである。強者に対し弱者を守るだけの武力を持っていない。「どんな場合にも正誤がある。いつも正しいと考えるから選択しているのだとすると、この国でずっと平和と静寂を享受することがどうしてできるだろう？」。コブデンは一つ肯定型で述べた。外務省ではなく、下院が外交を決定しなければならないということである[31]。

答弁に当たり、パーマストンは外交問題を避け、政府自由党が行ってきたことを詳しく述べて自分の慰めとした——自由党政府が成し遂げたことの多くは、パーマストンの意志に反して達成されたものだったのである。パーマストン夫人レディ・パーマストンは、レディーズ・ギャラリーでこの討論を聞いていた。討論が午前三時に終わったとき、パーマストンは階段を駆け上がってギャラリーに入り、彼女を抱きしめた。パーマストンは寄る年波には負けなかったが、急進主義者には勝てなかったのである。

3　グラッドストンの外交政策——道徳性の矛盾

シュレスウィヒ問題についてイギリスがとった外交政策は、あるいは、この問題について外交政策を持たなかったことは、コブデン主義の勝利だった。「外交政策なし！」がルールとなったのである。私はこのあとの三十年間、一つのテーマにこだわらなければならなくなって、実証主義者から話を始めなければならないのではないかと心配になっている。実証主義者は彼ら自身のためにも、話しておく必要がある。実証主義者は深遠な思想を持っていたわけではない。活躍していた当の時代には、事実上まったく影響力を持っていなかった。だが、彼らは超人的な方法で、七十年後の思想と見解を先取りしたのである。時がチューニング・ダイヤルを回したときだけ、正しくない周波数のところでチューニングがあって、声が聞こえるようになるといった具合だったのだ。一八六六年、実証主義者のリーダーたちは『国際政策 *International Policy*』を出版した。私が知っている限りでは、何人かの作家が集まって理想的な外交政策について論文集を書き下ろしたのは、これが最初である。

実証主義者の出発点は西洋文明によって発展した人道教だった。西欧が「人間性を発展させた」（コングリーヴ）。「人類家族の先駆者は、ヨーロッパの西側だけに見いだせる」（ハリスン）。この時代の響きに気づくと思う。実践面で、実証主義者が望んでいたのは、イギリス‐フランス間の「完璧な総合政策プログラム」を実行することだった。そもそも、イギリスとフランスが結合すれば理想的かつ非利己的なものとなるにちがいない。結合によって、戦争は「単なる警察的な行為」となる――これは含みのある隠喩である。イギリスはインドから撤退し、中国における利権を放棄するにちがいない。ジブラルタルとマルタは「国際警察の待機所」となるのである（ビーズリー）。

この人類家族のなかに入るべき人々としてほかに誰がいるだろう？　当然のことだが、それは西ヨーロッパの小国である――これらの国々はいつも後になってから思いついた存在として入るのである。アメリカ合衆国は入れない。アメリカ合衆国と手を結ぶことは「民族エゴ」である。ロシアははずすべきである。ロシアは「ヨーロッパ外の世界にあり、半ば東洋的」である（ハリスン）。のちのヨーロッパ思想の発展とは相容れない……あとを追って同化すべきであり、リードしようとすべきではない（コングリーヴ）。実証主義者はドイツについてはかなり困ってしまった。ドイツは文明国家と言ってよいのか？　実証主義者は、ドイツの西側を受け入れ、残りをロシアに引き渡してもよいと考えたこともある。ロシアはライン川まで引き受けるべきだと主張したこともある。普仏戦争によって実証主義者の疑いは吹っ飛んだ。実証主義者は、フランス側について積極的に介入せよと要求したイギリス唯一のグループだった――一八七一年一月十日、セント・ジェームズ・ホールで集会を行ったときは、まさに唯一のグループだったのである。以来、彼らは反ロシア的な姿勢に加えて、反ドイツ的な姿勢をとるようになった。なかでもいちばん活動的だったフレデリック・ハリスンは、長生きして、一九一四年以前から徴兵制を提唱し、第一次世界大戦を実証主義の勝利だと叫んだのである。

これは取るに足らない知的な余談にすぎない。この話が実証主義者にかかっているのだとすると、十九世紀最後の四十年間は、有力な異端が存在しなかったことになる。われわれはグラッドストンのおかげで何とか話ができるのだから、彼に感謝しなければならないのである。グラッドストンは異端のチャンピオンであるのと同時に、異端を破壊したチャンピオンでもあった。一八六四年、グラッドストンは閣内でパーマストンに反対した人々の中心だった。一八七〇年、グラッドストンは、気持ちの面だけに限るなら、普仏戦争に介入すべしと提唱した唯一の議員だった。一八七六年、グラッドストンは外交政策について異端を主張した人々の熱狂をあおり、過去最高の水準に高揚させた。一八八二年、グラッドストンはエジプトを占領し、イギリスを帝国主義の道に向かわせた。グラッドストンの矛盾は、自分自身をも悩ませた。グラッドストンは、賛成していることについてはもちろんだが、異端についてもことば巧みに言い抜けできる異端者だった。貴族たちとつきあうことが大好きな急進主義者だった。権力に敵対したが、権力に敵対する者を負かすことが好きだった。グラッドストン自身は気づいていなかったが、うまい説明がある。グラッドストンはめったにいないタイプの人間である。政治家兼デマゴーグだったのだ。どちらのことばも悪い意味では言っていない。政治家、悲しむべきかな！　いつもわれわれとともにいる。デマゴーグは決して新しいものではない。ウィルクス、雄弁家ハント、ファーガス・オコンナーは一目でわかる同類である。ブライトはこの仲間である。堂々たる雰囲気をたたえ、グラッドストンのもとで公職についてはいたが。ブライトは本質的に、世論をかき回す方を望んでいた。指揮を執るタイプではなかったのである。グラッドストンのなかでは、この二つの性格が結合していた。グラッドストンは、サー・ロバート・ピールとファーガス・オコンナーが一つになった人物だった——爆発的な結合である。グラッドストンはたとえば行政人や財政人として見ると、高いところに位置する政治家だったことは間違いない。だが、グラッドストンは人気のある演説者でもあったのである。グラッドストンの演説は、いつまでも新鮮だということこそなかったが、演説者としては過去最高だったのである。デマゴーグのグラッドストンが運動を始めると、大衆は喝采してこれを迎える。そこで、政治家グラッドストンが割って入り、自分が政権に戻らなければ、この運動には意味がなくなると主張するのである。これは「グラッドストンの絶妙なタイミング感覚」と呼ばれてきた。少々寛大な表現である。ほかの人々はもっと辛辣な表現を使ったものである。

グラッドストンは「国民のウィリアム」だった。あるいはそんなふうになったのである。グラッドストンは、東方問題について動揺が起こっているあいだ、国民だけが心の底から自分を支持していることを完璧に理解していた。だが、グラッドストンは常に自分と行動を共にしている少数の貴族たちに重きを置いていたのである。グラッドストンのミドロジアン演説は、ホールにいる二千人より、演壇上にいるローズベリ侯爵の方が重要だとグラッドストンが考えていることを暗に示していた。グラッドストンは一八七六年十一月、マダム・ノヴィコフに宛てて手紙を書いている。

> 悲しいことですが、優れた素養という長所は、地位が高い人々の世界では、個人のなかに存在しますが、もっと大きなスケールで見ると、主として大衆に見いだすことができるものだと私は考えます。宮廷史は人を扱う歴史のなかで、いちばん不道徳な部分であるとも思います。[1]

再び、一八七七年五月に書いている。

> 東方問題に関しては、政府、クラブ、(多くの)ロンドンの新聞、両議院の多数、この国の金権体制の六分の五もしくは十分の九、これらに私は反対して行動しています。こうした勢力は大勢力となっています。これらに対し、真の国民は反対していると私は信じています。[2]

留保した部分、正義の少数派の数を勘定する細かすぎるほどの正確さに気をつけておこう。大衆を前にした演壇上で、グラッドストンは、少数派のことをもっと明確に述べた。

　要求を貴族階級に突きつけてもむだです。ただ、忘れてはならない例外が存在します。潜在的なエネルギーを秘め愛国的で自由な精神を持った人々からなる卓越し、もののわかる少数派は、例外です。彼らは国民と一致した感情を持っています。国教会の牧師をあてにすることはできません……もう一度言いますが、いずれの場合も、気高い例外はいつも存在します。こうした例外となる人々の背後には、もっとたくさんの人々が存在しております……国民そのものです。(3)

グラッドストンは商人や農民に向けて演説をしたあと、馬車に乗り、サザーランド公爵あるいはウェストミンスター公爵の屋敷まで出向いた。これが政治家としてのグラッドストンについて言われる寓話なのである。

　コブデン派急進主義者の支持によってグラッドストンは自由党党首の地位に就いた。とにかく軍事支出の増加を嫌悪したために——何よりも嫌っていたのだが——、グラッドストンは彼らとのあいだに共感の絆を得たのである。しかし、コブデン派急進主義者は合理的で、他者に干渉するときにも控え目に渋々行っていたが、グラッドストンは感情的で、グラッドストン特有の直感に確信を持っていた。グラッドストンは、生まれつき、人に干渉するタイプの人物だった。訓練によって権力者となったのである。コブデン派はグラッドストンを政権に就けた結果、自分たちが思っていたのとは逆方向の政策が行われることになったのだが、グラッドストンはごく当たり前のことと感じていた。ウイッグの大臣を任命できるよう、急進主義者が自分に投票してくれたらいいと思っていたのと同じである。そのくせチェンバレンがこのやり方を怪しいと疑ったとき、腹を立てたのである。グラッドストンはなぜ自分が批判されるのかわからないというふりをする、とにかく腹の立つトリックを用いたのだ。こうしてグラッドストンは、パーマストンに、自分をコブデンやブライトといっしょにしてくれるなと「ユーモアたっぷりで」頼んだことがある。そのあとこう付け加えた。「私には彼らの意見が正確に理解できないのです」。知らないなんて驚くべきことである。コブデン派の原則は一八六〇年代の子どもたちの多くが理解していたのだ。子どもでも理解できる、わずかばかりの政治的教義である。だが、疲れを知らない不可解な知性を持ったグラッドストンは、この原則が自分の理解をはるかに越えていることに気づいたのである。これが本当だとすると、自分が受けた教育に対するお粗末な評価だったといえる。彼はミドロジアン演説のうちの一つで、もっと丁寧に、マンチェスター学派を非難したのである。

> いわゆるマンチェスター学派なるものが、この国の外交政策を支配したことなど一度もありませんでした――保守党政府の時代にはもちろん、自由党政府の時代にも。……マンチェスター学派はご立派なというだけでなく、気高い間違いでさえあります……どんなに嘆かわしいものであったとしても、状況を考えたときにどうしても戦争が必要になることがあるものです。正義が、信仰が、人類の失敗が、戦争を引き受けるという重責を背負って立つ人物を必要とするときがあるのです。[4]

グラッドストンの外交政策の真髄は「ヨーロッパの公法」への信念だった。この信念がグラッドストンとマンチェスター学派のあいだに一線を設けるものとなったのである。グラッドストンは決して認めようとしなかったが――たぶん理解することもなかったと思うが――このために危険なほどアーカートの立場に近づくことになったのである。この理由で、グラッドストンはクリミア戦争を支持した。支持したことを、決して後悔しなかった。クリミア戦争は「独断的に結合したわけではなく、ヨーロッパ列国が団結したことの現れである。ロシアに反対して共同行動を行い、ヨーロッパの公法が正しいということをロシアにたたきつけ、公法をロシアに強制する」[5]戦争だとグラッドストンは述べた。クリミア戦争は目的を達成することができなかった。だが、グラッドストンは、ブライトとコブデンとは違って、ヨーロッパの公法は幻で、空虚なことばにすぎないという教訓を学ぶことを拒否した。しかし、ヨーロッパの支配者がヨーロッパの公法に対して誠実でないことが明らかになって、国民は徹底して公法が行われることを望んでいるという教訓を引き出したらいいのか、それともイギリスの支配者が公法をもっと強く主張していたら、ヨーロッパの支配者たちはそれに答えたはずだという教訓を引き出したらいいのか、グラッドストンには決断できるはずもなかったのである。いや、グラッドストンは両方から教訓を引き出し、同じに両方を追い求め、自分だけでなくすべてを混乱させたのである。

このジレンマは解決するまで、しばらく時間を要した。一八四六年、パーマストンの政策に反対したとき、グラッドストンはコブデンと同じ側についたように思われた。実際グラッドストンはシュレスウィヒ問題について、フランスと手を組んでいたなら「司法上の原則」を徹底するよう行動しただろう。だが、イギリス一国だったとしたら何もしなかったにちがいない――まったく違う態度である。それでも、現実には同じ結論に至ったのである。一八六九年、グラッドストンは、ちょっと見ただけではブライトが一八六一年に使ったことばと区別できないようなことばを使って自分の立場を定義した。世界でイギリスが頼りにされることがなくなってきた、と女王は不満を述べたのに対しグラッドストンは答えている。

イギリスは力の面でほかの国をはるかに勝っているから、どんな不正でも正して歩きますなど、臆面もなく言って回ることができるでしょうか？　……今日においては、いったいどんな勢力がこんな世間一般に対する義務を請け負ったりすることができるのでしょうか？　……進んだ立場にいると想像するのは危険です……約束をしすぎるよりほとんど約束をしないというほうが危険です……強者に歯止めをかけようとするのは危険です……一般のあるいは公的なあるいはヨーロッパの世論を伸ばし、成熟させてやろうとするのは危険です……自分の権威の力でヨーロッパの世論を命令的に言い渡しているようにみえると気づくこともなく。[6]

このことばをもっと丁寧に読んでほしい。ブライトは「不干渉政策がイギリスの名誉と利益に影響が及ぼす以外」ということで、不干渉政策を説いていた。ブライトはどんな特殊な場合でも、例外は生じないと示すつもりだった。グラッドストンの例外は、公的道徳だった。たしかにイギリスは単独で行動すべきではない。イギリスは「一般のあるいはヨーロッパの世論」の名において、他者とともに行動する方向を模索すべきである。これがグラッドストンがのちに述べる「ヨーロッパの協調」である。急進主義者が大嫌いな「神聖同盟」の新版ではない協調というのはいったい何だろうか？　結論に行き着くまで、ブライトの政策を推し進めていくとよい。そうすると、孤立に行き着くのである。現実に侵入が行われるまでは行動しないのである。グラッドストンの教義をこの結論にたどり着くまで推し進めてみるとよい。そうすると、普遍的に干渉するということになる。急進主義者が気づいたときにはすでに遅かったのである。

グラッドストンと急進主義者のあいだの亀裂は、普仏戦争が勃発したとき、はっきり表面化した。政府はベルギーの中立を確保するため、新しい条約を締結した。グラッドストンは、独特の魔法でも使ったかのようなトリックをちりばめた演説を行い、新条約は正当だと述べた。本物のコブデン派とは違って、グラッドストンはありきたりの議論を用いたが、洗練された言い方でこうまで述べた。「私の心には訴えてこないのだが、ほかの人たちはこの議論を気に入っているようだ」。グラッドストンはまず一八三九年の条約から話を始めた。この条約は「この問題では重要な要因で、大切な基礎」だった。そのあと、グラッドストンは勢力均衡について言及した。「勢力均衡の力を、われわれはみな重く受け止めなくてはならない」。このあと、グラッドストンは道徳的議論に方向を転じた。ベルギーは自由に秩序を与えた一つのモデルである。「ベルギーが吸収されるようなことがあれば、ヨーロッパ人の権利と公法の弔鐘が聞こえてくるにちがいない」。イギリスは黙っていられるはずがない。「歴史の一ページに汚点を残す犯罪を目の当たりにして、犯罪に参加することになる[7]」。振り返って述べると、十年後に、グラッドストンは道徳的な問題以外すべてを忘れてしまったのである。

> われわれが戦争をするとすれば、自由のためで、人々の権利を守るためで、非道で法にもとる力によって侵入を受けた状態から人間の幸福を確保するためである[8]。

この議論は、世界のどこでも、一小国を守るためということであるなら、適用されるはずだった。だが、本当のところ、ベルギーが世界の反対側の端にあったとしたら、この議論を用いただろうか？　賭けられていたのは勢力均衡とイギリスの安全保障ではなかったのか？　急進主義者のうちのわずかな人々はそう考えた。ジョンの弟、ジェイコブ・ブライトは、新条約に反対して議会を採決に持ち込んだ。ジェイコブが獲得したのは五票だった。急進主義の異端が集めた票としては最低の票数だった。だが、現実の結果に遭遇したとき、グラッドストンはコブデン派の態度に戻った。陸軍大臣のカードウェルは、イギリスが条約を履行するだけの軍事力を持っていないわけではないと反論した。グラッドストンは答えた。「アントワープあるいは海外のどこかに軍隊の派遣を真剣に検討する場合には、軍事力増強のために直接手段を講じるべきである」[9]。ほかのことばで言うと、コブデンが議論し、急進主義者が二十世紀半ばまで議論したように、イギリスは、地理上の特殊性と産業資源があるおかげで、戦争が始まるまで大軍備を維持することが必要ないということになる。グラッドストンはこの議論を積極的に進めた。急進主義者はグラッドストンが合意したのを喜ぶあまり、グラッドストンが基本理念から大きく逸脱したことを見過ごしたのである。

　普仏戦争は実証主義者を除くと、ほとんど誰も問題にしなかったが、グラッドストンにとっては、異端の問題をさらに推し進めることになった。ドイツが住民に諮らずにアルザスとロレーヌの併合を議論にのせたとき、グラッドストンは「ヨーロッパとして非難の声」をあげたいと考えた。「ヨーロッパは発言の資格があるし、発言することで良い効果が得られる」。グラッドストンはこの非難をどう表したらよいかはっきりした考えを持っていなかった——「われわれが参加しないものについては認めない」というロシア案だったのかもしれない。とにかく、声があがらないということは「イギリスに対して非難が続いている」[10]ということになる。内閣はグラッドストンの指導に従うことを拒否した。グラッドストンは『エディンバラ・レヴュー』に記事を書いて、自分の政策を主張した。名前は伏せたが、一くだりごとに署名していたのである。グラッドストンは、同僚たちがこの記事の作者はグラッドストンだと見破ったときひどく驚いた。この記事に反対したときには、もっと驚いたのである。首相が公然と自分の内閣の政策を攻撃するなんて、異端者たちにとってさえ奇妙なことである。奇妙なことだったが、ユニークというほどでもないのだ。実際、二回行われたことは何でも伝統となるという原則からすると、これはいまや憲法上承認された慣習なのである。というのは、ボナー・ローがまったく同じことをやったからである。ボナー・ローは『ザ・タイムズ』のコラムで、「一植民地人」という名を用いて、自分の内閣がアメリカ合衆国と共同で行った戦債の処理を非難したのである。[11]

ここで私はもっと大きな事件にぶつかる。一八七六年のブルガリア人虐殺事件である。この事件は、外交政策をめぐって、わが国史上最大の嵐を引き起こした。なぜ虐殺事件がこのような凄まじい影響力を持ったのか？　答えは単純である。虐殺は十九世紀には政治犯罪だったからである。いまとなってはこれは理解し難いことである。われわれは十九世紀よりも厳しく、情け容赦ない時代に生きている。第一次世界大戦のとき、百五十万人のアルメニア人がトルコ人に虐殺された。第二次大戦では、五百万人のユダヤ人がドイツ人に虐殺された。原子爆弾が広島と長崎に投下された――こうしたことはわれわれの感覚を麻痺させ、一万二千人ほどのブルガリア人の虐殺をたいしたことがないものだと感じさせてしまう。十九世紀後半の方がもっと文明的な時代だったのだ。一八七六年の動きは、道徳が第一で、異端の主張は偶然だった。この動きはコブデンの知的な急進主義でも、コベットとアーカートの荒れ狂うジョン・ブルの急進主義に由来するのでもなかった。これはむしろ奴隷制反対の廃止論者の道徳的情熱を受け継いでいたのであって、異端の問題ではなかったのである。急進主義者の多くは、経済上の理由から奴隷貿易に反対して、海軍の巡視の維持に反対した。象徴的な関連がある。テントに集まった二千人は、『アンクル・トムの小屋』で登場した魔法のランプを見ることになる。そして最後に、弾圧されたブルガリア人の救援を要求する決議が通過したのである。トーリーである一方、人道主義の中心でもあったシャフツベリ卿が、ブルガリアの動きに深く関与していたことも特徴的である。一八七六年のアジテーターはコブデンが不干渉を説いた同じ場所で、ヨーロッパの協調を訴えようと思い、積極的にロシアと同盟を結ぼうとさえ考えたのだ。率直に言って、彼らは急進主義者ではなかったが、高邁な精神を持った人々だった。急進主義者が加わったのは、外見こそ政治的ではあったが、彼らもまた高邁な精神を持っていたからである。

最も冷静な頭脳を持つ急進主義者たちは超然と構えていた。ブライトはディズレイリ攻撃には乗り気だったが、この運動の実際的側面をどうしても好きになれなかった。ハルとニューカッスル・オン・タインで、いまなお続いていたアーカート派の委員会は、はじめディズレイリを支援したが、あとになってトルコを裏切ったかどでディズレイリを非難しようと考えた。スウィンバーンは『あるイギリスの共和主義者のモスクワ十字軍に関するノート *Note of an English Republican on the Moscovite Crusade*』という題のパンフレットを書いた。まだ社会主義者なっておらず、急進主義者だったハインドマンの目には、「キリスト教徒を解放しようという願いがあるにしても、ロシアの成長しつつある攻撃的専制主義を支援することが正当化されるほど、十分だとは思えない[12]」。この見解は遅れて一九一四年、ハインドマンに贈られることになるのである。十年前に吹っ飛んだ小さな秤の上に、興奮を伴う奇妙なコントラストがある——いわゆるジャマイカ蜂起を抑圧する際、残虐行為で総督エアが訴追を受けた件である。エアを支持した知識人——カーライル、フルード、テニスン、ラスキン——はいまや全員ブルガリアに憤慨していた。エアに反対するジャマイカ委員会を組織した少数派——ハクスリーとF・W・ニューマン——は、ブルガリア人虐殺事件に対しては心が動かなかった。実証主義者はロシアにいまなお強く反対を続けていたし、政治上の感情論にはそれ以上に反対していた。コングリーヴとフレデリック・ハリスンの二人は、『フォートナイトリー・レヴュー』で、グラッドストンを攻撃した。この攻撃はグラッドストン側に便乗しようと思っていた編集者、ジョン・モーリーを困らせることになるのである。労働者階級の実証主義者で、第一インターナショナルの創設メンバー、ジョージ・ポターは、ずけずけ述べている。ポターは一八七六年十月に書いている。「政府というものは、宗教的あるいは哲学的熱狂に悩む人々の夢や願いを実現することを期待されても困るのだ」。

ブルガリア人虐殺事件に関わる運動を指導したのは、以前には政治活動の経験がほとんどない人々である。この運動は、当時中心的な位置を占めていた歴史家全員が参加した唯一の政治運動だったと思う――間違いなく、歴史家全員が同じ側で参加したのはこのときだけである。フリーマン、レッキー、フルード、キングレイク、ブライス、シーリー、スタッブズ、カーライル、J・R・グリーン。参加しない歴史家は誰ひとりいなかった。歴史研究を行うと政治的判断が穏健かつ注意深くなるとよく言われる。私はこんなことは言わないが。この大歴史家たちは、ことばに込められた毒という点では、どんな政治家をも超越していた。当然と言えば当然だが、フリーマンがいちばん乱暴だった。フリーマンの叫びはセント・ジェームズ・ホールの大会さえもぎょっとさせるものがあった。

諸君らはソドムの帝国の自由のために戦うのか？

さらに次の一節は、数年後に欽定講座教授にフリーマンが任命されようかというとき、危うくその話をだめにするところだったのである。

正義に反対して悪のために一撃を加える、あるいは一言でも発するくらいなら、イギリスの利益を放棄し、インドの支配を止めるべきだ。

だが、ほかの歴史家たちはかなりじょうずに演説した。J・R・グリーンは書いている。

> われわれは戦争に向かって漂流しているのではないかと思う——悪魔の味方となって地獄のために戦争に参加しているのではないかと……私はイギリスを愛している。だが、深く愛しているからこそ、イギリスが人間の権利や人間の自由に反して戦うとなると、その勝利を願うことなどできないのである。

カーライルは、カーライルらしい考え違いをして、圧制者であるからという理由でロシアに好感を感じていた。「現代において、ロシア人は神と人間神と人間の通信の役割を務めてきた。ロシア側の世界にいる無秩序な人々全員に訓練を行い、秩序と平和を教え込んだのである……ロシア人は正しい権威に従うことは、聖なる務めだという、偉大な真理をはっきりと意識している」。ついでに言うと、カーライルがこのフレーズ——「言語に絶するトルコ（the unspeakable Turk）」——をつくったのはこのときである。

この時代の歴史アプローチにはどんなものがあっただろうか？　当時の主要な歴史家たちが、ここまで道徳やブルガリアに夢中になり、積極的に干渉を行おうと考えたのである。私はこの講演全部をこの興味ぶかい問題に使ってしまいたい誘惑に駆られてしまう。おおむね、歴史家たちは民族の自由を支持しなかった。多くは、数年後には統一党派になったのである。通常の政治についてみると、急進主義者でさえなかった。専門的関心は、時代も地域も広範にわたっていた。実際、フリーマンがバルカンの過去と現在について、知識を持っているとは誰も思っていなかった。彼らが共通して持っていたのは、カーライルだけは別だが、進歩について抱いている信念だったと思う。全員が世俗の宣教師だったのである。今日でも、多くの歴史家たちが憧れる役割である。虐殺行為が自分たちの信仰に疑問を投げかけるように思えたので、怒りを感じたのである。話を戻すが、J・R・グリーンを除く全員が権力者で、帝国の栄光と近代国家の勃興を称賛していた。全員、熱烈な愛国主義者で、自分たちの文明の道徳規範に挑戦しようという者はすべてたたき潰してしまいたいと考えていた。ブルガリア人を解放するよりも、トルコ人をたたき潰すことに関心があったのである。

これらの歴史家は大部分、進歩とキリスト教をうまくつなぎ合わせようともしていた。ここにブルガリア人虐殺事件における第二の新要素がある。無神論の急進主義者は傍観していたが、ふだんだったら保守党を支持する人々が、自分の宗教的見解のために、一時的に異端になびいていったのである。ブルガリア人虐殺事件は、国教会の指導者の多数が政府に反対するという、わが国史上たった一度の機会を提供してくれた——名誉革命以来、唯一の機会である。選挙法改正法案に強く反対し、ロミリーの時代以来現在に至るまで、およそ法律違反と考えられるものすべてに対して死刑を支持し、いつも権力者に体のいい言い訳を探してやる主教座の記録のことを考えると、主教が異端者の側についているのを見るのは、ショッキングである。マンチェスターの主教フレイザー、エリー、ノリッチ、エクセター、オックスフォードの主教たちを思い出そう。珍しい反響が起こったのは偶然ではなく、人道主義に改宗したからというわけでもなかった。少数の福音主義者が、自分を奴隷制廃止論者に傾かせた昔の感情から、ここに加わった。だが、中心となったのは高教会派の人々だったのである。本当のところ、ブルガリア人虐殺事件に関して起こった運動は、大部分が儀式主義の副産物にすぎなかった。ピュージー派の中心だったリドンは、トルコを非難した最初のイギリス人である。一八七六年七月十三日、セント・ポール教会で説教を行ったときのことである。ピュージー本人は、セント・ジェームズ・ホールで行われた大会に祝辞を送っていた。

リドンとその仲間たちは、「教会人精神」に関する戦いで培ったドグマ的情熱を政治に持ち込んだ。リドンは一八七八年一月に書いている。「この戦いでロシアが掲げた大義は、私には単純に正義だと思える」。一八七八年四月十八日には次のように書いている。「私が女王に仕える兵卒だとすると、ロシアと戦争をするようなことになった場合には、引退を命じられたと考えるべきなのだろう」――同じ考え方が一九一四年、カラに広がったのである。儀式派はブルガリア人の苦痛にも、ブルガリアの民族としての解放にも、それほど関心がなかった。儀式派にとってはロシアは典型的な抽象的大義だった。二十世紀にロシアが別の類の人々にとって抽象的大義となるのと同じだった。儀式派の場合には正教という大義である。正教の典礼が、彼らの政治見解を決定していたのだ。リドンはステッドに手紙を書いている。

> 私は東方問題のうちの汎スラヴ主義的側面が突出していることをいつも残念に思っていました。この部分は、ほかの民族が関心を持つものではありません。問題を本来よりも低いレベルに位置づけてしまうのです。[13]

言い換えると、ブルガリア人は正教徒であるというだけでなく、人間性を持つ存在だということが、厄介な問題だったのだ。儀式派がロシアを支持していたので、マニングが指導していたローマ・カトリックは超然としていた。カトリックは、アーカートがかつて彼らに勧めていた、トルコ人を現実支援する行動をとろうとはしなかった。カトリックはオーストリア-ハンガリーを支持したいと考えたのである――カトリックが一九一七年にとった方向である。この方向はアイルランドの急進主義者を困難な状況下に陥れた。自由でありたいと願って正当な戦いを行う民族に共感を示した人々は少数だった。少数派はポーランドの昔の大義を思い出し、この物差しのもう一方の端にいた実証主義者と手を結んだ。ブルガリア人虐殺事件は奇妙な仲間を生み出したのである。

この運動は、何か現実の影響力を持つためには、儀式派や歴史家以外の力が必要だった。まとめ役が、すなわち運転手が必要だったのである。最初に動いたのは、トルコ領事を務めた経験があり、トルコ人キリスト教徒保護同盟（The League for the Protection of Turkish Christians）の書記を務めていたルイス・ファーリーだった――ファーリーが動いたのは、トルコ債権で財産を失ったからだと思われる。この運動は、当時ダーリントンで『ノーザン・エコー』の編集者を務めていたW・T・ステッドに引き継がれ、実際に動き出した。ついでに言うと、ダーリントンも北東海岸沿いにある町である。ステッドは自分のことをいつも急進主義者だと言っていた。だが、ステッドもまた、ステッド流のやり方で権力者への道の途上にあったのである。ステッドは初めて大衆に向けて書いたジャーナリストで、ノースクリフやホレイショー・ボトムリーの先駆けとなる人物だった。ステッドは通常の急進主義のパターンからはずれたことを数多く行った。ゴードンをハルトゥームに派遣するよう提案したのはステッドである。一八八四年に、ステッドは大海軍運動を始めた。ステッドは精神主義者として生涯を終えた。正確に言うと、タイタニック号といっしょに沈んだのである。いかにもステッドらしい象徴的な最期である。ステッドはロシアに熱狂した。その情熱に応えて、アレクサンドル三世はイギリスの新聞を読むことがあればステッドの『ペル・メル・ガゼット』だけに限るとした――少なくともアレクサンドル三世はステッドにそう言ったのである。

ステッドはコブデンの本から教訓を学んだと言っていた。そこには「英語を使う二つの偉大な国民のあいだにある致命的な分裂を収束すれば、ロシアとイギリスのあいだに存在している悪感情と嫉妬心を取り除くことほど緊急性のある課題はない」(14) と書いてあったのである。ステッドはコブデンからこれ以外の教訓を学ぶことはまずなかった。理性についても自制についても学ばなかったのは間違いない。ブルガリア事件で、ステッドは自称ロシア人宣伝家、オルガ・ノヴィコフと手を結んだ。ノヴィコフはそもそも教会の再統一を促すためにイギリスにやって来たのだが、セルビア軍のボランティアとして戦っていたきょうだいが戦死したために、汎スラヴ主義に転じたのである。マダム・ノヴィコフは文筆の才能に恵まれていた——ステッドによると、ノヴィコフのパンフレットは一八八〇年の自由党の勝利に貢献したミドロジアン演説に迫るものだったということである。ノヴィコフは自分にある女性としての魅力も完全に利用した。ステッドは「彼女との情熱的関係」について書いている。このことばが何を意味するのかは別問題である。グラッドストンはノヴィコフに愛情のこもった手紙を書き、公開の集会にノヴィコフの腕をとって出かけたものである。フルードはノヴィコフに宛てて「私の大事な人」と書いている——まずい兆候である。ロシア大使館はノヴィコフを認めていなかった。ロシア大使館は、むしろブルガリアからカップルを一組連れて来る方を選んだ。カップルは、国際連盟が一九三五年に、パリからだと思うが、連れてきたアビシニア人と同じように、自由を奪われて国中連れ回されたのである。

グラッドストンの心をつかみ、有名なパンフレット『ブルガリア人虐殺事件 *The Burgarian Horrors*』を書くよう説得したのもステッドである。彼らは気質の面で通じるところがあった。ステッドは「現代のバビロンに乙女を送り込む」ことに反対する運動を行ったという理由で牢獄に入れられた。グラッドストンはバビロンに落ちた女性の矯正を断念するくらいなら、自分の出世を潰してもかまわないと思っていた——このために、グラッドストンは八万三千ポンドとも言われる金を使ったのである。『ヴィクトリア朝の性生活』は外交政策についての異端よりやりがいがあるのではないか、とキングズリー・マーティン氏は私に話した。私は前回の講演で憲法史家に満足してもらったが、マーティン氏に満足してもらってうれしく思う。グラッドストンは力はあるけれども、手を組むのは危険な味方だった。グラッドストンは政治家としての態度をどうしてもかなぐり捨てることができなかった。グラッドストンはこうした態度を避け、ただの一私人として話そうと努力した。グラッドストンの最初の演説は、ブラックヒースの自分の選挙民に対する演説だった――いかにもグラッドストンらしい逃げである。ツアーに出る段になると、グラッドストンは保守党のバース侯爵の地盤ロングリートからはじめたのである。しかし、グラッドストンは保守党内閣が倒れ自由党内閣が代わるのでなければ、この運動には意味がないといつも感じていた。しかし、これもまた無意味だった。グラッドストン自身の説明によると、未来の自由党内閣のリーダーはハーティントンとグランヴィルなのだが、二人ともブルガリア人には無関心だったからである。

ステッド、フリーマン、その他の人々は、こうした政治的計算からは遠いところに位置していた。彼らは政治家の一団を別の一団に取り替えることには、少しも関心を持っていなかった。本当に急進的な方法で、既存の体制を一掃し、新たなスタートを切ることを望んでいたのである。彼らはこのことをセント・ジェームズ・ホールで行ったコンヴェンションで提案した。コンヴェンションという言い方は、一八三九年のチャーティスト・コンヴェンションを思い起こさせる。外見上は、一九二〇年の闘争会議（the Councils of Action）を先取りするものである。コンヴェンションは会議や政治的デモンストレーションの域をはるかに越えていた。コンヴェンションは議会に取って代わる反議会であり、真のイギリス精神を代表するものだった。したがって、政治家は排除されたのである。政治家は「世俗的に重要なもの」の一部だったのだ。コンヴェンションは、市長が主催するタウン・ミーティングにより、それぞれの町から代表を選ぶ計画だった。だが、この計画はまにあうはずがなかった。地方改革クラブの手でこの種の選挙が行われたのは、ほんの数カ所にすぎなかった――不幸なことに、政治が介入したのである。代表者は自薦だった。

急進的デモンストレーションにはよくあることである。コンヴェンションで演説を行った人々は——二日間の演説マラソンだったのだが——牧師であり、歴史家であり、小説家だった。トロロープ、オックスフォードの主教、ブライス、リドン、フリーマンが登場した。サイモン軍曹がいたのに、フリーマンは大胆にもディズレイリのことを「酔っぱらった傲慢なユダヤ人」だと言った——当時はまだ、急進主義者は反ユダヤ主義的態度をとっていたのである。グラッドストンは演説者のなかで、ただひとり著名な政治家だった。グラッドストンは、自分は政治家を引退したと主張した。神学者兼歴史家として、モラリストとして演説を行ったのではなかった。最後にグラッドストンは、これ見よがしに腕をマダム・ノヴィコフに差し出した。

このコンヴェンションが唯一生んだ現実の成果は、東方問題協会 (the Eastern Question Association) の設立である。ウィリアム・モリスが会計担当となった。これはモリスにとって最初の政治経験だった。これは予期せぬ結果を生んだ。モリスは、労働者階級だけが外交問題について正直に、忌憚のない判断を下すことができるということを発見した。この発見によって、モリスは社会主義者になったのである。二十世紀になって、公的な外交政策を批判した無数の急進主義者は、あらためてこの発見をしたのである。発見は彼らをもモリスの道に進ませることになった。たしかに、運動はセント・ジェームズ・ホールの集会のあと、期待はずれに終わってしまった。『ザ・タイムズ』がトルコの大義の方向に転じたとき、重要な転換点があった。『ザ・タイムズ』のモットーはいつもこうである。「強者の側で強く」。運動が衰えたところで、『ザ・タイムズ』が方向を変えたのは、ごく自然なことだった。変化は『ザ・タイムズ』らしいかたちで起こったのだ——同じことをドーソンが一九三八年に繰り返すことになるのである。編集者のディレーンは、スコットランドで休暇を過ごしていたとき、新聞で「強力なロシア支持派の記事」を読んだ。

ディレーンは急いで戻り、誰も気づかないようにと願いながら、一晩で新聞の方針を変えたのだ。だが、社主は気づいていた。ディレーンは掌握する力を失いつつあると社主は結論を出して、この年のうちに解雇したのである――満足のいく結果だった。

　異端者たちの側からすると、どんな場合でも自分たちの政策を推進するより、政府を妨害することの方が簡単だと私は思う。ブルガリアに関する運動もその例にもれなかった。一八七六年の秋、運動は強力で、ベコンズフィールドが積極的なトルコ支援運動を起こすのを阻むほどだった。ベコンズフィールドは本気でやる気だと思ったのである。グラッドストンが気づいていたように、この運動は政府を倒すことができさえすれば、ロシアとの協力が可能となったはずである。だが、これは決してまともに考えてありうることではなかった。ベコンズフィールドはじっとして、嵐が通り過ぎるに任せておくだけでよかったのである。さらに言うと、一八七七年の初頭になると、関心はブルガリア人虐殺事件からコンスタンティノープル会議で外交をうまくやることの方に移ってしまった。四月、ロシアは対トルコ戦争を始めた。以後、トルコ人はプレヴナを防御するのに手一杯になって、これ以上ブルガリア人の虐殺を行う時間などなくなったのだ。憤激は、結局行き詰まり状態となったのである。

　さらに言おう。セント・ジェームズ・ホールのコンヴェンションは、国民の声を映し出す鏡としての議会を失墜させることができなかった。逆に、議会が再招集されるとコンヴェンションは忘れられた。歴史家と牧師が、コンヴェンションをあてにしなくなったのである。グラッドストンは自分の気持ちがどうであれ、リーダーシップをとらなければならなかった。一八七七年五月、グラッドストンは五つの決議案を提案した。二つはトルコを非難する決議案だった。外務大臣のダービーを含め、この二つについては、誰もが賛成することとできた。ほかの三つは、ロシアと協力して介入を行うこととヨーロッパの協調を要求していた。この三つは東方問題協会だけでなく、グラッドストンの真髄でもあったのである。フリーマンは書いている。「わが政府の欠点のゆえに、ロシアの拡大を認めるのか、ブルガリアやほかの地域で起こっている反乱が鎮圧されるのを許すのか、この二つのあいだで選択しなければならないのだとしたら、われわれはロシアの拡大の方を選ぶべきである[15]」。だが、これが問題になると、グラッドストンはたじろいだ。グラッドストンはマダム・ノヴィコフといるところを人前で見られるのを避けるようになった。グラッドストンは議会では、最初の二つの決議案の動議だけを行った。ほかの三つを正式に撤回したわけではなかった——いかにもグラッドストンらしいやり方である。だが、この討論のあいだに、コブデン派との断絶が明らかになった。ジェイコブ・ブライトは残りの動議についても、なお反対した。ジョン・ブライトは発言しなかった。困惑して、次のような説明をしたのである。

　多くを語る時間があっても、黙っていた方が賢明である場合もある。先の討論のあいだ、沈黙していたことが賢明であったかどうかは、しかるべき判断に委ねなければならない[16]。

グラッドストンは自由党の力をフルに使って抗議グループをつくった。三百五十四人中二百二十三人獲得したのである。だが、まったくむだだった。ステッドは「どんな場合でも、六百五十八の議席中、進んで自分は弾圧派だと名乗るのは、せいぜい六十から七十人」と考えていた。だが、首尾一貫した政策に賛成する人が六十人から七十人いたなら、何に投票していいかわからない二百二十三人よりはましであったにちがいない。グラッドストンは「党に確実に有利な」方向を模索することをやめられなかった。グラッドストン五月二十三日、グランヴィルに次のように書いている。「私は彼らをもういちど一つにするような、本当に重大な問題がほかに起これぱと願うばかりです。しかし、何も見つからないのです」。
何度も綱引きが繰り返された。急進的弾圧派は、自分たちの政策の方向にグラッドストンを取り込みたいと考えていた。グラッドストンは急進派の情熱を、自由党への投票に移行させたいと思っていた。結局、どちらもうまくいかなかったのである。五月三十一日、グラッドストンは国民自由連盟（National Liberal Federation）を旗揚げしようと、バーミンガムに向かった。この少し前に、チェンバレンはステッドに書いた。「自由主義の将来のプログラムは、必ず下から起こってきます。現在の指導者から何のインスピレーションも期待できないのは明白です」。チェンバレンはグラッドストンのことをそれほど高く評価しているわけではなかった。だが、「グラッドストンはわれわれが持っている切り札」だった。にもかかわらず、この札はまったく効果をあげることができなかったのだ。グラッドストンは情熱を込めて自分の考えを表現したが、唯一現実的な発言は次のことばだけだった。「われわれは丘の上に向かってシシュフォスの石を転がしています、押していくのをやめた瞬間に、石は再び転がり落ち始めるのです」。言い換えると、ステッドが見たように、ベコンズフィールドとグラッドストンは相殺し合ったのである。孤立派が、理由もわからぬうちに勝利を収めた。イギリスはブルガリア人を解放するロシアに加勢することも、オスマン帝国の統合のため戦争をすることもなかった。ブライトが言ったように、イギリスは最初から高邁な大義など掲げたりしない方がうまくやれたにちがいなかったのである。

一八七八年に起こったできごと――コンスタンティノープルへのフリート艦派遣と二月から五月まで続いたロシアとのあいだの緊張――は、われわれの観点から見た場合、前年に起こったできごとにくらべるとおもしろみに欠けている。ベコンズフィールド卿の政策に取って代わるものは何もなかった。抵抗するよりほかなかった――それもそれほど多くの抵抗があったわけではないのである。グラッドストンでさえ、まったく否定的なことばで、一時忘れられたヨーロッパの協調について話をしただけだった。「私の目的は、ベコンズフィールド卿が目指すものに全力で対抗することでした。十分策を持たず、ぱっとしないお粗末なかたちでしたが。この十八カ月間、毎週毎週、昼も夜も、しゃべり続けて全力を尽くしたのです」[17]。だが、グラッドストンは不干渉運動のためだけに、立ち続けることはできなかった。グラッドストンはこの仕事を、ブライトやブラッドローや少数の急進的労働組合運動家に委ねたのである。彼らは存在していた運動のリーダーシップを再度とることになった。このために前年、彼らとグラッドストンのあいだで行われていた闘争の焦点は曖昧になった。実際、平和を達成したとき、グラッドストンは道徳的な異端を主張する場を見つけることが困難だったのである。グラッドストンはトルコと結んだキプロス協定を「正気の沙汰とは思えない盟約」だと非難した——まさにその通りである。しかし、「この半世紀、自由党とトーリー党を分断した最大の問題」を定義しようとしたとき、グラッドストンは秘密外交を非難するくらいのことしかできなかったのである。

> 諸君は本質的に統治される対象なのか？　未来は縛られ、否応なく妥協させられるのである。諸君が交わした約束はどこまでも拡大解釈される。税が要るという話は、どこまでも広がっていく。諸君の承認など求めないのである。それだけではない。通知さえしないのだ。通知しないどころか、細心の注意を払って、事実の隠蔽を図るのである[18]。

グラッドストンは、外交問題について議会で行われた全討論よりも、はるかに多くのことを訴えた。グラッドストンはまったく新しい外交政策のシステムを主張した。あるいは訴えたと主張した。グラッドストンはミドロジアン演説で、このシステムを提示しようとした――ミドロジアン演説は、何といっても、すばらしい雄弁によって高い名声を獲得した演説だが、高い名声の理由は、この演説が文章で読まれたことがないからではないかと私は思っている。ひねった演説であったために、グラッドストンの考えを明確にできなかったと思うのである。グラッドストンはマンチェスター学派として名声を得ていたが、その教義の多くは依然コブデン主義そのものだった。

　この小さな島が統治する広大な帝国の利害に加え、地球のほぼ全域にわたる事業に首を突っ込むことが、自然にかなったことだとでも言うのでしょうか？　神の摂理だとでも言うのでしょうか？(19)

どんなタイプの急進主義者にも受け入れられるようなレトリックが使われていることが多いのである。

　要塞は地面と同じ高さにあります。条約は足下に踏み固められているのです――専制に対して真の防壁となるものは人の心のなかに、人の頭脳のなかにあるのです。(20)

グラッドストンの言う「外交政策の正しい諸原則」は、すべてこの急進主義者に共通する血統に由来していた。経済、平和、不必要なごたごたを避けること、すべての国民の平等を実現すること、自由を愛することである。ないのはただ一つ。ヨーロッパの協調である。ヨーロッパの協調は、三番目に入れたのだが、グラッドストンが最も強調したものである。これこそ、イギリスのリーダーシップへの道を開くものであり、最も高潔な基盤の上にイギリスが行動する道を開いたものである。グラッドストンは一八七九年十一月二十七日、ウェスト・コールダーで述べている。

とことん磨きをかけて、維持しようとしているものは、いわゆるヨーロッパの協調です……ではなぜか？　協調は、すべてをひとつに結びつけることによって、諸君が自分勝手な目的を中和し、足かせをかけ、縛りをかけるからです……共通行動は共通の目的を意味します。諸君を一つにすることができる目的があるとすればただ一つ、全員共通の善に関係するような目的です[21]。

一八八〇年三月二十二日には次のように述べている。

ヨーロッパの協調を実現し、協調を維持するよう高邁な任務こそ、諸君の国が遂行するよう特別に指摘されているものです……、ヨーロッパには利害関係などないと思っていればこそ、われわれはどんな国もつくことができない最も高貴な地位に就いていられるのです。……任務は平和を実現することであり、人々のあいだに善意が保たれるようにすることだからです[22]。

最後に四月二日に次のように述べている。

諸君に現在薦められている政策よりも、カニング内閣の政策の方が、グレイ内閣の政策の方が、外交問題についてパーマストン卿が行ったことの大部分の方が、外交問題についてラッセル卿が行ったことの大部分の方が私は好きです[23]。

間違いない。だが、コブデン主義が勝利を収めたのは、こうした人々の政策、特にパーマストンとラッセルの政策に反対したからなのである。

一八八〇年の総選挙は、ただ一つ、外交政策に関してのみ争われた。ベコンズフィールドにとってはたしかに決定的な敗北だった。だが、アリスのような言い方をすると、勝ったのは誰？　だったのである。グラッドストンは有権者に、ヨーロッパの協調体制におけるリーダーシップを主張するために、ブルガリア人虐殺事件に対する道徳的非難と急進主義者の不干渉の信念を利用した。だが、グラッドストンは、自分の基本理念に基づいて行動することさえしなかったのである。一旦権力の座に就くと、彼らは議会戦術に従わなければならなかった。エジプトの友、ウィルフレッド・スコーエン・ブラントは暴露話をしている。ブラントはグラッドストンから、民族として独立を守るという勢いのあることばを聞かされた。だが、ブラントが「あなたからのメッセージをエジプト人に送ってもかまいませんか？」と尋ねたとき、グラッドストンはたじろいで述べている。「いや……エジプト人には私たちが議会で発言したことを読み上げてください」。ブラントはこの意味深長なコメントにさらに付け加えた。「グラッドストンの善に対する衝動は……音楽への趣味、陶器への趣味、骨董品への趣味、すなわち何かに夢中になりたいと思う感情に似ている。だが、この感情はもっと高邁な義務感、すなわち議会の多数を確保したいという義務感によって抑制されていたのである」[24]。グラッドストンのキプロスに関する態度にもこれが表れている。グラッドストンはキプロス獲得を非難していた。グラッドストンはキプロスを「役立たずの厄介者」と述べていた。グラッドストンはこのあとに続くにちがいない災難と、実際に起こった災難を予言していた。自分に任されていたのだとしたら、グラッドストンはキプロスをギリシアに引き渡したにちがいない。ギリシア人はキプロスについて全権を持っていた。だが、政権に就くと、グラッドストンはアジア的トルコを保護することを非難しただけだった。トルコは政権に就くための代価だったのである。キプロスを失えば票を失うにちがいない。それゆえ、そんなことはできないのである。グラッドストンのおかげで、われわれの首根っこには現在に至るまで、キプロスが巻き付いているのである。

さらに悪いことが続くことになる。一八八二年のエジプト占領は、グラッドストンと急進主義のあいだの決定的な不和を示すものとなった。実際、エジプト占領は一世代以上にわたって、急進主義を破滅状態に追い込んだ。エジプト占領は近代イギリス帝国主義の始まりだった。エジプトはその後の七十年間にわたる帝国主義政策の転換点だった。いったいぜんたい、なぜそんなことをしたのか？　どうして経済と平和の提唱者だったグラッドストンが、必然的に大軍隊と帝国の拡大に至るにちがいない一歩を踏み出したのか？　一つの答えは、偶然、すなわち成り行きである。グラッドストンは前年トルコを威嚇したときと同じように、エジプトを威嚇しようと考えた。グラッドストンはブライトが最後の瞬間まで望んでいたのと同じように、アレクサンドリアにイギリス艦隊を送れば事足りると思っていたのである。ほかには何もしないでもいいはずだった。実際には、グラッドストンの威嚇はそれですまなくなった。グラッドストンには、もっと遠回りな、まさにもっとグラッドストンらしい計算があったのである。エジプトの苦難は、グラッドストンのアイルランド政策の失敗直後に、突然出現した。エジプトはフェニックス・パークでフレデリック・キャベンディッシュ卿が暗殺されたことの代価を支払ったのだ。ちょうどこの逆方向で、グラッドストンはのちにエジプト人の自由を裏切ったことを贖うために、アイルランド自治法の先頭に立ったのと同じことだったのである。このパターンは一八九三年に繰り返された、グラッドストンはエジプトおよびウガンダに対する良心の呵責からアイルランドに恩恵を与えたのである。

グラッドストンの最も恥知らずの議論は、ねじくれた「継続性」だった。グラッドストンはそもそもの発端となった一八七九年の保守党政府のエジプト介入を批判した。グラッドストンはこのあと続くにちがいない事態の混乱を予言していた。それゆえ、グラッドストンが事態が紛糾したことについて非難されるのは間違いである。「エジプトでイギリス政府がとったことが明らかになっている態度をひっくり返したのでは、道理にはずれることになる[25]」。だが、グラッドストンはエジプトばかりか、世界中でイギリス政府がとっていた態度を覆すだけのために、総選挙を戦っていたのである。ミドロジアンのうち生き残った部分は、列強の名において行動するという主張だけである。この主張と財政が健全だと示したために、急進主義者の意気がくじかれ、反対の立場が混乱に陥ったのである。たった一人でエジプト占領をくい止めたと言ってもいいブラントは、「この国の一般感情は、いかなる『無法状態』に対しても激しいものがある」と考えた――少々混乱があって、アラビーは悪名高いトルコ人傭兵的存在と考えられるようになった。何としても行動したいと思っていたチェンバレンの方が、真理に近かったのかもしれない。「エジプト介入は自由党多数のあいだでは不人気である。グラッドストン氏の個人的影響力がなかったら、介入を永続的に行うことは不可能だっただろう」。それにしても興味ぶかい表現である――グラッドストンは何度も、永続的に介入するのには反対だと誓っていたのである。チェンバレンを信じるとすると、グラッドストンは急進主義者だけでなく、自分自身をも欺いていたことになる。

　チェンバレンは付け加えた。「ブライト氏がエジプト占領に反対する運動の先頭に立ったなら、政府を崩壊に追い込むことができただろう[26]」。ブライトは一八七七年に沈黙を守ったように、グラッドストンに反対することに躊躇した――そのためにブライトの発言は翌年になったのである。「私はエジプト事件を、犯罪としてというより、嘆かわしい大失敗として扱いたい」。それでもブライトは辞任した。辞任に際して行ったブライトの演説は明確で、あとに続きたいと思うものがいれば、引っ張っていくことができる内容である。

少なくともこの四十年、私はいつも自分の意見や主張を、わが国の国民に伝えようと努めてきました――いわば道徳の法は個人生活のためにあるばかりでなく、相互に関係する国家の生活と実践のためにあるものだ、ということを伝えようと思ったのです。私は現在のこの件については、国際法および道徳法を冒瀆するものがあると考えます[27]。

グラッドストンはマンチェスター学派に対して、昔の防御用の武器を使った。グラッドストンは、ブライトが向かう方向を自分が理解していないことに気づいた。グラッドストンは女王に書いた。「私グラッドストンはブライト氏の現在の見解を、明確に理解していないと認めざるをえません[28]」。ほかの人々はブライトの意見を理解していた。だが、反対側にいてやり過ごしたのである。サー・ウィルフレッド・ローソンは「愚かで、礼儀をわきまえず、下劣で、不正な」政策に対して声をあげた事実上唯一の急進主義者だった。クエーカー教徒の鉄工場主ピーズは、占領はエジプト人の利益にならないと考えた。それゆえ、ピーズは占領に賛成票を投じようとしなかった。だが、反対票を投じるつもりもなかったのである。小イギリス主義的立場を明確にしていたラブーシェアーでさえ、短期間は、強行論を主張した。「イギリスが現在の大国の地位を維持すべきだというなら、介入は絶対に必要である……維持しなくともよいというなら、インドは一年間の購買物にも値しないはずである」。ブライスは何度も大学で講議が行えるこのテーマに取りかかった。「グラッドストンには、外交政策には継続性というものが必要だと認めなければならない」。政府に反対した票はたったの十九票だった。しかもそのうち十票はアイルランドの票だったのである。

グラッドストンの正義の遂行に対する熱狂は、エジプトの泥沼にはまったときにますます大きく膨らんだ。グラッドストンは、テル・エル・カビールの戦いの知らせを聞いたとき、教会の鐘を鳴らし、祝砲をあげたのである。グラッドストンはマダム・ノヴィコフに書いている。

> 国中が歓喜の渦にあります。私は全能の神に感謝したいと思います。神は、私が偽りのない仕事だと感じ、理解していることにおいて、恵みを与え続けてくださいました。一八八二年のイギリスが、嫉妬心を抱いたロシアの注目に値するものなのかどうか、あるいはわれわれが正義と文明という共通利益のために骨を折ってきたのかどうかは、少し時がたてば明らかになるでしょう。きっとわれわれは上気嫌でいるべきなのです。わが陸軍、わが海軍、わが海軍将官、わが陸軍将官、わが組織に満足しているからです！[29]

すべては哀れなエジプトの農民たちが、サー・ガーネット・ウルズリーの手で虐殺されたおかげである。熱狂したグラッドストン派の人々が、その後ろについて行ったのだ。ステッドは常に占領に賛成し、強硬な立場をとった。ディルクの傍らで議会務めを始めたばかりのモーリーは、いつものちょっと嫌そうな素振りを見せながら、それをぐっと飲み込んだ。一八七六年に冷静でいることができた人々が、介入に反対する唯一のグループとなった――孤独な闘士ブラントといっしょに。フレデリック・ハリスンは「金を、旦那、金を！ *Money, Sir, Money*」という題の記事を書いたが、モーリーはこの記事にひどくうろたえた。この記事は、粗雑なものではあったが、帝国主義の財政基盤を暴露しようという画期的なものだった。ハインドマンと社会民主連盟の人々は、ロシアを支援しているとは気づかれずに、イギリスの政策を攻撃することができた。ユニテリアンの支持を受けたブラッドローは、セント・ジェームズ宮の儀式派の牧師たちと奇妙な対称をなしていた。

エジプトの事件を批判した人々は、この事件が浅ましい財政上の動機から行われたものだということを思い知らされた。債権所有者を保護するため、エジプトの証券、資本をすべてつぎ込んで戦争を支持したロスチャイルド家を保護するためだったのである。[30] 金を、旦那、金を——ここにミステリーを解く鍵がある。ラブーシェアーは罪の意識から解放されたいと思ってエジプトの株を売却したとき、同じ考え方を抱いていた。もちろん、理由があったのである。債権所有者とロスチャイルド家は——心から望んでいたとしても——グラッドストンやステッドやチェンバレンに共通する道徳的熱狂がなかったならば、自分たちの道を進むことはできなかったにちがいない。古い型のジンゴイズムはトーリー的だったかもしれない。それだって、あやしいと私は思っている。帝国主義は急進主義の熱狂の産物である。帝国主義者はヨーロッパ問題については、孤立主義者だった。彼らは大陸を無視し、世界のほかの地域で「イギリスのミッション」を遂行したいと思っていた。帝国主義者はみな、イギリスは既存の文明のなかで最高の形態を実現したのであり、この文明を「法律を持たない種族」に伝えることがイギリスの義務であると信じていた。この考えが急進主義者の信念である。有色人種には、ブルガリア人には認められなかった解放を与えるべきである。エジプトで中心的な役割を果たしたクローマーは、自由党員である。エジプトで仕事を始め、ボーア戦争を仕掛けた中心人物、ミルナーもそうである。ミルナーはイギリスに帰るたびに、自由党員——アスクィス、ホールデイン、グレイら——と過ごしたのだ。決してトーリー党員と過ごしたわけではない。首相のうち最も帝国主義者的と言ってよいローズベリは、ミドロジアン演説のあいだずっと演壇に立っていたのである。何といっても最大の帝国主義者チェンバレンは、グラッドストンと衝突しなかったなら、自由党の党首となったはずである。帝国主義者は、伝統にほとんど敬意を抱いていなかった。帝国の詩人、キプリングは徹底的に体制を軽蔑しており、メリット勲章をも含むあらゆる虚飾を拒否した。キプリングは、エドワード七世のことを「デブの酔っぱらい」とさえ描いたのである。急進主義者がどっちを向いていいのかわからなくなったとしても驚くことではないのである。

エジプトは道徳面だけでなく、現実面でも決定的だった。エジプトは続く二十年間のイギリスの外交政策を決定づけたのである。エジプトはフランスとの「自由同盟」を破壊した――コブデンとアーカートにとっては聖なる大義だったのである。エジプトの事件の結果イギリスは三帝同盟と提携することになった。急進主義者にとっては、最も好ましからぬことだったのである。だが、ほかに選ぶことのできる選択があるとすると（エジプトからの撤退を除いて）、それは参入しようとするすべての者に対し、イギリス海軍を優位に立たせておくことだけだった。ステッドは一八八四年に、これをそれなりに論理的なかたちで論証した。急進主義者の答えは、もっと迷いがある場合がほとんどだった。理論上は大海軍を支持したのに、海軍に関わる出費を嫌って、予算を増やさなくとも、イギリス海軍は世界で最強でありうると証明しようとした。エジプトは予算を何度も混乱に陥れた。グラッドストン自身はゴードンをハルトゥームに派遣したが、その後、ゴードンを支援することを拒否した。モーリーを含む急進主義者の多くは、一八八五年、スーダンに遠征隊を送ることに抗議した。だが、いざ投票することになったとき、抗議してラブーシェアーといっしょに運動した急進主義者は、たったの十九人しかいなかったのである。[31] 急進主義者は、自分たちがエジプトそのものを断念したいと考えているのかどうか、決心がつかなかった。一八八六年、ブラッドローと六十二人の自由党員は、ドラモンド・ウルフの派遣に反対投票を行った。この投票がエジプトに関する国際的合意を形成することになる可能性もあったのである。自由党員七十三人が賛成に投票した。

ラブーシェアーは動議に反対して演説したが、投票を棄権した。

急進主義者は、保守党が政権に就いているときはいつも、勇気を奮い起こした。異端の主張に効果がないとわかっていても。急進主義者は、自由党政府に反対して投票するような問題のときにはしっぽを巻いたのである。急進主義者が自分たちの政策が本当は実を結んでほしくないと思ったとき、また自分たちがどんな政策を望んでいるのかわからなくなったとき、指導者に裏切られるという伝説が、まもなく生まれることになる。地方自治、あるいはウェールズ分離問題に戻った方が安全だったのである。ケア・ハーディでさえ、一八九二年から五年にかけて議会中、独立労働党のエネルギーを直接社会改革に関係しない分野で浪費しないようにと、外交問題についてはいかなる意見の対立にも投票しなかったのである。[32] 急進主義者の動揺は、議会の運動ではっきり示された。ソールズベリが安定政権にあった一八八七年、エジプトからの即時撤退を要求するクレーマーの動議を支持したのは七十九人だった。一八九四年、自由党政府によるウガンダ併合に反対して投票したのはたったの三十四人だった。これ自体、エジプト占領の結果である。ジョーゼフ・アーチと、日の出の勢いの若き急進主義者、ロイド・ジョージの二人は、併合に賛成して投票した。一つは奴隷貿易に反対する（ライバルのフランス帝国主義を代表していたローマ・カトリックのミッションに反対する）道徳的情熱からきており、もう一つはグラッドストンに対する忠誠心からきていた。グラッドストンは猛烈に反対だったが、うまくいかず秘密にしておいたのである。軍備についてもまったく同じだった。一八八九年の保守党の海軍防衛法に反対投票を行ったのは百二十人だった。一八九五年の自由党予算案に対しては、三十一人が反対投票しただけだった——保守党の予算案に示した額より大きいばかりか、グラッドストンを引退に追いやった前年の予算案よりはるかに大きい金額だったのである。このような状況下では、一八九二年の総選挙に際して、グラッドストンやラブーシェアーやモーリーやグレイを含む自由党の人々が行った演説のうちの半数以上が、外交問題についてまったく触れることができなかったとしても驚くに当たらないのである。

グラッドストンは急進主義者を壊滅させた。だが、火花をおこすことができたのはグラッドストンだけだったのである。グラッドストンの良心はどこまでも自分を苦しめ続けた。グラッドストンはブライトにどんな話をしようとも、エジプトの占領が「道徳法」に反しているということを理解していた。グラッドストンは、フランスとの和解は「正義の大義」であると信じていた。だが、グラッドストンはどうしても「党に損失を与える」ことをしようとはしなかった。ゴードンはハルトゥームで、グラッドストンがエジプトでおかした罪を贖ったのである。グラッドストンは苦行僧たちのなかに「自由になるための正当な戦いを行っている民族」を、マフディーのなかに国民の英雄を発見した。ハルトゥームではアラビーは何者でもなかったのだ。だが、ゴードンの死によって政府の信頼が傷ついたとき、グラッドストンは立場を変えた。ペンジェーでの事件に関して、ロシアに戦争に出ると挑戦することで、自らの威信を回復したのである。ディルクでさえ、あとになってロシアは全然間違っていなかったと認めたが、イギリスでロシア側に立って話をしたのは、ステッドとチェンバレンとマダム・ノヴィコフの三人だけだったのである。政権を離れてから、グラッドストンはソールズベリが三帝同盟に依存していることを批判し、地中海協定のことを「わが国の自由な調査を拘束するおそれがある、検討不足の方策」であるとして非難した。だが、グラッドストンは一八九二年に政権を奪回すると、この協定について、外務省にまったくおざなりな調査を行わせただけで、こんなものなど存在しないという厚顔な回答を受け入れたのである。グラッドストンは、帝国主義者で、ドイツを支持しているローズベリに外務大臣に就任してくれるよう嘆願した。グラッドストンはフランス大使、ワディントンが、国外からエジプト問題の解決に努めるよう、多少なりとも命令を受けることを認めたのである。グラッドストンは海軍予算を増加することに同意するくらいなら辞めると辞職したときでさえ、党のために自分が異端の見解を持っているという秘密を隠しておいた——ローズベリやほかの帝国主義者がいずれ自分を引き戻してくれるだろうと期待してのことだったのは間違いない。結局、医者がグラッドストンにあんたは百まで生きると言ったのである。

グラッドストンは、一八九五年と一八九六年に、アルメニア問題に関して、ブルガリア問題のときに行った運動を繰り返すくらいの活力を保っていた。基本理念について同じ組み合わせが、いや矛盾が存在していた。殉教した人々がキリスト教徒だということから勢いづく、純粋な人道主義が存在していた。グラッドストンはいま一度、イギリスの介入が正当であるとする協定を要請した。一八七六年には、パリの和約だった。今度はキプロス会議だった。前回より明快な要請だったが、グラッドストンはかつてこの会議を非難していたし、自分自身、この会議の一部をなすトルコへの保障を拒否していたのである。グラッドストンは再び、自由党への賛成票を集めようとした。現実の結果は、ローズベリを党首の座から引きずり降ろしただけだった。またもや、グラッドストンはヨーロッパの協調を称賛したのである。だが、グラッドストンは、こんな協調は神話にすぎないと知っていたのだ。グラッドストンの忠実な支持者、聖堂参事会員マッコールは明言している。「ヨーロッパの協調こそ、アルメニアのすべての災いの元凶である」[33]。グラッドストンが最後に表に出たのは、一八九六年九月二十四日のことである。忌まわしきアブドュルを非難し、こう要求した。「われわれはスルタンとの関係を断ち切るべきである。ヨーロッパが戦争に訴えると威嚇するなら、一八四〇年のフランスのように、退却することが必要かもしれない——名誉も力も失わずに」[34]。奇妙なアナロジーだし、政策としてはなおさら奇妙なものである。最後まではったりを続けたのだ。アブドュル・ハミトが中身のないショーに騙されてほしいと思っていたのである。騙されなかったらどうしたのだろう？　名誉も力も失うことはないのだろう。われわれはいつでも「退却」できるのだ。これが外交問題に関するグラッドストンの最後の遺言だった。グラッドストンの弟子たちの多くが、これを留保することなく受け入れたのではなかったかと心配になる。「道徳の命令に従おう。それがわれわれを困難に陥れるならば、われわれは『退却』できるのだ」——アルメニア人やアビシニア人を犠牲にして。

4　一九一四年以前の新しい急進主義

セント・ジョージ・ホールの演壇で、身振り手振りを交え演説していたグラッドストンを離れて二十世紀に入ると、新しい一幕が、いやほとんど新しい芝居と言ってもいいものが始まる。以前よりも一貫した、粘り強い、奥の深い異端が数多く登場した。だが、以前ほど効果的ではなくなっていた。とにかく短期的にみた場合はそうだったのである。一方、急進主義の立場をとる新聞はもっと強力であり、情報に通じていた。十九世紀には、きらめきを誇る『マンチェスター・ガーディアン』、『ネーション』、『エコノミスト』的存在を示すものはまったく存在しない――社会主義誌については言うまでもない。文芸関係で傑出した異端を主張する著述家が現れたのは、初めてのことである。J・A・ホブスン、ノーマン・エンジェル、H・N・ブレイルズフォード、ローズ・ディキンスン。コブデンほど大物ではなかったかもしれないが、コブデンよりは多くの作品を書き、多くの人々に読まれたのである。しかし、議会にいる急進主義者は、外交問題について言うと、それほどたいしたことをしなかった。立派な存在ではあったが、取るに足らないものだったのである。サー・ウィルフレッド・ローソン、フィリップ・スタンホープ、アーサー・ポンスンビー、W・H・ディキンスン。これらの人々はみな、今日では忘れられている。ラムゼイ・マクドナルドは唯一の例外である――マクドナルドはこの講義の準備のおかげで、私が以前より高く評価するようになった人物である。発見して自分でも驚いたのだが、いままで気がつかなかったのは悔やまれる。

われわれは学問として距離を置いて振り返り、こうしたことの理由を理解することができる。議会は直接に国民の声を反映するものではなくなりつつあった。無所属の議員は、政党組織によって、はじき出されてしまった。外交問題に関して「党を割ること」は、ますます魅力のないものとなった。議会が国内立法にますます力を注ぐようになっていたのである。急進主義の議員は老齢年金、あるいは土地資産課税を主張するため、不本意な外交政策を腹に飲み込んでいた。グラッドストンはアイルランド自治法に目を向けさせて、エジプトの占領、ウガンダの併合を正当だとしたときにこうした態度をとったのである。議会の性格の変化は、グラッドストンにほかのかたちで影響を及ぼした。クリミア戦争中は、パーマストンの勝利が示しているように、議会は国民の雰囲気を直に反映していた。一八七六年、ブルガリア人虐殺事件に関して騒然とした運動が起こったが、議会で多数を押さえたディズレイリは動揺しなかった。それゆえ、グラッドストンが遊説に出たことは正しかったのである。以前、下院が大臣を圧迫した場面で、いまや「国民」が下院を圧迫しなければならなかったのである。

直に「国民」に訴えることが必要であるだけではなかった。その方が簡単だったのである。訴えるべき国民の数は多かった。以前より多くの国民が字を読むことができるようになっていた。これが政治上の決定の中心を、演説会場から、あるいはそれ以上に下院から、印刷された文字に移したのである。あとになって、話しことばがラジオとテレビでこれに復讐することになるのである。政治家たちはこの傾向を嘆き、妨害しようとさえした。今日と同じである。だが、逃げ場はなかった。外交問題に知的な関心を持つ者たちは、もはや『ハンサード』のコラムを追いかけなかった（かつて実際にそうしていたとしても）。たしかに、そういう人々は外務省が丁寧に編集した外交青書を頼りにしたりしないだろう。彼らはマケドニアについては、ブレイルズフォードの本を読んだものである。ペルシアについてはE・G・ブラウン、モロッコについてはE・D・モレル、ハンガリーについてはシートン＝ワトスン、アルバニアについてはミス・M・E・ダーラム。そうした方が、公式のルートにしがみつくより、ずっと多くの情報を手にできると言わざるをえないのである。異端の衝撃は以前より大きくなった。しかし、以前より遅れて起こるようになった。議会討論のなかでぱっと火がつくのではなく、ゆっくりとした、ほとんど目に見えない世論の変化を待たなければならなかったのである——書いた人が誰なのかもわからないわずかな変化である。

異端者たちにとっては、時節を待てば勝てるとわかっても、たいした慰めにはならなかった。彼らは確信があり性急で、いますぐに勝利を得ることを望んでいた。自分たちが唯一合理的な政策を主張しているのだという自信があったのである。なぜほかの人々はすぐに理性の声に反応しないのか？　なぜ異端者たちはこんなに無名なのか？　名前を挙げるだけでうれしくなるような、新しいフォックスやコブデンやグラッドストンが存在しないのか？　昔の異端者たちの方がずっと力があったのだ、とおおむね彼らは間違って思い込んでいた。これは昔からよくある罠である。ブライトはフォックスとバークの時代を羨しいと考えた。グラッドストンは一八九四年にパーマストンを称賛して、ローズベリを傷つけた。グラッドストンは一八六〇年の戦争騒ぎは正しかったが（当時彼は反対していたのだが）、一八九四年の騒ぎは間違いだと証明しようとさえしたのである。二十世紀の異端者たちは、グラッドストンの政府をまもなく遺憾であると思うようになった。エジプトを占領し、ウガンダを併合し、戦争でロシアを威嚇し、スペンサー海軍計画に着手した内閣として。

異端者たちは単純な説明を思いついた。というより、いつも気持ちが傾いていた説明をさらに強調したのである。すなわち、外交政策は一種の陰謀で、「国民」の知らないところで操作されているということである。異端者たちは外務省の嫉妬から説明しようとした。これは新しいものである。ブライトとコブデンが外交問題を陰謀としてと考えたのはたしかである。だが外務省が、たとえばパーマストンに対して陰謀を企てていることを示そうなどとは思ってもみなかったのである。パーマストン自身もどっぷりと陰謀の渦の中心にいたのである。もちろん、ここには大事なことがある。十九世紀の官僚は、単なる事務屋だった。パーマストンの時代に事務次官が誰だったかなどという問題は、官僚機構そのものに対する好奇心から起こってくる問題である。二十世紀には、官僚はエア・クローからヴァンシタートに至るまで、現実に、政策に影響力を持っていた。官僚を無視したからといって、異端者たちがネヴィル・チェンバレンを攻撃したのは、最後までくると相当ばかげた話となる。以前は異端者たちもその先行者たちも、官僚のことを激しく非難していたからである。サー・エドワード・グレイは官僚の「虜」と見られた最初の外務大臣である。E・D・モレルはグレイのことを「官僚の操り人形……弱い人間」と表現した。のちのジノヴィエフ書簡事件は、外務省に対するこうした見解を固めるように思われた。当時、マクドナルドは専門家を擁護したが、一九二八年にはもう「専門家のウィンク、微笑、意味ありげに肘をちょっと動かす動作、意味のない往復」を非難する気持ちになっていた。外務省には、罪深い秘密が詰まっていると思われた。そんなわけで、両大戦間に一般的に広がっていた信念は――いまでもこのような見解を持っている人々もいるのだが――退屈な文書類が出版されさえすれば、すべてが「明らかに」なるはずだということだったのである。どこを探したらよいかがわかれば、ほぼすべてを一気に見つけ出せるというのである。

　それでもなお、異端者たちは、職業外交官と「支配階級」のあいだに明確な区別をつけることができなかった。異端者たちは、党のリーダーは、外交問題を民主主義によって邪魔されないようにするために、盟約を結んでいると考えた。バートランド・ラッセルはこうした考えを、次のことばで表現している。三十年後になっても、ジリアカスは、このことばに賛同し、引用している。(1)

> グラッドストンとディズレイリ、パーマストンとダービー卿、フォックスとピット、チャタムとノース卿、そして、ステュアート朝時代に至るまで、政党は外交問題に関して、熱くなり分裂した……「継続性」は、国民の安全確保のために本当に必要であるわけではなく、支配階級が仲間うちの共通の敵、すなわち国民に対して、つるんでつくった団結にほかならないのである。一八三二年以来、イギリスの上流階級は民主主義を主張する者たちの起こす騒ぎから、形式を保つことをあきらめてはいたが権力の実体をできるだけ確保するという問題に直面していた……外交問題では、上流階級の優位はマンチェスター学派やグラッドストンに脅かされたが、二十年前には完全に復活した（たとえばローズベリによって）。一九〇六年の崩壊のときでさえ、なお生きながらえたのである。(2)

同じく誇張されているが、ここにも大事なことがある。「継続性」が公然と認められていたのである。二大政党は、理論上は「国の」外交政策というものがあると認めていた。もちろん常に実践していたわけではないのだが。二十世紀初頭の政治は、公開討論が暴力的になったことも多々あったが、だいたいはステージ上の喧嘩にすぎなかった。小ピットがブルックスの店に出かけたのは生涯一度きりだった。グラッドストンとディズレイリは、決して同じカントリーハウスに出入りしなかった。だが、アスクィスとバルフォア、ロイド・ジョージとボナー・ロー、チャーチルとF・E・スミスは多くの晩をいっしょに過ごしたのである。そこで『ジュニアスの手紙』やハイレアー・ベロックの皮肉を込めた想像などはるかに越えたスキャンダルを、うまいこともみ消したのだ。

「支配階級」の外交政策は、急進主義者からは、本質的に攻撃的で自己中心的に見えた。バートランド・ラッセルから引用する次の一節は、これを簡潔に述べている。

> イギリスの民主主義の利益は、いかなる点でも人類の利益とぶつかるなどということはない。イギリス支配階級の利益が、多くの点で人類の利益と衝突するのである……冒険的で国民の威信に関わる政策は金持ちに強くアピールする。一方、賃金生活階級は、自分の利益をよく理解し、強硬論者の使うきらめくことばに惑わされなければ、平和と国際的な友好政策を主張するものである。[3]

ここでもコブデンの声が聞こえてくるが、強調の仕方に違いがある。急進主義者たちはみな、外交政策から恩恵を得ているのは、支配階級だけだと考えていた。かつて異端者たちは、文字通りそういう意味で言っていたのである。外交問題は貴族に仕事を、すなわちブライトの言う「院外扶助」を提供するものである。もう一度ブライトを引用しよう。「勢力均衡は、社会の物差しの一方に、二重の貴族階級を設定した。反対側には二重のどころではない貧困状態を設定したのである」。いまや、支配階級は拡大し、金持ち一般を含むようになった。この変化を生んだのは、帝国主義である。十九世紀後半、イギリス史はヨーロッパ外の世界の闘争で、刻み目が付けられるようになった。一八八二年のエジプト、一八八四年のアングラ・ピクウィーナ、一八九三年のシャム、一八九六年のクルーガー電報事件、一八九八年のファショダ事件、繰り返し起こる極東の危機、一八九九年のボーア戦争。勢力均衡は忘れ去られたようにみえた。無能の貴族に代わり、金融業者が外交政策のエンジンとなったのである。

『マンチェスター・ガーディアン』はジェームソン事件後、セシル・ローズの活動を「資本家階級の大声を、イギリスの政治論議に侵入させたものとして最初に記憶しなければならない成功例」だと述べた[4]。ケア・ハーディはボーア戦争について次のように書いている。

> この戦争は資本家の戦争だ。イギリス商人は商品市場の確保を望み、投資家は資本のはけ口を、投機家は金を生み出すばか騒ぎを、鉱山会社は安い労働力と配当の増加を望んでいる。[5]

急進主義者にとっては、自分の庶子とでも言うべき帝国主義を、情緒的基盤から物質的基盤の上に移したことは大きな救いだった。急進主義者は帝国主義を金儲けのインチキそのもの、つまりはもぐり酒屋の売り込み同然だと考えるようになったのである。急進主義者はセシル・ローズとホレイショー・ボトムリーを区別しなかった——たしかに二人とも、彼らの時代の象徴である。こうした見方は、ハイレアー・ベロックの最初の政治小説『エマニュエル・バーデン *Emmanuel Burden*』のなかに、うまく表現されている。昔流のビジネスマンが、町の高利貸したちが、企むいかがわしい帝国主義的冒険に幻惑されるという話である。もちろんそのリーダーはユダヤ人である。

ボーア戦争の直後、新たに登場した急進主義の著述家のなかで最も独創的で奥行きのある思想家J・A・ホブスンは、この議論をさらに高いレベルで展開した。ホブスンは、マルクスが資本主義に対して行った分析を、帝国主義に対して行ったのである。ホブスンは、帝国主義の源が、個別の弱点に由来するのではなく、不可避の経済的原因に由来するということを示した。マルクスの剰余価値説によると、資本家は雇用者としてどんなタイプの人物であるかに関係なく、生産者である労働者から収奪せざるをえないということになる。ホブスンの過少消費説によると、資本家は海外に投資しなければならず、それゆえ個人として平和主義者であったとしても、帝国主義者とならざるをえないのである。原料や市場の追求ではなく、資本の輸出が帝国主義の原動力となる。ホブスンは一方に外部投資の拡大を、もう一方に植民地の拡大を配置した。そこでホブスンは、両方とも拡大しているので、一方がもう一方の原因となっていると論じたのである。結論は誤りだったかもしれない。それでも、この政治的影響力は巨大だった。のちのイギリスの異端者たちの考え方をかたちづくっただけではない。レーニンはこの理論を継承し、『資本主義の最終段階としての帝国主義』を構築したのである。片方の手を動かしてケインズ経済の先駆けとなったこと、またもう片方の手を動かしてソヴィエトの外交政策に基盤を与えたことは、ホブスンのすばらしい業績である。ホブスンが学会で認められなかったのも、大学教授のポストを手にできなかったのも、何の不思議もないことである。

ホブスンについて奇妙なことは、帝国主義についてマルクス主義的な説明をしながら、マルクス主義的結論を引き出さなかったことである。ホブスンは旧式の合理主義者で、毎週日曜日にはサウス・パレス倫理教会に出席し、月に一回、説教をしていた。ホブスンは晩年労働党に加わったあとも、個人主義者であり続けた。ホブスンは帝国主義が不可避で、資本家の観点からすると、賢明なことでもあると論じたあとで、帝国主義を不道徳で、愚かなものであると非難した。帝国主義は「国民生活として考えた場合には下劣な部類」である。帝国主義は「生存のための動物的闘争が行われていた大昔から国民のなかで生きながらえた、多くのものを獲得したい、ほかの者を力で支配したいという欲望に訴えた」[6]のである。それゆえ、国際間の闘争も、「あるものは……産業主義を中途半端に発展させたことから生じた有害副産物で、あるものはすでに廃れた軍国主義時代、あるいは孤立時代の残存物」[7]である。資本家は、洞窟のなかの人間状態を脱すれば、帝国主義を断念するように思われる。では、ホブスンが提示した、無情な統計はどうなるのか？　いったいどうして、倫理教会が過少消費や利益追求投資を隠してしまうのか？　ホブスンはこの矛盾に悩まなかった。ホブスンは帝国主義と国民間の競争は合理性を欠く愚行、すなわち大いなる幻想だとするノーマン・エンジェルと同じ見解をはっきり持ち続けたのである。

ノーマン・エンジェルの『大いなる幻影 *Great Illusion*』には、ホブスンの理論以上に大きな直接的影響力があった。もっとも、長い目で見れば、たいしたものではなかったと思われてくるのだが。実際、ホブスンは自分はエンジェル主義者だと公然と言っていた。『大いなる幻影』は戦争について、また帝国主義についてなされる経済的分析を論破すると主張した。エンジェルは、のちには主張するようになるのだが、戦争は無意味だと言ったわけではなかった。きわめて単純に、戦争は割に合わないということを証明したのである。それゆえ、戦争に負けても、何の負担にもならないのだということを暗に示したのだ。実際エンジェルは、フランスは一八七一年、賠償金を支払ったことから恩恵を得たが、ドイツは賠償金を得たことによって逆に苦境に立たされたのだと論じた。エンジェルは、ホブスンの議論であろうと帝国主義者の議論であろうと、遠慮なく帝国主義の経済理論に挑戦した。エンジェルは、植民地は利益の源泉ではなく、むしろ出費を要するものだと論じた。出費が必要な場合が多かったのだ。帝国主義者たちが主張したように、貿易の場が広がったといっても、それは無法地帯か後進地域を併合することによって広がっただけだったからである。広がった貿易の相手はさまざまで、単純に特定の帝国主義列強との貿易が広がったわけではなかった。したがって、最も合理的な解決というものがあるとすれば、それはホブスン自身が中国について提唱していた国際的「委任統治」体制である。第一次世界大戦後、急進主義者の多くはこの考え方に夢中になった。だが、これが、植民地に主権を確立したとしても、主権を持つヨーロッパ列強は何の利益も得ないのだとするエンジェルの本旨に、影響を及ぼすことはなかったのである。エンジェルは、ドイツがインドを征服すればドイツの資本家の利益になるとするマルクス主義者、カール・カウツキーの議論を軽蔑して切り捨てた。

> 私を批判しているこの人物は、ドイツがインドを征服した場合には、ドイツの金融体制が、これまでインドからイギリスに流れていた利益を、奪い取っていくことになる、と述べている。この利益はインドから資本主義的に搾取した利益なのである。
>
> そんなことを言っているが、ドイツがインドを征服した場合には、現在イギリスの資本家が所有しているインドの鉄道や鉱山等の株式や債権がドイツ政府に没収される、あるいはドイツの資本家に移るとでも言うのだろうか？　だが、この人物はこんなことができるはずがないということをわかって言っているにちがいない。ドイツ資本、外国資本を含め、全資本を巻き込む財政パニックが起こる危険があるから、こんなことが行われないよう、ドイツの経済的影響力がすべて投じられるにちがいないのである……
>
> あるいは、私が引用したことばは、征服ののち、インドを所有することになるドイツは、イギリス資本を妨害してインドに投資させないようにするという意味なのだろうか？　もちろんこれも同じくばかげたことなのだ。[8]

この議論は、経済決定論に対する理性の勝利であると思われた。実際は、この議論は、もっと原始的なタイプの経済決定論に依存していたのである。「エンジェル主義」は自由主義経済法則が永遠のものだということを仮定していた。国際金融および金本位制、私有財産に対する敬意と株式市場をめぐる思惑は、いかなる大変動が起ころうとも、生き続けるにちがいないと想定していたのだ。もちろん、こんな仮定をしていたのはエンジェルだけではない。権力崇拝者たちでさえ、こんな仮定を抱いていたのである。一九一四年、ドイツ参謀は国際貿易がこのあとも継続すると予測した。だからこそ、オランダに侵入することを控えたのである。イギリス政府は熱心に「ビジネスは通常通り」と語っていたのである。

ノーマン・エンジェルは、自分が外交政策は陰謀にほかならないとする急進主義者の見解を論破したと思っていた。陰謀があるわけではない、あるのは愚かさだけなのだ。愚かさは、最上層にまで広がっていったのである。外交政策を変えるには、民主革命など不要である。権力の座にある人々が、実際にどんな状況にいるのかを説明することだけで十分である。エンジェルの見解を広げていくため設立されたガートン基金は、政治から距離を置いて、戦争は割に合わないとする小さなパンフレットを、金持ちに配布した。ほかの急進主義者はこうした方向をとらなかった。急進主義者は国際紛争が不合理であるということを、何としても信じようとした。同時に「陰謀」も信じたのである。例を挙げよう。ホブスンは合理主義者だったのに、金持ちや権力者は全員、どうしようもない人々だと考え、積極的外交政策を――外交政策全部ということになろうが――行う存在として労働階級を頼りにした――唐突な結論である。ホブスンは一九一三年に書いている。

> 労働者階級のうちの組織化した部分が、ドイツで行っている威嚇のうちに見てとるのは、政治ゲームでおなじみの動きだけである。雇用者および所有者階級は、このためにとっておいた、外交政策に関するセンセーショナルな問題を政治舞台の正面に持ち出して脅しをかけることによって、劇的な社会改革を要求する大衆の力をほかに逸らしてしまおうと努める。

こうしたものがどこから忍び込んでくるのかが暴かれ、出所がどこか、手法が何かわかるようになれば、多くの手が打てるのである。(9)

ホブスンにとっても、理性が決定的解決策である。だが、理性をはたらかすことができるのは労働者階級だけだと考えたのである。だが、第一次世界大戦前の急進主義者は、よりどころとした「民主主義」から遠いところに位置していた。急進主義者が書いたものは、無味乾燥で、知的だった。現実に「民主主義」のためにものを書いたロバート・ブラッチフォードのスタイルと議論は、急進主義者には厭わしく思われたのである。急進主義者の出した機関誌は、仲間うちに限られるもので、発行部数はごくわずかだった。『ネーション』はクエーカー教徒のある一族が金を出していた出版物である。E・D・モレルは別のクエーカー教徒の一族から年金を得ていた。急進主義者は自由党が消えてなくなるとは思ってもみなかった。むしろ労働党が自由党に吸収されていくものだと思っていたのである。マッシンガムは一九〇九年、「二つの政治組織が軍国主義に反対している」と書いた。二つとは「イギリスの自由党および労働党と大陸の社会主義」のことだった[10]。

もっと奇妙なのは、外交政策に関する異端が、急進主義を社会主義に引っ張ったのではなく、労働党を急進主義に逆戻りさせたということである。外交問題は、国内の社会問題のため自由・労働派の連携が分裂の危機に瀕したとき、この連携を支える役割を果たしたのである。例を挙げよう。ケア・ハーディは、一八九二年に議員になった瞬間から、社会問題については独立した方向をとっていた。ケア・ハーディは一九〇〇年の議会では、自分が党幹事に拘束されない唯一の議員だと自慢していた。だが、ケア・ハーディはボーア戦争が爆発するまで、外交問題については沈黙を守っていたのである。ボーア戦争によって、ケア・ハーディは昔の忠実な急進主義者に戻ったのだ。ケア・ハーディはラブーシェアーやフィリップ・スタンホープやロイド・ジョージとともにW・T・ステッドが組織した戦争中止委員会（Stop-the-War Committee）のメンバーとなった。戦争が終わるとケア・ハーディは、単純にボーア人支持派だったという理由で、ディルクやジョン・モーリーやロイド・ジョージの周囲に集まった生まれたばかりの労働党のリーダーに噛みついた――外交問題もしくは帝国問題が中心問題となっているときには、社会主義者は特に言うことがないということを示している。一九〇六年の総選挙に際して労働党が行った宣言では、わずか半文節だけが外交問題に関するものである。「戦争は金持ちをもっと金持ちにするために行われる……」[11]。

ケア・ハーディ、ラムゼイ・マクドナルドら労働党の指導者たちは、第二インターナショナルの集会に出席した。彼らは集会でマルクス主義者の演説を聞き、自分たちもマルクス主義的な演説を行った。資本主義が戦争の原因である。この時点ではゼネラルストライキが、唯一効果的な方法だと考えられていた。国際社会主義だけが、永続可能な解決策である。イギリスに戻った彼らは、純粋に急進主義的なことばで、「秘密外交」や軍需工場が「引き起こす」恐怖について演説した。少し理性があれば、少し光があればよいのだ。平和は国際的善意を基礎に、確保されるだろう。たしかに、労働党の議員は一九〇六年の議会で、外交問題について相当数の演説を行っている。もっとも、アイルランドのナショナリスト、ディロンほどではなかったのではあるが。だが、彼らの演説には、中流階級の急進主義者の演説と区別できるような内容は何ひとつ存在していなかったのである。私は、議会で行われたただ一つマルクス主義的な演説を発見した。国際紛争の原因として、金融競争を強調した演説である。演説を行ったのは、ド・フォーレスト男爵。男爵はオリエント鉄道に融資したヒルシュ男爵の後裔である。だが、ド・フォーレストでさえ資本主義の廃止を主張しなかった。ド・フォーレストは、いつもの急進主義者の結論を引き出したのである。

国民がもっと政府を信頼していれば、たまたま同じ国に生まれついた少数の人々のために、いつまでも自分たちの利益をあと回しにしておく気持ちなどないにちがいない。もしカードがテーブル上にあるなら、国際紛争のゲームが終わると私は確信している(12)。

労働党は当時、一度だけ外交政策についてイニシアチヴをとったことがある。一九一一年一月、レスターで軍縮に関する特別党会議が開かれたときのことである。軍備には膨大な金がかかると理性に訴える演説もあったが、感情に訴える演説が支配的だった。ラムゼイ・マクドナルドが議長を務めていて、結果を次のように述べている。

彼らは普通の人々の息子や娘である。普通の民衆の子どもたちである。どこにでもいる人間が生んだ人間世界を構成する人々である。平凡な家族の子どもたちである。労働者階級、賃労働者、失業者、貧乏にあえぐ人、貧乏にあえぐ老人の伝統を受け継いだ人々である……彼らは手を伸ばし、フランスの同志、ドイツの同志、北ポーランドから南ポーランドにかけて散らばっている同志、西から東まですべての同志と手を結ぼうとしていた(13)。

ケア・ハーディが唯一貢献したことといえば、「条約は調印前に議会の批准が要るということ」を示したくらいだった——当時の急進主義者たちが、いつも要求していたことである。「ストライキの有効性」を調査せよという要求は、ヘンダスンとトム・ショーに反対され敗れた。一九一二年の年次総会では、反戦ストライキについて調査を行うことが認められ、あとになって実施された。しかし、特別に積極的な結果はなかったのである。

労働運動のなかでいちばん小さな一セクションが、外交政策に明確な方針を持つよう要求していた。のちにイギリス社会党を名乗る社会民主連盟は、この運動においては「強硬派」となった。社会民主連盟の集会には、用意されるビールが多すぎる、と証人となったケア・ハーディは愚痴をこぼしていた。独立労働党は紅茶を飲んでいたのである。社会民主連盟のメンバーは感傷的な急進主義を嫌っていた。特に、ケア・ハーディとラムゼイ・マクドナルドの説教じみた話を嫌っていたのである。社会民主連盟は資本主義を、頑固なマルクス主義が使うようなことばを使って非難し、反戦ゼネラルストライキを、いやそれどころか革命さえ話題にした。社会民主連盟のリーダー、ハインドマンは、この議論が理論にとどまっている限りは、この方針を維持した。だが、ハインドマンも、ロマンティックな急進主義者だった。もっとも、もっと乱暴なフランス・タイプの急進主義者だったのだが。ハインドマンはドイツの軍国主義に直面すると、皆兵制に基づく国民防衛軍、それに市民軍を提唱した。同じく社会民主連盟のメンバー、ウィル・ソーンは、一九〇九年の労働党の会議で、徴兵制に賛成する動議を出したが、完敗したのである。幅広い世論に訴える力があった社会主義作家、ロバート・ブラッチフォードは、ボーア戦争中は愛国者的な方向をとっていたが、一九〇九年以後はペンの矛先をドイツに向けるようになった。労働党執行部はブラッチフォードの爆発は「ばかげた、悪意のこもったものである」と非難した。一般的に言うと、われわれは何年もあとになってアトリーが出した結論に、賛成できそうである。「党は……何ひとつ現実的外交政策を持ってなかったが、急進主義者のあいだで伝統となっていた見解を共有していた[14]」。

それでは、これまで急進主義者が伝統としてきた見解が、日々の討論のなかで、どのような役割を果たしてきたかを見てみよう。グラッドストンは、まずは行動によって、続いて自分の死によって、急進主義者の士気を挫いたのである。急進主義者がみな、グラッドストンの死を残念に思ったというわけではない。たとえば、ラブーシェアーはグラッドストンのアルメニア・キャンペーンを嫌っていたのである。ラブーシェアーだったなら、オーストリアとロシアとトルコを「最後まで戦わせた」だろう。「われわれは、革命が成功する、あるいはロシアが成功することを望んでいるとトルコに言ってやろうではないか」。しかしながら、アルメニアは物議をかもす問題を提供したのである。それ以後、継続性を示す唯一のつながりは、マケドニア問題だけとなった。これがもとになり、一九〇二年、ブライスを議長とするバルカン委員会が設立された。この委員会は、あとになって重要な影響を及ぼすことになる。委員会の主要メンバー――ブレイルズフォードと二人のバクストン――は、迫害を受けたマケドニア人のことをブルガリア人だと考えていた。ブレイルズフォードは一九二八年になってもなおこう考えていたのである[15]。彼らは一九一三年、マケドニアの大半がセルビアに奪われたとき憤慨し、そのためその翌年には、積極的にオーストリア‐ハンガリーに共感を抱くようになった。ブルガリア支持派だけでなく、ハプスブルク支持派の出発点はここにあったのである。彼らは第一次世界大戦中、この立場を貫いた。さらに彼らは、マケドニアに直接的に関わるうちに、明らかになったグレイの考えより、ランズダウンの考えに、自分たちの不満を受け止める余地があるということに気がついた。このため彼らは、労働党の外交政策に批判的になったのである。

しかしながら、マケドニア問題は少数の専門家の問題だった。急進主義者に再び火をつけるには不十分だった。急進主義に再び火をつけたのがボーア戦争であることは間違いない。実際、この戦争は新しい急進主義を創造したのである。新しい急進主義は一九〇六年に勝利を勝ち取り、少々衰えたものの、一九一六年にロイド・ジョージの連立内閣が成立するまで存続した。一九〇〇年二月に、労働代表委員会が創設されたことに現れているように、ボーア戦争が独立した労働者政党の樹立に大きな役割を演じたとよく言われる。逆に、急進主義者と労働者が離れていこうとしたそのときに、戦争が両者を結びつけたのである。

ボーア戦争の決定的な影響は、ごく簡単に説明することができる。ボーア戦争は道徳というテーブルをひっくり返したのである。以前、帝国主義者はいちばんうまい道徳論を持っていた。急進主義者は、帝国主義は高価で、傲慢で、お節介だと議論することができた。帝国主義者は、奴隷制の廃止、学校、鉄道、医療施設の創設――要するに「イギリスのミッション」を指摘し、これに応戦した。回答は圧倒的だった。帝国主義者はボーア戦争中、同じ回答をしようとした。帝国主義者は南アフリカの原住民のために戦っているのだと主張したのである。これは具合が悪かった。帝国主義者は上着の裾にヴィトヴァーテルステントの鉱山主をしっかりくくりつけていたのである。この戦争は「最悪の野蛮状態に逆戻りする」ものであると見えた。「われわれの国民的政治的正義にまったく相反する」ものだったのである[16]。

しかし、奇妙なことに、急進主義者は、起こったできごとによって手に入った道徳という武器を使うことにためらっていた。これはすでに、一八九六年のジェームソン襲撃事件に関する調査委員会で明らかになっていた。なぜ急進主義者はチェンバレンに反対して調査を行うよう圧力をかけることができなかったのか？　なぜ急進主義者は必ずやチェンバレンを滅ぼし、公的生活から追放することになったにちがいない電報の捏造を強く批判しなかったのか？　ハーコートとキャンベル＝バナマンは、おそらく支配階級の環のなかに組み込まれていたのだろう。だが、ラブーシェアーはどうだったのか？　あるいは、アイルランドのナショナリスト、ブレイクはどうだったのか？　なぜ彼らはみすみすチャンスを逃がしたのか？　謎は決して解けないことだろう。戦争そのものに対するためらいもあった。急進主義者はみな、戦争は間違いだということについては同意していた。モーリーは戦争勃発の数日前に、このことを述べている。不朽の名言である。

このような戦争は何の栄光ももたらさないでしょう。利益ではなく災厄をもたらすのです。この戦争は間違っております。何千人もの寡婦を、何千人もの父無し子をつくり出すことになるのかもしれません。この戦争は間違っております。帝国に新たな領土を付け加えるかもしれません。そうであってもこの戦争は間違っております。南アフリカの株式と配当金を大いに膨らませることになるかもしれません。南アフリカ・ブームが生まれるかもしれません。ローズ氏御用達株の価格を貪欲きわまりない夢の彼方にまで引き上げるかもしれません。そのとおりです。それでも、この戦争は間違っております。

だが、戦争が始まると、モーリーは公的な生活から退き、自分にはやるべき仕事があるのだと主張した――グラッドストンの伝記を書くという仕事である。この戦争が間違いなのだとしたら、ボーア人が勝つことが本当に望ましいことだったのだろうか？　アイルランドのナショナリストだけがこの結論を引き出した。彼らだけが「黒い一週間」のあいだ、イギリス敗北の知らせに沸き立ったのである。ケア・ハーディが率いる独立労働党が、ボーア人の二つの共和国の独立を支持していたことは間違いない。だが、独立労働党は、この戦場でボーア人が勝利を得ることによって独立が達成されるのではなく、イギリスの気持ちが変化することによって実現することを望んでいたのである[17]。ロイド・ジョージとそのグループは、すなわち自由党内の急進主義者は、当時の戦争熱に対して勇敢に行動した。だが、決定的な点をうまくごまかしていたのである。彼らは「ボーア人支持派」と呼ばれた。だが、彼らはこの名に値しなかったのである。彼らはボーア人の勝利を望んでいたわけではない。彼らは、南アフリカにおけるイギリスの覇権が一旦脅かされれば、覇権を主張する声があがるにちがいないと思っていた――たとえ脅かされたそのかたちがおかしかったとしても。だが、ボーア人はイギリスの覇権を認める気持ちを持っているのだとも思っていたのである。この戦争は間違っているというよりは不必要なものとなった。この戦争の目的の本質は、話し合いによって達成できるはずだった。これはフォックスがフランス革命に反対する戦争の際、また異端者たちが第一次世界大戦の際にとった方向である。このような方向は大いに利益をもたらした。議論は現実の詳細にまで入り込むことができたのである。異端者であることと同時に愛国者であることが可能だった。だが、敵——すなわちフランス、ボーア人もしくはドイツ——を想定することは、本質的なイギリスの利益を認識しようと覚悟することではなかったのだろうか？　そもそも本質的利益とは何なのか——利益なのか道徳原則なのか？　穏健なボーア人と穏健なイギリスの政治家のあいだであれば、ロイド・ジョージが主張したように、戦争せずとも事態を解決できたかもしれない。おそらく、考え違いをしていたクルーガーの勝因はミルナーが考え違いをしてくれたからだけのことかもしれない。だが、クルーガーの背後にボーア人がいたとしたならどうだろう？　急進主義者たちはこの問題に答えようとしなかった。考えようとさえしなかったのである。

考える必要もなかったのである。キャンベル＝バナマンは天才的な業で、急進主義者と自由主義者を再統一した。「野蛮なやり方」に対するキャンベル＝バナマンの攻撃によって、議論の矛先は戦争の原因から、戦争の指揮のあり方に転じることになった。道徳的熱狂が、厄介な道徳上の問題から自由になって生き返ったのである。結局、ボーア戦争は、何年も昔のクリミア戦争と同じ影響をもたらしたのだ。ボーア戦争が引き起こした混乱と失望によって、戦争遂行に関わった人々の能力だけでなく、基本理念まで疑われるようになった。ド・ウェットの率いたゲリラが、チェンバレン一派の帝国主義を破滅に追い込んだのである。これもまた、一九〇六年の災難のはるかに前のことである。チェンバレン自身、公務を去った。

政府に参加していた統一党の残党は「ミルナー幼稚園」への関心を失い、トランスヴァールの自治について、煮え切らない態度をとるばかりだった。アイルランドは、これほど寛容な扱いを受けて統治されたことなどなかったのである。帝国主義の外交政策は、ランズダウンが外務大臣の地位にとどまっているうちに崩壊したのである。

偉大なる帝国主義の時代、いわばエジプト占領からボーア戦争に至るまでの時代、イギリスの外交政策は支持の対象として三帝同盟を、特にドイツを考えていた。ヨーロッパの勢力均衡には、まったく関心を注がなかった。ヨーロッパ外部の、フランスとロシアのライバル関係によってかたちづくられたのである。ソールズベリは一八八七年から一八九二年にかけて、三帝同盟と密接な関係のもとで行動した。ローズベリは時折苛立ったようなジェスチャーを見せることはあったが、一八九二年から一八九五年にかけて、もっと密接な関係を持った。この政策がクライマックスに達するのは、ドイツと正式な同盟関係を結ぶ試みにおいてである。チェンバレンが一八九八年に始めたのだが、一九〇一年になってなお、ランズダウンが続けていた。急進主義者はこの政策を憎悪していた。彼らはみな、外交のごたごたを嫌っていたが、なかでもいちばん、三帝同盟を嫌っていたのである。急進主義者のオーストリア‐ハンガリー嫌いは、昔のイタリア統一時代にさかのぼるものだった。急進主義者のドイツ嫌いは、ビスマルクに集中していた。ヨーロッパ自由主義勝利の敵とみなしていたのである。ロシアと良好な関係を望んでいたのは、まずステッドだけだった。しかし、急進主義者の多くは厳密に感情的な基盤だけをもとに、フランスと「自由同盟」を結ぶことを望んでいた。帝国主義全盛の九〇年代にあっては不人気な方針だった。ファショダ事件の危機のさなか、フランスとの和解を説いていたのは『マンチェスター・ガーディアン』だけだったのである。

突然、何の警告もなく、統一党政府は急進主義の政策を採用した。ドイツとの同盟は放棄された。一九〇四年四月、ランズダウンはフランスと英仏協商を締結した。急進主義者は輝いた。そもそも最も断固たる態度でボーア人を支持したハモンドの週刊誌『スピーカー』は、叙情詩ふうに書いている。「イギリス人はみな喜んだ。特にグラッドストンを信奉するイギリス人は喜んだ。この結合は、自由党が育て、立派な大義と輝かしい過去を共有する協力関係に発展させたものである。帝国主義がドイツに一つの例を見いだしたように、自由主義はフランスに一つのインスピレーションを見いだしたのである[18]」。『スピーカー』は開き直っており、英仏協商がモロッコとは無関係であるとは言わなかった。多くの急進主義者と同様、『スピーカー』はイギリスの帝国主義に反対したが、ほかの国の帝国主義に対してはそれほど反対しなかったのである。

フランスが北西アフリカで行っている大植民地建設事業は、できるだけ妨害を受けずに進めるべきである。これは、人類にとって好ましいことであり、悪いことではない……この協定はフランスのエネルギーを解放し、進歩的で人間的な植民地化計画をどこまでも追求することを可能としている。われわれはこれをうれしく思う[19]。

翌年、『スピーカー』はヴィルヘルム二世のタンジール訪問を「後進国に課す道徳的圧力としては最も正当と言えるものに対し、抵抗を喚起する試み」だと非難した。フランスの権利は「北西アフリカにおけるフランスの歴史を学んだ者なら、道徳上、挑戦することなど許されない[20]」はずだった。

そのようなわけで一九〇五年の暮れに自由党政府が誕生したとき、急進主義者は「継続性」に一切反対しなかった。逆に彼らは、ローズベリの昔の友人で、一八九五年フランスに反対した「グレイ宣言」の著者グレイが、英仏協商を非難して、ドイツとの同盟に揺り戻そうとするのではないかと不安になったのである。フランスと正式に軍事について議論し、イギリスがフランスに関与することになったために、グレイは急進主義者から、ひどく責められることになる。当時、急進主義者たちは、フランスを支援したいと思っていた。一定の条件下であれば、グレイにはドイツに反対する用意があるということを急進主義者が知っていたなら、さぞかし喜んだにちがいない。『スピーカー』は一九〇六年一月十三日に書いている。

　イギリスとフランスが互いに忠実に行動するとドイツが確信しているなら、モロッコのために戦争をする可能性はまずない。イギリスが揺れているように見えるとすれば、結果はまた違ったものになろう。イギリスが一方の側についたかたちでフランス‐ドイツ間の戦争が始まるとすれば最悪である。

アルヘシラス会議後の三月三十一日には次のように書いている。「ドイツの外交はうまくいっていない。フランス外交はまったく開放的で、率直である」。

たった一誌だけの態度を見て、強く言い過ぎるのは間違いであろう。ハモンドの立場はフランスに夢中、ドイツ大嫌いである――「こんなにも文明世界の良心を無視する国はほかにない(21)」のである。『マンチェスター・ガーディアン』のスコットはフランスに対しては常にもっと冷静で(22)、モロッコについてもっと不安を感じていた。それでもなお、スコットは軍事同盟に発展しない限り、英仏協商に反対しなかった。急進主義者は、記憶のなかにある外交政策より現在の外交政策の方がいいと感じ始めていた。キャンベル＝バナマンが『スピーカー』の後継誌『ネーション』の第一号に軍縮について特別の記事を寄稿したときには、英仏協商は異端者たちと自由党政府のあいだの安定した結婚の印だと思われたのである(23)。キャンベル

＝バナマンが「最初の急進主義の首相」と称賛を受けるのも何の不思議もないことである。だが、破綻はすぐにやって来た。異端者たちは、まもなく邪悪きわまりないと思われた外交政策に対して激しく戦うことになったのである。残念ながら効果は上がらなかったのであるが。

ロシアとの協商が、異端の立場をとる急進主義者の新しい方向となった。キャンベル＝バナマンでさえ、ロシアとの友好がドゥーマの解散と偶然に重なったことを残念に思っていた。だが、急進主義者の多くは、一九〇七年の通商協定をぐっと飲み込んだのである。反対が始まったのは、協商が実務から感情に発展したときだった。労働党が主導権を取った。労働党の方が政府に対する忠誠心の縛りが小さいという理由ばかりではなかった。ロシアに対する敵意は第二インターナショナルのなかでは、普遍的なものだった。フランスの社会主義者はロシアとの同盟を批判し、ドイツの社会主義者はロシアの脅威について攻撃したのである。ロシアの社会主義者は皇帝専制主義を非難した。それゆえ、労働党はヨーロッパの同志と歩調を合わせたのである。ケア・ハーディは一九〇八年のエドワード七世のレヴェリ訪問に抗議して、議会を採決に持ち込んだ——翌年、ロシア皇帝がカウズにやって来たときにも、この抗議を繰り返したのである。この抗議を繰り返した唯一の自由党議員が、アーサー・ポンスンビーである。宮廷に関わる一族の息子で、アーサー自身、一度はヴィクトリア女王に仕えたことがあった。ポンスンビーは自分の所属する階級を裏切ったために、支配者階級のサークルのなかでは不人気となっていた。ここから派生する興味ぶかい小さなできごとがある。エドワード七世は園遊会の招待客リストから、ポンスンビーとケア・ハーディをはずすという仕打ちを行ったのだ。ケア・ハーディは園遊会には一度も参加したことがなかったので、最初は自分がはずされたことに気づかなかった。しかし、一旦これを知ると、ケア・ハーディは自分の権利を主張したのである。「私がマーサーの労働者階級の代表としてふさわしいとすれば、ウィンザーの園遊会に出席する資格があるはずだ」。労働党はケア・ハーディを支持し、ケア・ハーディの名がリストのなかに復活するまでは、リストから労働党の全メンバーの名をはずすと要求した。思うに、これこそが労働党がこれ以後の園遊会に、体制の一員として自分たちの立場を主張した最初の機会だったのである。

　ロシアに反対する異端の運動は、ペルシアの自由を守る方向に目が向いたとき、もっと実践的なかたちをとった。数年間にわたり、ペルシアは急進主義者の共感の第一の対象となったのである――おそらく、急進主義者が絶頂にあったときに、ペルシアは憲法上の自由が外国の抑圧者の侵害を受けた、事実上世界唯一の国だったからであろう。ロシアはもはや儀式派の友人を持っていなかった。ペルシア人はキリスト教徒従属民を抱えていなかったのである。抱えていたとすれば、虐殺を行った可能性がある。これは、トルコとくらべると、大きな利点だった。ペルシアには、重要なパトロンとして、学問と勇気を結合したイギリス人E・G・ブラウンがおり、その点でも有利だったのである。ペルシアにおけるロシアの間違った行動は、下院で繰り返し批判され、ついに一九一二年二月には、本格的な討論に発展した。労働党はアイルランドのナショナリストと協力して、ここで再びリーダーシップをとった。だが、急進主義者の多くはペルシアに強い感情を抱いていた。ウェッジウッドは一九一一年に苦言を述べている。「中国からペルーに至るまで、自由党政府が影響力を使って少しでもましなことをやった例など、一つも指摘できないにちがいない」[24]。事実、グレイ自身、ペルシアについては憤激していたのである。だが、それはあくまでもプライベートの範囲だった。議会でグレイがいつも言っていたのは、ペルシアをそれぞれの影響圏に分割しておくことが、ロシアが全部併合しないですむ唯一の方策であるということだったのである。

　異端者たちはしばらく、この議論を受け入れなかった。もっと悪意のこもった説明があるにちがいないと確信していたのである。まもなく彼らはそれを発見した。ペルシアは「あの汚れた偶像、勢力均衡」の犠牲となったのである。ペルシアはロシアをドイツに対抗する味方としてつけるために支払った代価だったのだ。「ドイツの脅威が、われわれをロシアの戦車にくりつけたのである」[25]。ペルシアは「イギリス－ドイツ間の状況を写し出す鏡にすぎない……われわれの外交をまず最初に考えてみると、ドイツに対抗して、ロシアやほかの国々の友好関係を勝ち取ることだったのである」[26]。なぜグレイはこの政策を採用したのか？「ゲーム」を楽しむ職業外交官の影響としか言いようがなかった。「ドイツを追いつめるという政策に縛られている」。ヨーロッパを支配できる国が一つでもあろうとは考えられなかった。「昔のように片方が優勢なうちに、あるいは物質面で有利な立場で始まる戦争など、今日では考えられない」[27]。勢力均衡の「ゲーム」は、ゲームそのもののために行われたのである。

異端者たちは、出発時点で特別にドイツに愛着を抱いていたわけではなかった。ドイツを称賛するのは、ロシアと比較したときだけだったのである。ケア・ハーディは一九一二年に述べている。「ロシアの貴族政と現在のドイツ政府とどちらかを選ばなければならないとしたら、ためらうことなどない。ロシアではなくドイツ側を選ぶ」[28]。ノーマン・エンジェルは一九一四年八月、同じ方向をとっている。「ロシアは軍国主義的貴族政に支配され、部分的にしか文明化していない。西洋の政治的宗教的自由の思想に対して、おおむね敵対的である。一方、ドイツは……高度に文明化し、過去に西洋文明に大きく貢献している」[29]。まもなく、異端者たちは、ドイツそのものを称賛するようになった。異端者の一人が一九一二年に述べている。「一般にドイツ人ほど平和を愛する者はいない……ヨーロッパの恒久的平和を維持しようと思うなら、最良のパートナーはドイツであろう」[30]。にもかかわらず、異端者たちがドイツを第一に考えることはまずなかった。例を挙げよう。ノエル・バクストンは、おそらく自由党のなかでグレイに最大の影響力を持つ人物だと思われるが、一九一一年夏のアガディール事件まで、ベルリンを訪問したことがなかったのである。異端者たちは、ドイツが「包囲された」という事情のためだけにドイツを持ち上げたのである。彼らはドイツに好意的というより、外務省に敵対的だったのである。

ドイツとの関係は一九〇九年の建艦競争によって、政治上最重要課題となった。このできごとは異端者たちを困惑させた。異端者たちはいつも、とにかく理論上は、海上覇権を支持していた。『ウェストミンスター・ガゼット』は何年も前に書いている（一八九三年）。「クロムウェルからコブデンに至るまで、急進主義者は常に強力な海軍を支持してきた」。いまになってなお、急進主義者たちは「われわれは最良の、最強の艦隊を維持しなければならない」と考えていた。急進主義者の多くはドイツが競争を始めたことを非難していた。だが、いつものように、イギリスの海上覇権は、支出を増やさなくとも維持できるとも考えていた。事実、国民自由連盟以後の組織はどれも、海軍予算削減を要求していた。この要求は、閣内でも強く支持されていたのである。大臣の一人がこの運動を大衆の前に持ち込んだ。イギリスとドイツのあいだにあるどうしようもない敵意は「自由主義の主張をすべて否定することになるばかりか、文明の構造そのものを否定することになる」と断言したのである。「パニックは少数の悪意ある人間によって引き起こされた……保守党の党利から始まった偽りのパニックである」。「われわれは皮相的な警告の時代に生きている。忌まわしい悲惨な戦争が差し迫っていると予言すれば、愛国的で、立派な政治家らしく見え、洞察力があり、賢明でビスマルク的だと見られる時代である……幸福なことに戦争はまだやって来ない」。これはウィンストン・チャーチルの判断である。

自由党政府は戦術をうまく使った。一九〇九年三月、自由党は保守党があげた「われわれが望むのは八隻。われわれはもう待てない（We want eight and we won't wait）」という叫びに立ち向かい、この運動を支持していた人々を一つにして四隻の分遣隊付きの四隻のドレッドノート建造を要求する運動に取り込んだ。これはのちに実現することになる。その直後、自由党はクロイドンの補欠選挙で完敗を喫した――一九三四年のイースト・フルハム選挙のまったく逆のケースである。自由党議員の多くはこの警告を心に刻み込んだ。ドイツに加速がついたという警告が行われ、七月に四隻の分遣隊が承認される際、抗議運動を行わなかったのはわずか七十九人だけだったのである。

　この大警告について事実を解き明かすのは、私の仕事の範囲を超えている。ドイツの加速が熟慮の末行われたものかどうかは、ドイツ海軍文書を研究する者が現れない限り判断できない――文書は海軍省の建物にがっちり保存されているものと私は思っている。だが、少しおもしろい話がある。コヴェントリー・エレクトリック・ボート・カンパニーのミュリナー氏は、自分がこの警告のもとになる情報を提供したと主張した。海軍大将はミュリナー氏の主張に憤慨し、ミュリナー氏が役員にとどまる限り、この会社と大きな契約を結ぶことを拒否した。ミュリナー氏は首になった。そこで不満を大衆新聞にぶちまけたのである。ミュリナー氏の主張は大げさだったと思う。それでも、主張が行われたのである。ミュリナー氏は三十年後「武器売買」に反対し、重要証人として証人台に立つことになる。『エコノミスト』の編集者F・W・ハーストは、これ以後、国際紛争の原因はすべて「武力装備」のせいだとした。ハーストはこれを自分の雑誌で『六つのパニック *The Six Panics*』(一九一三)。という題で展開した――モデルにしたコブデンの『三つのパニック *The Three Panics*』よりもだいぶ見劣りするパンフレットである――さらに、一九三七年に出版した本のなかでも展開している。[31] スノードンは一九一四年三月、下院で同じ方向をとった。トゥート教授の弟子で、のちに最初の共産党議員となるウォルトン・ニューボールドは、『どのようにヨーロッパは戦争の準備をしたのか *How Europe Armed for War*』のなかで、同じ考えを展開している。一九三〇年代、合衆国の上院調査委員会とわが国の王立委員会は、軍需物資が民間工場でつくられることを非難した。ミュリナー氏はここでも、重要な、不屈の証人となった。どんなものでも、海軍が電力船を数隻注文していたとしたら、政治家だけでなく歴史家をこんなにも悩ませることはなかったはずである。

イギリスのドイツに対する敵意は、一九〇九年に海軍が陥った恐怖とともに生まれ、それから一九一四年の戦争勃発までにじょじょに高まってきたものだと言われることが多い。これはひどく歪曲された話である。あとになってから、事件を遠くの望遠鏡からのぞいたのと同じ類の話である。海軍の陥った恐怖は、偶然にドイツを巻き込んだ——たまたまドイツが大艦隊を建造していたという偶然である。建艦競争は不幸ではあるが、意味のない中断だと考えられた。これさえなければ良好な関係を維持できるはずだった。この関係は、競争に勝つという決定が行われると、再びよくなった。異端者たちはドイツに加速がついたという予想が偽りだと判明したとき、ますます自分たちは正しいと思うようになった。一九一〇年はイギリスとドイツのデタントの年である。一九一一年の初め、グレイはアメリカが第三者として調停を行うと申し出たのを受け入れたということだけで、海軍予算を削減するという急進主義者の動議の矛先をかわした。アガディール事件は澄んだ空から吹き飛んでいった。イギリスとドイツの戦争が初めて実際に起こりうると思われたのである。異端が以前より一般的になった。いまや、自由党がリーダーシップをとり始めた——労働党は、追従することに甘んじたのである。これまでマケドニア問題しか関心を持っていなかったノエル・バクストンが、新しいリーダーとなった。バクストンは危機が去った一九一一年十一月、グレイの外交政策に対する攻撃を企てたのである。効果はあまりなかった。

もっと重要なのは、アガディール事件が、二十世紀になって初めて、政府の外交政策に対し、異端者たちを再編成する機会を提供したことである。議会内に自由党の外交問題グループがつくられた。グループには七十名あまりのメンバーがおり、定期的に集まり、一致協力して運動を行う計画を立てようとした。

組織をつくったノエル・バクストンは、「ドイツの合法的願望」を満足させてやることを第一の関心としていた――かなりおかしな話だが、これはマンション・ハウスでアスクィスが行った演説から引っぱり出したことばである。もう一人のリーダーのポンスンビーは、秘密外交に対してもっと一般的なかたちで不満を持っていた。彼らが最初に述べた基本原則は、二つの思想を結びつけていた。「政策を執行するのは外務省のごく少数の事務官である……ドイツとの摩擦の原因のある部分が、わが国の何人かの外交官の私見のせいであることは明白である[32]」。

異端者たちは、コートニー・オヴ・ペンウィズ卿を長とする外交政策委員会を設立して、議会外運動も展開した。コートニーはこれまでの経歴をみると、完璧な異端者だった。もとは保守党にいたが、ブルガリア人虐殺事件のときに、グラッドストンの側についた。その後、アイルランド自治法に関してグラッドストンと袂を分かった。さらにその後、ボーア戦争について統一党と決裂した。いま、コートニーはアガディール事件を単なる「石炭集積地」問題とみなしていたのである。

> ドイツが各地に石炭集積駅を獲得したいと思うこと、そして実際に獲得する必要性があることは、避けられない状況である。これが単なる商業上の駅にとどまるのか、あるいは海軍の基地に転換するのかどうかは、このようにして獲得していくことに、われわれの気持ちをどう表現するかにかかっている[33]。

外交政策委員会は「ドイツ政府に友好的に接近すること」、「外交について周知を図ること」、「外交政策の基本方針を完全に議会の統制下に置くこと」も要求していた。委員会はフィリップ・モレルの資金をもとに立ち上がり、Ｒ・Ｃ・Ｋ・エンソーを委員長とした。だが、委員会はこれ以上進まなかった。おそらく、あまりにも急進主義的知識人との結びつきが強かったのだろう。労働党につながっていけば獲得できたかもしれない大衆的支持が欠けていた。それに何といっても、ダイナミックなリーダーがいなかったのである。

　だが、彼は舞台袖で待っていた。彼もアガディールによって、外交問題に引きつけられたのだ。彼とはＥ・Ｄ・モレルのことである。私は次の講演で、モレルが歴史的成功を収める時代になってから、モレルのことをもっと話そうと思っている。しかしいま、モレルを紹介しないわけにはいかない。一九一一年、モレルはベルギー領コンゴにおける虐殺反対運動を勝利に導いたところだった――この運動について、グレイは「この三十年来、わが国をこれほどまで震撼させた問題はなかった」と述べている。すなわち、ブルガリア人虐殺事件以来のことである。この運動は、一九一一年五月二十九日、コンゴ委員会がモレルに報告を行って終了した。「パンサー」が一カ月後、アガディール沖に停泊したことは、モレルにとって幸運だった。モレルは、外交問題を全力を傾けるに値すると考えた二十世紀最初の急進主義者である。モレルはアイルランドにも、社会改革にも、女性の権利にも悩まされなかった。アーカートのように、外交問題について急進主義者は自分の見解を受け入れているというだけの理由で、モレルは急進主義者といっしょに仕事をした。モレルは別の点でもアーカートに似ていた。モレルは自分の判断に絶大の信頼を置いていた。腰が引けて、根本的な動機を間違えてしまうようなことはなかったのである。彼は一九一七年に書いている。

　私はアスクィスも、ロイド・ジョージも、グレイも、チャーチルも忠誠を要する上司だと認めるつもりはない。彼らは誠実ではない……本当に正直な人物に、この国の運命を決定する役割を担うチャンスがあるのだろうか？　なんといっても、この国ではミルナー、スミス、チャーチル、カースン、ヘンダスンのような第五級の人物が国の運命の決定に関わることを認められているのである。

ダンディーの議員候補となった一九二〇年、再び書いている。

私はチャーチルを、全力をこめて反対しなければならないほど大きな悪の力を持つ人物だと見ている。[34]

モレルはドイツ支持派、いやドイツの手先とさえ言われることが多かった。これは事実ではない。モレルは生まれは半分フランス人である。育ちもほとんどフランス人といっていいほどだった。モレルの非妥協的なものの見方は、フランスのジャーナリスト顔まけだった。モレルはたしかに、手法については、平気で恥知らずのことを行った——おそらく、これはフランス人の特質の一つなのだろう。モレルの最初に書いた立派なパンフレット『外交におけるモロッコ *Morocco in Diplomacy*』は、アルバート委員会が資金を出していた。この委員会は、ノース・ジャーマン・ロイド社のイギリス人支配人テオドール・ローズから資金を得ていたのである。コンゴの運動から、モレルはすでに、グレイに対し敵対的になっていた。モレルはベルギーを守るため、イギリスとフランスが手を組んでいることを見破った。この反対にモレルはドイツの援助を求めることを望んでいたのである。コンゴはイギリスとドイツの「黄金の架け橋」となるべきだとモレルは考えた。モレルはイギリスの政策が間違っていると確信するや、今度はドイツの政策は正しいと確信するようになった。モレルは戦争中、ドイツについてあまりにも非妥協的に意見を述べたので、バートランド・ラッセルやフェンナー・ブロックウェイやローズ・ディキンスンは揃って、やり過ぎないようにと警告した。ドイツ社会民主党員も、バートランド・ラッセルを通じて、モレルがドイツ政府に反対運動を行って、われわれを困らせていると書いて送ってきた。モレルがこれらの忠告に動揺することはなかったのである。

モレルが最初に演壇に登ったのは英仏協商の秘密条項が発表された一九一一年十一月のことである。『外交におけるモロッコ』（のちに拡大して『秘密外交の十年間 *Ten Years Secret Diplomacy*』となった）は比類ない影響力があった。ラムゼイ・マクドナルドはこの本について次のように述べている。「あのときから、私はわが国の外交を疑いを持って見るようになった。議会の内外で大臣が与える保障を信じないようになったのである」。秘密外交は常に非難されてきた。だが、いまや秘密外交に反対する論拠が、外交官文書そのものからつくられた。のちの「戦争の起源」に関する研究はすべて、モレルのパンフレットから出発した。ツルゲーネフの言によるとロシアの小説家はゴーゴリから多くを引用していたというが、両大戦間の歴史家は同じくらい、モレルから引用していた。モレルは方法を変えただけではない。考え方を変えたのである。以前、急進主義者たちはロシアとの協商を嫌悪していたが、フランスとの「自由同盟」を愛しい気持ちで眺めていた。いまや、フランスにも帝国主義勢力とレッテルが貼られた。急進主義者が自分たちの考えるところであると歓迎していた協商は、振り返ってみるとあさましい植民地取引のように思われたのである。ここから、このあと続くあらゆる諸悪が噴出してきたのである。あとになると、英仏協商は第一次世界大戦の第一原因であるとさえ、みなされるようになった。モレルは一九一九年に書いている。

近年の戦争の起源は……モロッコをフランスに引き渡すことにより、また、国民を理解せずに世界戦争の危険をおかして支援することにより、エジプトにおけるイギリスの力を固めようとする秘密取引にある[35]。

人は、あとになってわかったことをもとに、自分の過去を解釈することがよくある。急進主義者はまもなく、自分たちははじめから英仏協商に反対していたと思い込んだのである。

アガディール事件は帝国主義の新しい波が始まったということ、あるいは、おそらく帝国主義の時代は終わらないということを示しているように思われた。イギリスの異端者たちは、この危機が、ヨーロッパの勢力均衡に関する危機ではなく、帝国主義的拡張に関する危機だということについては同意を得ていた。ヨーロッパのなかで、問題となっているところはどこにもなかった。「ヨーロッパの地図は固定していた……ヨーロッパの家庭は危機的な状況にはなかった……問題はオーストリアがロンバルディアでヨーロッパ民族を抑圧するのかどうか、ライン川がドイツのものなのかどうかではなくなったのである……政策は現実にモロッコの鉄鉱、ペルシアの鉄道、問題の多いメソポタミアの穀物の収穫に関することで手一杯だったのである[36]」。この危機は戦争の危機ではなく「日照りとの戦い、無血の決闘、鋼鉄と黄金の戦い」だったのである[37]。この分析を承認してしまうと、奥の深い結果があとに続くことになる。イギリスとフランスとロシアは、ヨーロッパの外部で大きな領土を獲得していた。それゆえこの三国が最も攻撃的な勢力である。ドイツが獲得したものは最小である。それゆえ、ドイツがいちばん平和的である——最も権利を侵害されているというだけでなく。この議論をさらに発展させると、二つのうちのどちらかの形態をとることになる。乱暴な方の見解によると、「協商という帝国主義的山賊団」はさらに植民地を獲得するために、戦争に取りかかるということになる。洗練された方の見解は、イギリス、フランス、ロシアは十分満たされた勢力であると考える。すでに獲得したものを保持することにだけ関心があるのだが、長期的に歴史を見ると、ドイツよりも罪が重いととらえる。どちらの見方をしても、かつては帝国主義者の「自然の仲間」であったドイツは、いまや急進主義者の共感を勝ち取ったのである。変化は決して完全ではなかった。急進主義者の多くは、フランスに、感傷的な哀惜の念を抱いていた。「自由同盟」は復活することもありえたのである。イギリス人はドイツ敗北後の一九二〇年代になってようやく、フランスを第一級の帝国主義列強と考えるようになった。それでも最初のこの構図のスケッチは、モレルが一九一一年秋に描いたのである。これ以後、急進主義者の目には、三国協商は単にロシアとの協商だからというのではなく、三国協商全体として、非難すべきものと写るようになったのである。

　モレル自身は、診断にほとんど関心を持っていなかった。特殊犯罪を描き出すことで満足していたのである。金と権力は邪悪だという説明だけで、十分だったのだ。昔の急進主義流に、モレルは経済システムよりも貴族政治を、秘密外交を非難した。イギリスの急進主義者のことばを用いて著した、マルクス主義的分析として、われわれはブレイルズフォードの本『鋼鉄と黄金の戦争 *The War of Steel and Gold*』を検証しなければならない。この本は――一九一四年三月になってようやく出版されたのだが――戦前の何年間かのものの見え方を写し出している。その教義は新しいものではない。ブレイルズフォードは、帝国主義が海外の有利な投資を求めることから起こるという、一九〇二年のホブスンの理論を単に応用しただけだった。ホブスンはイギリスの帝国主義だけを扱っていた。ブレイルズフォードの範囲は全ヨーロッパに及んでいた。ブレイルズフォードは「金融資本主義」の指導者がそれぞれの国の政策をコントロールすると確信していた。しかし、こうした指導者たちは、悪人かもしれないが、合理的だと思っていた。彼らはすべてを金儲けに従属させたのである。こうして、ブレイルズフォードは驚くほど快活な結論に達した。金融資本家はライバルと論争することはあっても、戦争をすることはない。ブレイルズフォードは一九一四年の初めに書いている。

　われわれの先祖を、ヨーロッパの合従連衡や大陸の戦争に追い込んだ危機は去った。二度と訪れることはないだろう……われわれの近代国民国家の境界線が最終的に引かれたという事実は、こと政治に関しては何よりも確実である。六大国のあいだでは戦争は起こらないというのが、私の信念である[38]。

戦争の勃発さえも、自分の分析に対するブレイルズフォードの信頼を揺るがすことはなかった。一九一五年に出版された『鋼鉄と黄金の戦争』の第三版は、私がいま引用した最後の文章を、何も言わずに削除したが、序文にはこう付け加えている。「植民地問題および経済問題が力を行政する幅のある動機を用意しなければ、［民族問題］が全面戦争に発展するかどうか疑問に思う[39]」。追記としてさらに強調して書いている。

　あさましい植民地問題や経済的問題がなかったら、戦争は決して起こりえない……フランスは植民地と、特にモロッコを防御している。ドイツは現在の植民地と従属国の分配に攻撃を始め、連合国はこれを維持[40]しようとしている。戦闘が行われているのは、ヨーロッパの土の上だが、争点はヨーロッパの外にある。

一九一五年になると、ブレイルズフォードは嘆き、非難することしかできなかった。戦前には、ブレイルズフォードは治療薬を提示もしたのだ。どの国の資本家も利益のみに関心を持っている。それゆえ、手に入る利益がそれなりに大きければ、平和的でいることができる。資本家の競争の代わりに、資本家の提携があるべきである。ホブスンが中国に対して望んだ「コンソーシアム」である。イギリスとドイツが、中心的な資本主義国家である。それゆえ、イギリスとドイツは取り引きすべきだったのである。イギリスとドイツはポルトガルの植民地を分割し、バグダッド鉄道を共有すべきである。この取引をペルシアに拡大すると、そしてフランスも「金融市場をドイツに開く」と、外交問題はすべて解決するはずである。充足したドイツは、「アルザス‐ロレーヌを惜しみなく譲ろうという政策を採用」するにちがいない[41]。西洋の三つの国家は、「今日、ヨーロッパの体制のなかで、不安定で、予測不能の要因となっている」ロシアに対して、統一戦線を組むのである[42]。この着想は『鋼鉄と黄金の戦争』を待つまでもなかった。この着想を最初に展開したのは、『ネーション』の一九一二年五月号および六月号に発表した「外交政策の流れ」シリーズである。このシリーズはブレイルズフォードとホブスンの共同作業を代表する記事か、あるいはブレイルズフォードがホブスンの経済教育を吸収したあと書いた記事かのいずれかだったのである。

アガディール事件、加えてここから生まれた着想は、急進主義に以前より現代的な装いを与えることになった。一九〇六年から一九一一年にかけて、急進主義は流行に遅れた考え方となっていた。もちろんなかには変わらないままあるものもあったのだが。勢力均衡に反対したブライトからの引用、秘密外交への攻撃、七十年前にポーランドに関してあげた悲鳴を、思い出させるようなロシアに対する道徳的非難など。急進主義の唯一の要求は、孤立。あるいはこう言った方が真実に近いかもしれない。「外交政策なし！」だった。これはかつてコブデンが掲げた要求だった。いまや、急進主義者たちは時代の物質的精神に似合う、建設的なもう一つの方向を手にしていた。以前、急進主義者はグレイを、勢力均衡のためにペルシアとモロッコを犠牲にしたとして非難した。今度は、グレイがペルシアとエジプトのために、ヨーロッパの平和を危険にさらしているように思われたのである。グレイの欠点が明らかになった。高邁な道徳的雰囲気を漂わせてはいるが、グレイはいまなお、自由党帝国主義派だったのである。急進主義者はボーア戦争に対して抱いた疑いをすべて取り戻した。大法官ローバーンは、一九一一年に次のように述べている。「これが自由党連盟の政府であるということをいつも思い出す[43]」。ノエル・バクストンは一九一二年七月にこう述べている。「ボーア戦争を遂行した精神は、現在の英独関係の問題と関連している[44]」。急進主義者は「ドイツの合法的な願望」を叶えたいと思っていた。彼らはこうした願望が何であるのかを理解していた――アンゴラやバグダード鉄道やペルシアや中国や、各地の「コンソーシアム」のことだったのである。労働党でさえ、公的資金でまかなわれているならば、これらの計画と争おうとはしなかった。例を挙げよう。ラムゼイ・マクドナルドは「社会主義の経験ということで[45]」イギリス政府がアングロ・ペルシアン石油会社の株式を購入することを歓迎していたのである。国民としての独立と経済的な自由は輸出用ではなかったようである。第二インターナショナルでさえ、実際にはヨーロッパ限定だった。名誉ある例外が一つある。バートランド・ラッセルは次のように書いている。

> ペルシアにとって唯一の希望は、ほかのアジア地域と同様、後進国が「文明」諸国の政府や金融資本家によって縛りつけられたくびきを、解き放つことができるよう、ヨーロッパの列強全部が「戦争で」弱体化することにあるように思う[46]。

急進主義者は初めて、実践的かつ実効ある政策を手にした。だが、まさにこの瞬間に、彼らの異端は消えたのである。彼らは一九〇八年と一九〇九年にはペルシアに関して、一九〇八年と一九一一年には軍備について、議会を採決に持ち込んだ。彼らはアガディール事件のあと、グレイに対して華々しい攻撃を行った。[47] そのあと、沈黙に陥ったのである。外交政策委員会は誰も気づかぬうちにひっそり解散した。もう一方の異端者の組織――英独友好協会、バルカン委員会、ロシアの自由の友協会、ペルシア委員会――はどれも衰退して、消えていた。これは逆説のように思える。だが、簡単に説明できる。異端者たちが勝ったのだ。グレイが彼らの政策を採用したのである。異端者たちは国際的な緊張を癒す方法があると主張した。グレイはこれを用いたのである。グレイはバグダード鉄道の利権をドイツと共有し、ポルトガルの植民地を分配することに同意した。グレイは内閣を前に、フランスと陸軍および海軍について話し合う旨を提示し、賛成を得た。そして、このような話し合いをしても、「これまでになく、今後も起こるはずがない偶発的事件が起こった場合、どちらかの政府が行動するという約束」はしないと、フランスに対して述べたのである。[48] グレイはペルシアでロシアの活動にこれまで以上に抵抗した。アングロ・ペルシアン石油会社はロシアやアメリカのライバルを横目に、ドイツの利益を扱った。何よりも、バルカン戦争のあいだ、グレイは勢力均衡政策を放棄し、ヨーロッパの協調政策を復活したように思われたのである。『ネーション』は勝ち誇って書いている。「功績はドイツの政治家とサー・エドワード・グレイの両方にある。彼らは少なくとも、共通の任務について自覚したのだ……この一時的な提携から、ある種の恒久的な約束をつくる機関が育っていくかもしれない[49]」。事実、グレイはドイツからフランスを保障するだけでなく、フランスからドイツを保障する協定を結ぼうとしていたのである。

　国際関係がひっくり返ったように思われた。三国協商は崩れつつあった。「西洋人道主義」のパートナーシップが、目の前に迫っていた。『ネーション』は一九一三年十二月十五日に正直に書いている。「昔の英独間の敵対意識で残っているのは、思い出だけである」。ロイド・ジョージは急進主義者の支持を背景に、一九一四年の海軍予算に抵抗した(50)。ロイド・ジョージは全キリスト教世界に、特に全西欧に「軍事抑圧に対する反逆が広がりつつある」というメッセージを送り、新年を祝ったのである(51)。ロイド・ジョージの信念は月日がたつごとに固まっていった。一九一四年七月二十三日、下院で英独関係について話した際、ロイド・ジョージは述べている。「二大帝国は、共通目的のために協力できると認識しはじめている。協力できる点の方が対立する可能性のある点よりも多いし、重要だと考えているのである」(52)。あとになって振り返って、急進主義者はグレイが自分たちを騙したのだと強く思うようになった。グレイは戦争の準備をしているのに、平和の話をしていたのである。彼らは間違っていた。グレイは外務省のエア・クローやアーサー・ニコルソンより、ものの考え方は、はるかに急進主義者に近かったのである。グレイは自分のもとで働く官僚を忠実に擁護した。急進主義者の批判に我慢できなくなったこともある。だが、グレイは、急進主義者と同じく、ドイツは純粋に経済的苦境にある、苦境を解決してやらなければならないと思っていた。グレイはおそらく、急進主義者より強く「われわれが安全と秩序の国際システムを設立するまで、恐怖がいつでもやって来る」のだと思っていたのである(53)。サー・エドワード・グレイを国際連盟の提唱者にするのに、大戦は不要だったのである。

正直言って、この結論に私自身驚いている。われわれは過去のできごとを、のちに起こったできごとの光に照らして解釈するものである。過去を当時あったままに見ることは困難だし、おそらく不可能なのだ。われわれには歴史は一方向に向かってのみ動いていくと考える傾向がある。すなわち、大きなできごとには大きな原因があると。第一次世界大戦は文明の運命を変えてしまった。それゆえ、われわれは戦争の到来がずっと前から、わかっていたはずだと考える。戦争の勃発が偶然によると認めてしまうと、屈辱的なことになるのである。たしかに、一九一四年の国際関係には、緊張があった。イギリス遠征軍の準備が進められていたし、海軍は最強となっていた。だが、実際には緊張だけでなく、緩和もあった。グレイは自分たちの政策に従いつつあると急進主義者は信じていた。その通りだった。グレイはこの政策が成功しつつあると思っていた。だからグレイは大使級会議の解散を認めたのである。異端者たちがなぜこんなに静かだったのか、グレイがロシアとの海軍協定を拒否したことをなぜこんなに簡単に受け入れたのか、その理由はここにあるのである。サライェヴォで起こったフランツ・フェルディナントの暗殺を、イギリスでは嘆く者がいなかった理由もここにある。セルビアはイギリスに友人がなかった。オーストリア゠ハンガリーは、ほとんど敵がなかったのである。バルカンの専門家はおおむね「ブルガリア専門」だった。シートン゠ワトスンでさえ、セルビアというよりチェコとクロアチアを専門にしていた。オーストリアには普通選挙権があり、強力な社会民主党が存在していた。ロシアとくらべるとはるかに進歩的な国だった。「われわれはオーストリアの方が質のよい豊かな文化的影響力を持っていると考えている[54]」。戦争勃発後でさえ、『ネーション』[55]はセルビアのことを「ヨーロッパという家族のなかで、いちばん下にいるメンバーだ」と書いたのである。

　七月二十八日に危機が爆発したとき、選択はロシアとドイツのどちらかだと思われた。ロシアかオーストリア゠ハンガリーかではなかったのである。異端者のグループはどの流派も、はっきり反ロシア的な回答を出していた。この場合の戦争についてだけ、ロシアに非があると見ていたわけではなかった。異端者たちにとって、文明に対する、また、大英帝国に対する重大な脅威だと思われた。ノーマン・エンジェルは中立同盟をつくり、七月二十八日に宣言している。「ロシアの勝利を保障するようなことをしてしまうと……ロシアにヨーロッパの支配的軍事力を与え、勢力均衡を大きく崩してしまうことになる」。E・D・モレルは八月四日に書いている。「介入するということは、われわれ自身の文明によく似たドイツ文明に敵対し、ロシアの専制政治に味方するために介入するということを意味する……わが国の利益に反して、ある国を持ち上げるのに一役買うことになるのである。その国は、のちにはヨーロッパばかりかアジアでめぐりあったわが国最高の資源に課税するだろう――特にアジアで」。アーノルド・ロウントリーは八月三日、議会でまったく同じことを述べている。「ドイツに対し戦争を始めると、結果的に、われわれの理想と共通する理想を抱いている国民に対し戦争を始めることになる」[56]。ロウントリーの機関誌である『ネーション』は、はっきり戦争支持を打ち出した二週間後に、このことばを繰り返した。「ロシアがヘゲモニーを持つことは、ドイツが覇権を得るのとくらべ、ヨーロッパの自由にとってはるかに有害な脅威となるにちがいない。ドイツの覇権が終わるのはほぼ間違いないのである」[57]。これらの異端者たちは、一貫してドイツ支持の立場をとったと言っていいのかもしれない。だが、ドイツと戦争をしたいと思っていたハインドマンでさえ、八月十二日には、この無理に正当化した説明以外考えられなかったのである。「いまのところ、これは諸悪のなかからの選択である。文明や人道の立場から考えた場合、ドイツが勝利を収めるのは、連合国が勝つのにくらべると、悪いものになるにちがいない」。

急進主義者が、参戦に反対したのは驚くに当たらない。成功を信じていたことについてはなおさら驚くことでもないのである。『ネーション』が八月一日に書いたことは正しい。「イギリス国民一般の意見が、危機的状況下で現在のこの瞬間ほど明確に、戦争反対の立場をとったことはかつてなかった」。ロイド・ジョージは七月二十七日、閣内で同じことを述べている。「われわれの方から最初に参戦する問題などありえない。賛成する大臣など誰もいないことはわかっている」[58]。閣僚のなかには、ハーバート・サミュエルのように、自分はベルギー問題が持ち上がってくれれば、答えが出るにちがいないと固く信じながら、かしこまって座っていて、じっと黙っていたのだとあとからと主張した者もいた。私は疑っている。自由党政府は、模範と考えていたアメリカ人ウッドロー・ウィルソンが一九一七年まで考えていたように、参戦しないでいることで、傾きつつあった人気を回復させたいと、数日間考えていたのではないかと思われるのだ。たしかに、彼らは人気を得るのである。ロンドンやマンチェスターなどで大集会が開かれた。ケンブリッジ大学の八十一人が『ザ・タイムズ』に宛てた手紙に署名した――これはケンブリッジが異端に対する特別の貢献を示す最初のデモンストレーションである。ケンブリッジの異端は戦争中に大きく発展したのである。

熱狂的な戦争支持の方向に振れた八月三日の態度の変化は、漸進的なプロセスではなかった。革命的だったのである。選択はドイツをとるかロシアをとるかではなく、ドイツかフランスかとなった。急進主義者は、昔の「自由同盟」の呼びかけに呼応した。ベルギーに対する威嚇は変化を容易にしたのである。だが、これはすでに開いていたドアの向こうに、急進主義者たちをひと押ししただけだった。全員をドアの前に連れて行った八月三日のグレイの演説は、フランスについて一般論を述べたのに対して、ベルギーについてはほとんど触れなかったのである。グレイ自身、感情の革命的変化が起こることを予想していなかった。グレイは党から除名されると思い、辞任の覚悟で議会に出むいた。帝国主義の問題にかかわらず、モロッコにもペルシアにも一切触れなかったことは幸運だった。当時の人々は、のちには巧みな議論を重ねて曖昧にされてしまう圧倒的に重要な事実を、根本でとらえていた。サライェヴォの暗殺事件、ロシアの動員、もっと広くとらえて露仏同盟の良い悪いはさておき、この戦争はドイツが、フランスおよびロシアに宣戦したから、始まったということである。戦前に異端を主張したエンソーは、何年ものちに異端者たちの見解を述べている。「自由主義者は、軍国主義ドイツが一般に描かれているほど腹黒いわけではないということを、党の信条の一項目として行動してきた。いまや一瞬にして、思っていたよりずっと悪いということがわかったように思われたのだ[59]」。

私はこの数段落、自由党内の異端者たちのことしか話してこなかった。労働党の記録は特殊な関心の対象である。労働党は、もちろん断固たる反ロシア派だった。八月二日に、労働運動の全セクションに呼びかけを行う国際社会主義事務局のイギリス支部は、宣言している。「いまロシアが勝てば世界にとって災いとなる」。議会労働党の党首ラムゼイ・マクドナルドは、八月三日、グレイのあとに演説した際、なおこの方向をとっていた。だが、労働党はこの問題のフランス側についても目を向けようとしたのである。八月五日、執行部は辞任した。「この戦争の原因は、勢力均衡維持を目的とした外交政策を追求した各国の外務大臣にある。フランスおよびロシアとの協調を維持するわが国の政策は、必然的にヨーロッパおよびアジアにおけるロシア勢力を増大させ、ドイツとの良好な関係を脅かす」。ここに、のちの異端者たちの政策の基礎がある。だが、議会労働党は少しもこう考えなかった。労働党の議員は党執行部の決議を拒絶したのである。

わずか四人の議員だけが――四人とも独立労働党に所属していた――執行部の決議に賛成投票を行った。四人のうちの一人がラムゼイ・マクドナルドである。マクドナルドは議会労働党の党首を辞任した。だが、マクドナルドは平和主義者でも、革命的マルクス主義者でもなかった。マクドナルドの見解は急進主義者の見解と区別できないように思われた。マクドナルドはイギリスもしくはフランスが本当に危機に直面していると思ったら、この戦争を支持したはずだと断言した。なぜマクドナルドは、本当は自分が共感を持ちえない見解を抱いている極端な人々に加わって、何年間ものあいだ自分を不人気に追い込んだのか？

過激派の一人だったフェンナー・ブロックウェイは、謹慎期間だと考えた。マクドナルドは急進主義者のリーダーシップをとろうと考えていたというのである。マクドナルドの立場を考えてみるとよい。マクドナルドが『マンチェスター・ガーディアン』の支持を得ていたら、『ネーション』の支持、『デイリー・ニューズ』の支持、『エコノミスト』の支持、国民自由連盟の支持を得ていたとしたらどうだっただろう？言うまでもないことだが、閣僚八〜十人に支持されていたとしたらどうだろう。マクドナルドは八月三日まで、この潮流に乗っていたのである。そこで時間内にジャンプし損ねたのだ。ありうる話である。人は致命的な過ちを犯すものである。そこからのちに得る利益に、自分自身驚くことになるのである。だが、大指導者としての本能的直感で、マクドナルドが遅かれ早かれ異端が復活するはずだと考えたというのもありうる話である。結局、マクドナルドは戦争を支持したとしたら、何を手にすることができただろう？せいぜい、政府内の従属的な地位がいいところである。おそらく、マクドナルドの後継者、ヘンダスンが少しあとになって手に入れた文部大臣のポストかもしれない。マクドナルドは当時の方針に執着したことで、不人気となり、孤立した。だが、このことによって、マクドナルドはロイド・ジョージを打倒するチャンスを手にしたのである。ロイド・ジョージは急進主義的社会主義のリーダーを争う宿命のライバルだった。マクドナルドは自分の確信に執着したときに、大きな賭をしたのである。賭は成功した。ロイド・ジョージは首相となり、戦争を勝ち抜いた人物となった。だが、これは結局ロイド・ジョージを滅ぼし、続く二十年間、公的な地位から追放することになるのである。マクドナルドは自分の指導下で、労働党が議会第一党になるのを見ることになった。マクドナルド自身ロイド・ジョージより長く首相を務めたのである。事実最終的には、おかしな状況のもとではあるが、これまでの首相が平和時には獲得したことがないほどの、圧倒的多数を得たのである。これこそ、一九一四年八月五日、実を結ばずに終わったマクドナルドの異端の成果だったのである。

5 大戦——E・D・モレルの勝利

一九一四年以前は、ヨーロッパ大戦が起こったら、最初の数週間で決着がつくにちがいないと、誰もが予測していた。おかしなかたちではあったが、実際その通りになったのである。ウィンストン・チャーチルはマルヌの戦いについて書いている。「この戦いは最初の二十日間の戦闘で決着がついた。このあと起こったできごとはどれもが凄まじい、破滅的なことばかりだった。だが、それらは運命の決定に逆らって行う、絶望的で、空しい要求にすぎなかったのである[1]」。九月五日はマルヌの戦いの前夜だった。当時は気づく者はなかったが、この日はマルヌの戦いに匹敵するほど決定的なできごとが起こった日でもある。というのは、このできごとが、戦争の善悪の判断は不変のものではないということを決めたからである。このできごとというのは、民主管理同盟の設立である。民主管理同盟は、外交政策委員会や先行するさまざまな組織がどれも失敗したあと、これらを引き継いだ。組織がつくられたというだけではない。民主管理同盟は、国際関係について新しい解釈を生み出したのである。この解釈は、民主管理同盟の影響を受けたと思っている人々の輪を大きく越えて、しだいに一般の人々に受け入れられるようになった。創設者の一人であるスワンウィック夫人は、一九一五年に、ある労働組合の一支部が満場一致で戦争目的に関する決議を行ったときの様子を語っている。満場一致で廃案となったとき、誰かがこの決議案は民主管理同盟の政策を反映したものであると指摘したのだ。そのあと、この決議案は通過することになり、廃案の声はなくなったのである。

民主管理同盟は八月三日、グレイの政策に反対していた人々のなかから誕生した。彼らは、流れに取り残されてちりぢりになっていたのである。だが、全員が参加したわけではない。モーリーは公務を退いていたが、クリミア戦争中にコブデンが述べたことばを引用し、戦争が続くうちは自分はどんな質問をされても口を開かぬつもりだと答えた。ジョン・バーンズも沈黙を守っていた。もっとも、バーンズは、一九一六年と一九一七年には、「平和」を主張する少数派に投票したのである。グレイを批判した急進的ジャーナリストの多くは、それでも一九一七年までは、戦争を支持していた。『マンチェスター・ガーディアン』のC・P・スコットは、常にいまを生きており、過去を振り返るより、戦争に勝つことの方に関心を持っていた。愉快な皮肉だが、民主管理同盟は——秘密外交を攻撃することに一生懸命になっていたのだが——、一人一人に私的な訴えかけを行うことから始めていた。そのあと戦争支持派の新聞に要求を非公式に発表してはじめて、急にその存在が知られるようになったのである。議会にいる四人のメンバーは、同盟設立時からのメンバーである。急進主義者二名、ポンスンビーとチャールズ・トレヴェリアン、それに独立労働党の二名、ラムゼイ・マクドナルドとブラッドフォード選出議員、フレッド・ジョウェットである。[2] 議員の方は知識人とくらべると、重要度が小さかった。ホブスン、ノーマン・エンジェル、バートランド・ラッセル。そのあと、まもなくケンブリッジ大学キングズ・カレッジのフェロー、ローズ・ディキンスンが続いた。さらに重要なことだが、同盟は書記としてE・D・モレルを獲得した。同盟の歴史を語るスワンウィック夫人の言によれば、「E・D・モレル(E. D. M.)は民主管理同盟(U. D. C.)であり、民主管理同盟(U. D. C.)はE・D・モレル(E. D. M.)だった」のである。

異端の運動のなかで、モレルに匹敵する組織力を持つリーダーは存在していない。モレルは金持ちのシンパが求めているポイントを正確に掌握していた。そのために、モレルは同盟の民主的な性格を損ねることなく資金を獲得することができたのである。大金持ちも工場労働者も同じように、モレルのリーダーシップを受け入れた。モレルは外交政策において何が間違っているのか、代わりに何をすべきなのかを、正確につかんでもいた。モレルはただの批判者の域を超えていた。頭のなかでは、はじめから自分が現大臣に取って代わる外務大臣だったのである。モレルは異端者たちが選んだ外務大臣だった。自分の後ろについてくる人々を迷わせることはなかった。ものごとを鋭敏に、明確に、独断的にとらえていた。モレルのおかげで、戦争中の異端者たちは、不満を持ちつつ霧のなかを彷徨ったりしないですんだのである。少数だったが、異端者たちは断固たる声をもって話したのだ。モレルの作品は戦前の外交を詳細に扱っていて、現在に直接に役立つ政策を提案している。社会主義革命を待つだとか、人々の心が変わるのを待つだとかいった曖昧な言はなかった。一般の人々から寄せられる問題を避けてごまかすこともなかった。これらの問題については、モレルは仲間うちの著名な知識人を頼りにした。すなわち、ホブスン、ブレイルズフォード、バートランド・ラッセル、ローズ・ディキンスン、G・P・グーチ博士らを頼りにしたのである。

民主管理同盟はケンブリッジに強力な支部を持っていた。ケンブリッジは、異端の立場をとる知識人の拠点となっていた。反対に、オックスフォードは戦争を支持し、感情的高揚に特化していたのである。一方をケンブリッジに、もう一方をブルームズベリに基盤を置いたこのグループは、全世界が狂気に陥ったときにも、正気を失わないようにしようと固く決意していた。バートランド・ラッセルは『三国協商の外交政策 *The Foreign Policy of the Entent*』に反対する、パンフレットを書いた。その結果、新兵募集を妨害したかどで投獄され、トリニティー・カレッジの講師職を剥奪されたのである。第一次世界大戦については、一般市民の熱狂が高じてヒステリー状態になったことを忘れてはならない。こうしたことは第二次大戦においてはほとんどなかったのである。ローズ・ディキンスンは世界中を結びつけることになる二つのことばを発明した。「国際連盟」と「国際的無秩序状態」である。ヴァージニア・スティーヴンの夫レナード・ウルフは、「世界政府」の最初の計画の一つを考案していた。クライヴ・ベルは一九一五年の初めに『即時和平 *Peace at Once*』という題のパンフレットを書いた。私はそれをあえて読んでみたいとは思わないままでいる。リットン・ストレイチーは法廷を前に、この問題に対する回答としては最も有名で効果的な回答を示している。「ドイツ人が君の妹に暴行を加えようとしているのを目撃したら、君ならどうするか？」。ブルームズベリ・グループのひとりはケンブリッジの外にいた。彼は財務省の高官で、友人たちが良心的徴兵拒否者となったときも、デスクに座っていた。償いに、彼はより良き世界を建設するという「厳粛な誓い」を立てた。一九一九年に破壊的な影響を及ぼすことになる誓いだったのである。彼とはＪ・Ｍ・ケインズである。

　このグループが行ったいちばんセンセーショナルなことは、『ケンブリッジ・マガジン』を引き継いだことである。この雑誌は一九一二年に、『ケンブリッジ・レヴュー』に勝る知性を備えたライバル誌として発足した。いま学問的な詳細は、たいした問題ではなくなったのである。『ケンブリッジ・マガジン』は、最も無味乾燥の高い知的レベルのところで、まばゆいばかりの輝きを放ち、異端を提示していた。著名なケンブリッジ一家の一員ドロシー・バクストン夫人は、週に一度、外国新聞に関する調査記事を書いた。この記事の意図は、敵国にも正気で穏健な人々が大勢いるということを示すことだった。この記事は人気があって、休みともなれば別に増刊を出して続けなければならなかったほどである。『ケンブリッジ・マガジン』には、ほかにもう一つ武器があった。あのエキセントリックな女性、アデリン・モアである。モアはスウィフト以来最も愉快な皮肉屋である。ここではモアが変名を使っていたので、驚くことでもなかった。変名を使っていても、『ケンブリッジ・マガジン』の編集者C・K・オグデンに隠しておくことはまず不可能だったのだが。神学論争が衰退したあと、大学の定期刊行物がこの種の国民的重要性を持つことなどめったにないことだったのである。

しかしながら、民主管理同盟にはもう一つの側面があった。同盟は個人だけでなく組織もメンバーとして受け入れた。こうした組織の多くは労働者階級の組織だった。すなわち、労働組合支部、協同組合、独立労働党支部、労働党の女性部である。スワンウィック夫人が言うように「要求は最初から労働者を対象にしていた……彼らは公的なものを支える道徳的基盤を信じていた」[3]。一九一五年十月には、加入した組織百七中四十八団体が、労働運動関係だった。一九一二年までに、民主管理同盟に三百五十の労働組織が加入した。百万を越えるメンバーを代表していたのである。これらの組織は、少数の金持ちの支持者から強力な財政的支援を得ていた。だが、手にした思想は、彼らが提供した資金よりも重要だった。独立労働党およびほかの労働グループは、特に理由もわからずに、戦争に反対していた。彼らはモレルが提供した明快な回答に飛びついたのである。モレルのパンフレットのなかには、独立労働党が出版したものもある。外交問題について出した独立労働党のパンフレットには、モレルからインスピレーションを得たという刻印が刻み込まれていた。労働党も、戦争に疑いを感じるようになると、モレルを頼りにするようになった。事実、モレルが生きているあいだは、労働運動の関係者は、あえて社会主義独自の外交政策を考え出そうなどとは思わなかったのである。スワンウィック夫人のことばを言い換えてみよう。異端者たちとは民主管理同盟である。民主管理同盟とはE・D・モレルである。

同盟は、その名が示すとおり、最初は直接「秘密外交」に反対した。いや、外交と名がつくものすべてに反対したのである。少々手が加えられてはいたが、ここにはコブデンの「外交政策なし」の声が聞こえる。同盟の四つの基本方針のうちの三つは、ネガティヴな言い方をしている。住民投票なくして領土変更なし、議会の批准なくして条約あるいは保障なし、軍備の徹底的削減と武器の売買の国有化。残りの一つも、ネガティヴといってもよい言い方である。勢力均衡の拒否。ここに、ほとんどあとで考えたといってもいいものが付け加わる。「列強の協調の樹立、開かれた討論を行い決定を下す国際会議の創設」。加えて「解釈と強制」を行う仲裁条約と裁判所の設置。これは国際連盟計画に向かう長い道のりだった。まもなく、ほかの人々がこの計画の仕上げをしていくことになるのである。[4] これはモレルの精神に内在する実践的な性格を反映していた。独立労働党は、これらの点を事実上変更することなく受け継いだ。「国家連邦」を「開かれた決定を行う」国際評議会[5]に不格好につなぎ合わせているということだけが例外だった。

　民主管理同盟は、外交政策が少なければ、戦争は起こらないと確信していた。それゆえ、同盟の実際の任務は、戦前のドイツの政策には警戒しなければならないようなものは何もなかったということを明らかにすることだった。モレルは独立労働党のために『いかにして戦争が始まったか *How the War Began*』という題の一ペニーのパンフレットを書いて、これを明らかにしたのである。このパンフレットは一九一四年の年末に出て、その後『真実と戦争 *Truth and the War*』と題を変えて手が加えられ、一九一六年に二千部を売ったのである。どちらにも、モレル自身の判断が述べられている。「あなたがたはみな有罪である――全員が」。ドイツは虐げられた国の代表である。「一八九八年、ドイツは沿岸地帯および通商を守るためフリート艦の建造を始めた」のだ。アルヘシラス会議は、熟慮の結果つきつけた「ドイツに対する挑戦」だった。「一九〇四年から［年号に注意、英仏協商の年である］、雌鶏が雛を孵《かえ》すように、ヨーロッパの政策が戦争という雛を孵した」のである。さらに、ドイツ国民が体現している真の力を封じ込めておくのは、道徳的、物理的、戦術的に不可能である。単純にできないのである」。異端者たちは、ドイツが正しいと考えることをやめなかった。異端者たちはオーストリア－ハンガリーについてもドイツ人の国民国家として扱い、だからドイツは防衛戦争を行っていると主張した。ブレイルズフォードは『ネーション』に書いている。「ドイツの領邦を獲得し、オーストリアを除外しようとする要求の一つ一つが、中央ヨーロッパのドイツ民族の地位は大きな軍隊によってしか維持できないというドイツ人の信念を正当化している[6]」。モレルはまったく同じことを述べた。「ドイツとオーストリアは、ドイツ民族としての存在が、敵意を抱く国々の連合に脅かされてきたし、いまもそうだという強い確信を抱いていた。これを支持する事実の本質がなければ、このような確信が戦争の苦しみを越えて生き続けるとは思えない[7]」。

異端者たちは、この戦争の遠因だけでなく、直接的原因にも挑戦した。当然ベルギーが最もきわどいポイントだった。公平な正義を提唱した極端な立場に立つ少数派は、戦争には常に二面性があるから、ドイツがベルギーに侵入して当惑したように、ベルギーはドイツに抵抗して当惑したにちがいないと考えた。例を挙げると、モレルと同じ民主管理同盟の初期のメンバー、ヴァーノン・リーは、ベルギーの中立を主張することは、「棍棒を持って、一人（いやむしろ二人！）に脅されている人物と、射程距離の長いライフルを持った人物のあいだで、フェアプレーを要求する[8]」ようなものだと論じた。バーナード・ショーは『常識と戦争 *Common Sense and the War*』という題のパンフレットのなかでこの立場をとった。普通、生意気だというのを越えている題である。ショーはベルギーの中立がドイツの戦略的立場を弱めるものだとし、それゆえ中立はドイツに対する攻撃行為だと論じた。とにかく、ベルギーはイギリスの参戦と無関係である。グレイの政策はドイツに対して仕掛けた周到な罠である。すなわち「年老いたライオンが振りしぼった最後の気力」だったのだ。ショーはこのようにしてこの戦争の道徳的側面を粉砕したが、生存のための闘争という、現実的根拠に限ってこの戦争を擁護したのである。イギリスはドイツを破らなければならない（さもなければ、ドイツがイギリスを破ることになる）。ショーはイギリスに住んでいたので、この等式のイギリス側を支持すると主張した。ショーは道徳的なてらいをチクリと刺しておもしろがった。異端の仲間たちをからかうこともあった。その反面、ショーは警察の監視から自由でいたい、総司令部の名誉客としての待遇を受けたいと思っていた。不道徳な理由に基づいて戦争を支持することによって、ショーは自分の必要をきっちり満たしたのである。多くの読者はショーの意図を理解しなかった。戦争支持者は、厳格なビスマルク主義者であるショーを平和主義者だと非難した。異端者たちは、ショーがイギリスの道徳ゲームを台無しにしたと考えた。ケア・ハーディはショーに次のように書いている。「あなたの記事は、国民生活のなかにこれからの世代が感じる昂揚感をつくり出すでしょう……あなたのために尽くしたいと思う気持ちで、私の心臓は高鳴っています[9]」。

異端者たちの多くは、自分の立場に跳ね返ってくる恐れがある容赦ない態度はとらなかった。普通の異端の立場は、ベルギーは、ライバルの帝国主義列強の前に、無垢のまま犠牲に供されたものとして扱うというものだった。たとえば、ブレイルズフォードは次のように書いている。「植民地獲得とわが国の影響力の拡大のため、武器を集め、外交上の連携を模索し続ける限り、国際関係は不安定な力の基盤の上にある」。だがブレイルズフォードも、ベルギーは極端にやりすぎたと考えていた。「ベルギー人がドイツの侵入に抵抗する必要があったのかどうか議論しようとは思わない。ベルギー人の勇気は堂々たるものである。だが……一人しかいない世帯主が、武装して押し入ったギャングに抵抗しないから不名誉だと言われなければならないのだろうか？　いずれにせよ、これでイギリスの政策を指揮してきた人々が無罪放免になるというわけではないのである。イギリスがベルギーを支持するという宣言を、戦前に行っていたなら、ドイツ参謀本部はイギリスを動かしているのは正気でいる人々だと考えて、戦略計画を再検討しなければならなかったはずである……だが、海軍はフランスに担保として取られていたのだ」。(10)この最後の一節を、異端者たちは繰り返すことになる。ノーマン・エンジェルは述べている。「ベルギーは勢力均衡維持のために犠牲に供されなければならなかったのである」。C・P・スコットも述べている。「われわれはベルギーがあろうとなかろうと、フランスに与したのは間違いない」。ブライス、モーリー、ローバーン、コートニー・オヴ・ペンウィズはみな、外交青書の第百二十三号に手を伸ばした。ここに、ドイツ大使が行ったイギリスの中立と交換にベルギーを取り引きするという提案が出ているはずだった。彼らはグラッドストンの一八七〇年の協定を引用した。ベルギーに対するイギリスの保障は存在していないということを証明するか、あるいはベルギーに手出しがなされなければイギリスには中立の義務があるということを証明するためである——間違っていると私は思う。

　最初の数週間の戦闘のあと膠着状態に入ると、異端者たちはこの立場をとりやすくなった。この戦争がなぜ始まったのかではなく、どう終えたらよいかを議論できるようになった。彼らは、どうやってこの戦争を名誉を保ちながら終わりにすることができるか提示さえしたのである。異端者たちの見解によると、この戦争は、フランス、ロシアと結んだ協商が原因であり、ドイツのベルギー侵入が原因ではない。それゆえ、イギリスが、二人のパートナーが仕組んだ攻撃的態度を非難すれば、ドイツ人は喜んでベルギーを元に戻すはずである。異端者たちは、北東フランスをドイツ占領下に置いたままにしておくことについては、少々良心の呵責を感じていた。そのくせロシアを見捨てることについては、一切呵責を感じなかったのである。実際戦争支持者たちでさえ、ロシアを勝たせることなく何とかしてドイツを負かしたいと望んでいた。バーナード・ショーは次のように書いている。

ロシアの援助がなければ勝利が達成できないのだとしたら、西欧の自由主義の敗北ということになる。ロシアの力がなければポツダムをたたくことができないというなら、「ドイツに最良のものをくれてやる」しかない。われわれが占めている陽の当たる場所はアメリカとの同盟に依存していたのである。

――三十年後にどうなったかがいまでは明らかだから、これは悪い想像でもなかったのかもしれない。異端者たちのあいだでは、ドイツは勝利なき平和を求めているということが、まもなく異端者たちの信仰箇条の一つとなった。ケンブリッジのキングズ・カレッジのフェロー、ピグー[11]は問うた。なぜ連合国は和平の条件を発表しないのか？　ドイツが受け入れてしまうと恐れてのことなのか？　バートランド・ラッセルは答えた。「おそらく、現時点でも、ドイツは喜んでベルギーと北東フランスから撤退し、バルカンについてもロシアとうまくやっていけるにちがいない[12]」。

　連合国はこうした魅力的な展望をはねつけるために、不埒なたくらみをはっきり思い描いていたにちがいない。異端者たちは、まもなくそれが何であるのかを発見した。連合国は、ロシアがコンスタンティノープルを獲得できるよう戦争を長びかせている。チャールズ・トレヴェリアンは下院で述べている。「ドイツがベルギーから撤退し、賠償金を払い……たとえばロレーヌ地方を少々割譲し……セルビアの独立を回復することがあきらかになったらどうだろう？　そのあとどうするのか？　ロシアがコンスタンティノープルを手に入れるまでこの戦争を続けるというのか？[13]」。南アフリカ出身の急進主義者ウースウェイトはロシアに取り憑かれていたアーカート以上のことを言っている。

この戦争は……まずロシアがコンスタンティノープルを獲得するための戦争である。われわれの目的がフランスおよびベルギーからドイツを追い出し、ドイツ国民に賠償金を課すことだというなら……どれも実現可能だし、おそらくすでに実現したのではないかと思われるのである[14]。

ブレイルズフォードはこの議論を進めて、論理的な結論に達した。ロシアをトルコから排除するだけでなく、代わりにトルコをドイツに与えるなら、われわれが抱えている困難はみな解決する。「世界平和を考えると、ドイツがトルコを領有することの方が、イギリスがインドを領有することとくらべて重大な脅威だなどということは決してない。今日、世界の自由に対する第一の脅威とは、充足していないドイツである」。バルカン鉄道の管理権といっしょに、ドイツにトルコにおける政治的経済的優越権を与えれば、「われわれは民族の線を基本に、アルザス、セルビア、それにポーランド（それにもちろんベルギー）の問題が解決されると期待してもよいのである[15]」。

一九一五年十一月、この考えが議会に届いた。このときに初めて、ポンスンビーとトレヴェリアンが下院で、コートニー・オヴ・ペンウィズが上院で、平和交渉を要求したのである。コートニーはドイツには一切賠償金を払うつもりはないと大胆に明言した。要求は一九一六年、二月二十三日、三月二十四日、十月十一日に繰り返し行われた――一九一七年二月十二日にも行われた。いずれのときも、異端者たちは議会を採決に持ち込むことができなかった。異端者たちが孤立していた証拠である。彼らの議論は実際面に限られていた。戦争の起源について議論せずに、始まりがどうであろうと、交渉によって即刻終わらせるべきだと主張しただけにとどまったのである。一九一六年十月二十一日、議会は初めて建設的代案、すなわち国際連盟の話を耳にした。塹壕から帰還したリーズ＝スミスは、軍服で演説し、述べている。

安全保障を確保しようと思うなら、ヨーロッパ内外の国すべてが一つの計画に合意するよりほかありません。計画とは、全体が一つ一つの国に、一つ一つの国々が全体に保障を与えるというものです。この戦争の目的は、侵略に対して徹底した拒否権を持ち、戦争に関わったすべての国が履行できる合法的主張を検討できる国際連盟があれば、実現できるのです……昔の自由主義の伝統に帰り、大胆に構えて、どの国もどの人も備えている品位、親切、人間的力を思い切って信じればよいのです。[16]

このことばは下院では耳新しいものだったが、「国際連盟」ということばは一九一四年八月、ローズ・ディキンスンが考え出して以来、すでに普通に使われることばとなっていた。サー・エドワード・グレイをはじめ、ドイツが先に負けると信じていた人々がまずこのことばを使い、この発想を支持した。しかし、頑として強調して使ったのは、国際連盟をドイツの敗戦と伝統的外交政策の両方に代わるものと考えていた人々だった。一九一六年、三人の人物が国際連盟の詳細な案を発表した——ホブスン、ブレイルズフォード、レナード・ウルフである。三人とも民主管理同盟のメンバーである。三人とも国際連盟のことを「世界政府」の同義語と考えていた。

民主管理同盟は国際連盟の議論が始まるといつも、先陣を切る集団を輩出した。レナード・ウルフ起草による連盟の最初の案を作成したのは、フェビアン協会の研究部である。中心メンバーは、ホブスン、ローズ・ディキンスン、リチャード・クロス（ロウントリー家の事務弁護士）、レイモンド・アンウィン、それにバーナード・ショーである。ほぼ同時に、もう一つ別の委員会が議長ブライス卿のもとで計画を立案していた。メンバーはローズ・ディキンスン、W・H・ディキンスン（自由党議員）、ホブスン、ポンスンビー、グレアム・ウォラス、リチャード・クロスである。次に、ローズ・ディキンスンが国際連盟協会を設立した。この組織も、中心メンバーは民主管理同盟のメンバーだった。だが、だからといって、国際連盟が民主管理同盟の政策の本質をなす部分だったわけではない。国際連盟はどちらかというと五番目の軸であり、議論の最後に不格好なかたちでくっつけられたものだったのである。重要なことだが、モレル自身は国際連盟に関する委員会にはどこにも参加していなかったのである。モレルにはもっと差し迫った任務があった。繰り返すが、国際連盟はあとになって思いついたもので、あとから挿入されたものである。例を挙げよう。民主管理同盟は一九一七年七月、平和の条件を考案した。十三項目あるうち、国際連盟は半文節を占めるだけだったのである。国際連盟は「不必要な古い軍国主義を放棄する防衛手段」とされていた。だが、明らかに、民主管理同盟が昔から好んで述べていたこと――すなわち開かれた外交および軍縮――にくらべ、国際連盟の重要性を認めていなかった。労働党はまた別の例を提供している。一九一七年十二月、労働党は外交政策の民主的諸原則（民主管理同盟のものをモデルにしている）を起草し、連合国の社会主義者の会合に提出した。この草案には領土の変更から経済システムに至るまで、ありとあらゆることが含まれている。最後の瞬間に、追加文が挿入された。これはこう始まる。「だが、加えて要求する……国家を超えた権威あるいは国際連盟を」。

　バートランド・ラッセルはさらに印象的な例を挙げている。『三国協商の外交政策』の最終章は外交政策に関する急進主義の原則で結んでいる。無併合、捕獲物の権利の廃棄、普遍的調停、同盟および協定なし。「われわれは攻撃を受けた場合以外には戦争をしない」。これに脚注が付く。「至るところに存在する攻撃に対して抵抗するため、列強連盟がつくられないならば……決定を実行するため参戦していいと考えている[17]」。この矛盾は驚くべきものに思える。だが、ウッドロー・ウィルソンは、国際連盟規約をヴェルサイユ条約に結びつけることによって条約の性格を変えようと考えたとき、まったく同じことを述べたのである。国際連盟を提唱した人々はみな、二つの秤で重さを量ったのだ。彼らの本は、世界中の政治家たちの誤った行為を詳細に書いている。そのあと、短い最終章で、同じ政治家が、国際連盟が設立されると、徹底して高潔な政治家に変わると想定したのである。

　さらに言うと、国際連盟は三位一体説から人間の権利に至るまで、歴史に登場する名せりふと同じで信者が抱える問題をすべて解決したのである。一方、距離を置いて眺めている者にとっては、理解できないままだった。民主管理同盟のメンバーは、国際連盟がつくられれば、ドイツの敗北は不要になると信じていた。ギルバート・マリあるいはH・G・ウェルズのような戦争支持者は、国際連盟が連合国の勝利を永続的なものにすると考えた。国際連盟はすべての国の安全を保障することになっていたが、それは条約の改定を通じて達成されるはずだった。平和主義者は戦争では何も解決できないと断言することができたが、国際連盟が行う戦争はすべてを解決すると信じることもできたのである。国際連盟はヨーロッパの協調から国家主権の消滅する世界政府システムに至るまで、すべてをカバーすることができた。一九一八年に、戦争を鼓舞したジャーナリスト、ガーヴィンは、ボルシェヴィズムに対する十字軍が、「明らかに国際連盟を始めるにはいちばんよいかたちとなる。国際連盟が本当に有効で、これから発展していくものだという思いを固めるだけにとどまらないのである[18]」。しかし、「国際的軍事力を持った国家連盟あるいは協調」は、イギリス社会党が提唱していたことでもあった。イギリス社会党はイギリスで最も革命的で、ボルシェヴィキを支持したグループで、イギリス共産党の核となった政党である。

　モレルは国際連盟運動を無視した。ラムゼイ・マクドナルドはモレル以上に無視したのである。マクドナルドは国際連盟に反対した。マクドナルド流のお気に入りことばで言うと、国際連盟は「いかさま」だったのだ。「各国の軍隊からなる軍を国際警察力と呼ぶのは、間違ったラベルを新たに貼り付けることにほかならないと思われる」[19]。マクドナルドは、下院でまったく同じ話をしている。

> 武力に、軍隊に、力や、この種のものすべてに期待する人々は、いくぶんことば遣いこそ違っても、本質においてはまったく同じで、世界の歴史について書かれた全章を読み返しているだけです。どの章も戦争で終わっています[20]。

マクドナルドは国際連盟を警察力になぞらえる言い方を非難していた。この言い方は国際連盟に賛成するグループのあいだでは人気があったのである。「本当に私を守るのは、私の周りに組織された方が存在するということではなく、私の周りに気づかないうちに社会的慣習が存在するということにある……人は警察よりも世論を頼みにするものである」[21]。マクドナルドは中身のないことば遊びをする人物だと見られることが多いが、振り返ってみると――話し方はともかくも――異端者たちのなかでは、唯一の現実主義者のように思われる。「それゆえ、軍縮が必要であり、現行のヨーロッパの政治制度に終止符を打つことが必要であり、開かれた外交が必要であり、純粋な国際社会主義が必要である……われわれは平和を強制する、国際連盟を望まない。危険が伴い軍国主義に屈したものである」[22]。

マクドナルド自身の情熱は「開かれた外交」に向けられた。とことん話し合い討論するプロセスに向けられたのである。これによって、マクドナルドは異端者たちの心をつかんだのだ。マクドナルドは旧式の外交について述べている。

> 腐敗した全システムが一掃されるべきだ。腐敗したシステムは、掃除が行き届き、改良が加えられ

た地域の真ん中にある、ダニと病気だらけの汚れた古いスラム街のように存在している……開かれた外交は戦争の原因を取り除くものではない。開かれた外交はこれらの原因となる可能性のあるものを爆発させることなく、消散させることを可能にする……国民と理性が戦争の原因となるものが現れたとき、これを解決するのである。[23]

次に示すのは、マクドナルドが描いた新システムである。ちなみに、マクドナルドの文章スタイルがわずか数年後には、本人に追いつかなくなったことを示す注目すべき証拠である。

平和なピクニック、礼儀正しく意味のない会話の日々は終わった。それらは空しいものとなった。不休のエネルギーと外交ゲームのすべての動きを観察し、日々完全な詳細を押さえ、かつ効率性の高い情報部門と議会改革を用いて行う政策がいま必要なのである。われわれのために命を捧げた人々の死を無駄にしないためには。[24]

マクドナルドをずっと引用し続けたくなる——たしかに材料は十分にある。例をあと二つ挙げずにはいられない。最初はアルザス‐ロレーヌに関するコメントである。このコメントのおかげで、マクドナルドは住民投票にかけるか、フランスに返還するか決定を回避できたのである。

悪魔のようなやり方で、二つの民族がヨーロッパの真ん中に放り込まれてきたのです。あたかも、どちらか片方の鬼子が、平和を不可能にするために、わざと放り込まれたかのようでした……私は新時代の始まりとして、現状が維持されることを願っています。[25]

次は戦争が終結時にどうあるべきかについての見解である。

休戦が訪れるとき、ヨーロッパの諸民族がひとつになり、情熱と悲しみ、痛み、苦しみのなかで、この経験が心のなかから消えてしまわないうちに、即座にこのような事態が再び起こりえない仕組みをつくることを願っています。[26]

マクドナルドはそれぞれの異端者が共通して考えていたことを、少々長く述べただけである。世界の諸民族はお互い同士争うことはない。平和は国際連盟というより民主的な政府によって確保されるということである。

国際連盟を議論してしまったので、テーマからはずれてしまった。これは歴史を進めていくうえで避けられないことである。国際連盟は見当違いというわけではない。だが付録にすぎず、贅沢といってもいいものであり、平和条約の現実的要求とはほぼ無関係だった。一九一七年は、どこの国でも平和交渉の議論が行われた年である。この年は新世界の夜明けが見えた年でもあった——理由は一つならず存在する。このユートピアの地上における本山は、忘れられたサンデマニア派教会の礼拝堂よろしく、遺棄船としていまなお浮かんでいる。次はソーホーである。駐車してある車の列、もっと年季が入っているが同じようにじっと動かない売春婦の一団を通り過ぎて進んでみよう。大陸の料理とエキゾチックな床屋の匂いを気にせずに行こう。それからジェラード・ストリート五番地の前に、敬意を込めて立つのである。パン屋の上に、一九一七クラブがある。ここが理想主義者の情熱の拠点である。偉大な自由の年を記念してつくられ、一九三一年に適切にも消滅したクラブだった。この年にJ・A・ボブスンは、でたらめな会計に抗議してやめ、この階段から転がり落ちたのである。

　二つの事件が夜明けを呼んだ。一つはアメリカ合衆国の参戦である。もう一つはロシア革命である。両方が一つになって今日の世界の型を決定したのだ。二つとも理想主義の勝利を現していた。世界の民主主義を守るための戦争が、競い合う帝国主義列強間の闘争に勝ったのである。ロシア革命の方が、初期の段階では異端者たちにとって、大きな意味を持っていた。民主的なロシアをつくることは「この戦争の問題の現実的解決策[27]」だった――問題とはすなわち、ロシアを勝たせないで、どうやってドイツを負かしたらいいのかということである。スノードンは次のように述べている。「ロシア革命は民主主義について、新しい希望を与え、国際主義についての信仰を甦らせてくれた[28]」。ロシア革命によって、異端者たちが戦争支持に転じたわけではなかった。逆に、ロシア革命によって戦争は不要だという思いがいっそう強まったのである。異端者たちはロシアのコンスタンティノープルに対する要求を、ずっと平和への障害であると見てきた。新しいロシアはこの要求を放棄していた。急進主義者は、なおもドイツにはベルギーおよび北東フランスから退く用意があると思い込んでいた。まもなく彼らは、オーストリアが和議を申し出たという噂を耳にした。この噂はたぶん一九一七年四月に申し出が行われたのだろう。ロシア、ドイツ、オーストリア‐ハンガリーはいずれも平和を望んでいた。だが、実行には移されなかった。なぜか？　責任があるとすれば、それはイギリス政府とフランス政府だけにあったのである。フランスはロシア帝国が消えてしまったから、責めの多くを負わされた。アガディールのときの疑いが甦ったのである。フランスはライン川左岸で戦う帝国主義列強と見えた。ライン左岸では、アルザス‐ロレーヌがどこなのか、簡単にわからなくなるのである。だが、イギリス政府は非難から逃れなかった。『ネーション』はイギリスのメソポタミアおよびドイツの持っていた植民地に対する要求こそ、平和への第一の障害であると考えた(29)。ポンスンビーは、下院で、イギリス政府は「そもそも欲得には無関係だった参戦の動機を放棄する一方で……卑しく獲物の獲得を願い、国民から承諾も支持も得ずに、帝国の拡大と支配を、傲慢にも要求している」と述べた(30)。

異端者たちは一九一七年に、さらに劇的な説明を発見した。戦争を長期化させているオーストリア‐ハンガリーを「解体する」という要求である。これは『ネーション』が名付けた「ネヴァー‐エンディアン」に反対する主張の中心となった。一九一八年の七月にもなると、『ネーション』はオーストリア‐ハンガリーを解体するという目的を掲げたのでは、戦争を何年も続くことになると断言した。予想が間違っていたことが明らかになったあとも、民族国家を主張した人々は、必要ならば戦争を長引かせてもかまわないと考えていたのはけしからんと非難された。民族国家を創造することは、それ自体間違っていると非難されたのである――基本理念が間違っているだけでなく、そのためにドイツとの和解が困難になっているから、二重に誤っているというのである。急進主義者のなかには、民族の主張は、アイルランドに許された自治法程度で満足すべきだと言う者もいた――アイルランド人に自治は許されてはいなかったのである。急進主義者の多くは、それ以上考えが及ばなかったのだ。

彼らの見解は引用する価値がある。二十年後に言われることになる奇妙なことばを繰り返していたのである。ポンスンビーはチェコスロヴァキア人（ママ）について述べている。「自分たちがどんな民族なのか理解している者はごく少数しかいないということがわかる(31)」。ウースウェイトはこのなかに、スラヴの脅威のもう一つの側面があることを発見した。おそらくわが国民十万人のうち、九万九千九百九十九人はチェコスロヴァキアなど聞いたこともないのである。チェコスロヴァキア人なる民族が存在するとは思わない[32]」。マッシンガムは『ネーション』に次のように書いている。「チェコスロヴァキアの独立は、ロシア帝国主義が支持するかどうかにかかっている……わが国には、オーストリアに接近することについて拒絶する声も、批判する声も存在しない[33]」。のちに、チェコスロヴァキアは「ヨーロッパ問題の悪しき解決例となった……好戦的愛国主義に偏った……極端な民族主義的な例である。他者を犠牲にして、一つの民族的血統を――すばらしい血統だというのだが――拡大するべく仕組まれたヨーロッパ再分割の最新計画だったのである。モレク神を信仰する者がチュートンの調べに合わせて踊るより、スラヴの調べに合わせて踊った方がましだとは思わない[34]」。『ネーション』はポーランドに対しても、激しく憤慨した。「ドイツとオーストリアを犠牲にして行う併合計画である……戦争、飢餓、疫病、これらに伴う憎悪と欲情の悪魔が、人間社会をむさぼり食おうと威嚇する。政治家はそいつらに新装ポーランドを与えるのだ！[35]」。終戦後、非難はますます強い調子で繰り返された。「ストラスブール（ママ）とポーゼンはくれてやってもいい。このくらいの打撃なら耐えられるし、国際連盟は大丈夫、創設しうる。ダンツィヒとボヘミアのドイツ人地域を奪い取ったらどうなるか。国際連盟が創設される可能性は消えてしまうにちがいない[36]」。

　この新しい議論の流れは、開戦以来沈黙を守ってきた一人の人物を、現実に引き戻すことになった。かつて外交政策委員会の会計担当だったフィリップ・モレルはオーストリア帝国の解体について次のように述べている。「こんなに拙劣で、こんなに愚かで、こんなにもばかげていると思われるものはない[37]」。さらにこの議論を進めた人々なかで、最も重要な人物がノエル・バクストンである。アガディール事件のあと、リーダーシップをとった人物であり、その穏和な姿勢によって影響力のある人物だった。バクストンは何年ものあいだ、ブルガリアのために戦ってきた。戦争初期の頃、セルビアの手に落ちたマケドニア地方を、ブルガリアに与えることによって、ブルガリアを同盟国にしようと試みた。いまや、バクストンは民族の基本原則を放棄した。ブルガリアがマケドニアを領有していないという現実があるから、ほかの民族も領有が認められるべきではない。セルビアなど論外である。バクストンがはじめの頃提唱したユーゴスラヴィア連邦は、「セルビアにもルーマニアにも所属しない南の土地を、正しい所有者に取り戻すというきわめて薄い可能性」に頼っていた。かつて、多くの称賛を得た民族国家は、いまやバクストンにとって「小国家の積み重ねであり……魅力ある発想ではなくなった」のである。民族国家は、フランスのヘゲモニーを拡大するための工夫にすぎない。「将来の唯一の安全保障が、この種の戦略的軍事力にかかるというなら、天がわれらの味方となるだろう[38]」。フランスのアルザス - ロレーヌの要求については、ロレーヌの「鉱物資源」を手に入れるためのトリックにすぎないのである[39]。

　戦争反対が道徳的な力を取り戻した。一九一七年以前、純粋な平和主義者を別にすれば、異端者たちは正気を失わず、合理的な考え方をしていたが道徳的な流れに逆らって戦っていた。ロシア革命、オーストリアの平和の申し出、最後にボルシェヴィキによるいわゆる秘密条約の発表によって、戦争支持者は、シニカルで帝国主義的な人々というレッテルを貼られたのだ。ウィルソンの十四カ条でさえ、主戦論者の道徳的優位を回復することができなかった。というのは、イギリス政府、いやそれ以上にフランス政府が、十四カ条をごまかそうとしていると非難されたからである――この非難は、講和会議のあいだに、大きく膨らんだのである。一九一七年、異端者たちは繰り返し議会を採決に持ち込んだ。信頼を回復してきた印と言ってよかった。五月十六日には、ロシアとの平和条約締結に賛成票が三十二票投ぜられた。七月二十六日には、ドイツ帝国議会の平和決議に賛成票が十九票。八月二十六日のストックホルム会議に賛成票が十八票。一九一八年二月十三日の戦争目的宣言に賛成票が二十八票。数字は印象的なものではない。フォックスとチャールズ・グレイがフランス革命に反対する戦争のあいだ得ていた支持よりいつも数が少なかった。だが、この数字は最初の二年間に声をあげた四人ないし六人から考えると、大きく伸びていたのである。同時に、異端者たちは、経験したことのない方向に向かって進み始めたのだ。異端者たちの票は、ノエル・バクストンの言う「反併合復興策[40]」、別のことばで言うと、一九一四年当時に戻すことを支持して投じられた。昔の急進主義者たちがいたら、二十世紀の子孫が復古の旗のもとで行進し、国際問題についてはほかの人々と同様、じっとしていること、いや後退することが最善策だと主張しているのを見て、おかしく思うことだろう。急進主義者のユートピアは、いまや未来にではなく過去にあるということになったのである。

昔に戻すことで平和を達成しようという運動は、一九一七年十一月、ランズダウン卿が平和のアピールを行った際、クライマックスに達した。ランズダウン卿は、一八〇六年にヨーロッパの解放を要求してフォックスの称賛を得たヘンリー・ペティー卿の孫である。ランズダウンは徹底した保守主義者だった。不本意ながら、ランズダウン卿は、急進主義者たちに取り込まれた。ランズダウン卿は、自分がいつのまにかノエル・バクストンや、F・W・ハーストや『ネーション』のマッシンガムやコンゴに関してE・D・モレルが行った運動を支持したリヴァプール出身の実業者たちからなるグループに加わってしまっていることに気づいた。彼らはランズダウン委員会をつくり、平和交渉を進めようとした。彼らのアジテーションは、連合国が決定的な勝利を収める一九一八年の夏の終わりまで活発に行われた。彼らが一八八一年のアイルランド土地法についてグラッドストンと決裂した人物のリーダーシップのもとに結集し、自由党の立法に徹底的な反対を行うことによって上院問題の危機を引き起こし、承認というかたちでのアイルランド問題の解決を実現する最後のチャンスを危うくだめにしそうになったということは、中流階級の急進主義者から見た場合には、おかしな結末である。この「奇妙な結合[41]」はさらに先に進んだ。ミルナー卿は戦時内閣の第二の地位にあった人物と言われることもあるが、「調整による平和」を好み、労働党の支持を確保したいと考え、ホールデインを通じウェッブ夫妻に接近したのである。ミルナーの「調整」とは、ドイツが西ヨーロッパの征服を断念するならば、東ヨーロッパでは自由にやってもかまわないというものだった。ブレスト－リトフスク条約は西ヨーロッパ文明をボルシェヴィキから守るためのパートナーシップの基礎となるべきものだったのである。

かつて労働党はロシアに反対してドイツと協力することには積極的だった。帝政の崩壊とともに、そうした時代は過去のものとなった。ミルナーの提案には何の反応もなかった。さらに言うと、提案はすでに遅すぎたのである。労働党は「民主主義」を目指す独自の外交政策についに着手したところだった。労働党には、もうミルナー卿の手引きは要らなかった。いや誰の手引きも必要としてはいなかったのである。このプロセスには長い時間が必要だった。一九一四年、労働党はほぼ満場一致で戦争を支持した。独立労働党のなかで異端の立場をとった人々は、残っていた少数の急進主義者と同盟を結び、労働組合指導者と袂を分かったのである。一九一五年、連合国の社会主義者が会議を開いたとき、労働党は、戦争の原因は資本主義だが、この戦争はドイツがベルギーおよびフランスに侵入したことによって起こったものであるということに、議論もせずに賛成した。一九一五年九月に、ケア・ハーディの死について、戦前の異端者たちの見解との印象的な決裂がもう一つあった。選挙休戦がケア・ハーディの選挙区、マーサーで破綻したのである。ハインドマンについている戦闘的人物が、独立労働党の指名した労働党の公認候補を破ったのだ。労働党の指導者の多くは、党の明白な敗北を歓迎した。一九一六年、戦争勃発以来初めて開かれた労働党大会は、分裂することなく、この戦争を支持した。マクドナルドは、自分自身は秘密外交に反対しており、ドイツ人の味方ではないのだと説明した上で、次のように嘆いたものである。「何と悲しいことか。胸が張り裂ける思いだ。結果が違っていればどうだったのだろうと心に疑問を抱きながらも、結果については誇りを持って、我慢して、会議の場で耐えていなければならない人々もいたのだ！」。

労働党は、一九一六年末、ロイド・ジョージの政権獲得後の政治情勢の変化によって、否応なく独立の方向に向かうことになった。アスクィス内閣は連立後なお、議会の伝統を守っていた。ロイド・ジョージ内閣は議会の外につくられた。いや、議会に敵対的でさえあったのである。というのは、アスクィスは自分の崩壊の瞬間でも、多数派を押さえていたからである。ロイド・ジョージの立場は「世論」に頼っていた。世論とはこの場合、リデルおよびノースクリフからC・P・スコットに至るまで新聞のオピニオン・リーダーを意味する。ロイド・ジョージは、議会よりも地方で人気があった。議会に出席することはめったになかったのである。ロイド・ジョージは、下院で自分の政策を演説するのではなく、公衆に向けた演説で明らかにした。ロイド・ジョージは議会票ではなく、大きな「利害関係」を直に扱った。利害関係のなかで最大のものは、「労働党」だった。ヘンダスンはこの利害関係を代表する声として戦時内閣の一員となったのである。少数派の労働党議員の党首として内閣に入ったのではなかった。ロイド・ジョージは労働党が「国民」政党で、昔の急進主義者が考えていたように、平和的で啓蒙的な政党だという見解を支持していた。ロイド・ジョージは労働党の幹部に次のように述べている。「どんな大臣でも、労働党の代表者に諮ることなく平和条項を作成するなど考えられないように思われた」。ロイド・ジョージは、講和会議に労働代表が出席することを望んでいた。もしかすると約束していたのかもしれない。「満足のいく平和を手に入れるほど求められていることはないと思います……というのは、みなさんは、未来には戦争が起こらないと保障することを何よりも望んでいると思うからです[42]」。ここには、独自の外交政策をつくろうとしていた労働党に、人々を明らかに惹きつける魅力が存在していたのである。

もっと強力な二番目の衝撃は、ロシアの第一革命といっしょにやって来た。民主ロシアは秘密条約の破棄を宣言し、「無併合、無賠償」の平和を要求した。これはほかの連合国の社会主義政党に対する挑戦だった。最初の段階では、反応が返ってくるのは極左派からだけだと思われた。一九一七年六月、独立労働党とイギリス社会党は、社会主義者連合評議会（United Socialist Council）を立ち上げた。人民戦線が登場したのはこれが最初である。決して最後ではない。この組織は、リーズでコンヴェンションを召集した。名前は、一八三九年のチャーティスト・コンヴェンション、もしくはフランス大革命の国民公会（Convention）を思い起こさせる。リーズ・コンヴェンションは、イギリスで革命を起こすことをもくろんでいた。ほかの人々に混じってマクドナルドとスノードンが支持した決議事項の中心は「労働者および兵士評議会」の設立の要求だった。事実上のソヴィエトである。このコンヴェンションはロシアに、平和のプログラムを保障し、イギリス政府にもこれを保証した。歴史的な瞬間だった。以前、イギリスの急進主義者はロシアとの同盟に反対して結集した。これ以後、異端を主張する進歩的な人々は、自分たちの外交政策は、とにかくロシアがいまこの瞬間にやっていることを保障することであると明確に述べることになる。これがリーズで達成した唯一のことである。千百人の代表者がばらばらに散っていった。コンヴェンションは忘却の淵に消えた。社会主義者連合評議会も運命を共にしたのである。

しかしながら、ヘンダスンは、労働党の気持ちは独立行動に向かっているという警告を無視しなかった。ヘンダスンは党といっしょに動いたのである。ヘンダスンが自由の方向に転換するきっかけとなったのは、ストックホルムで行われることになった社会主義者会議だった。連合国の代表が、開戦以来初めてドイツと会合を行うことになったのである。ヘンダスンははじめのうちこの会議に反対したが、弱りゆくロシア国民の戦意を高めるために方針を変えた。いや、ヘンダスンが述べたように、「わが国の軍事活動を補完するため政治的武器を用いた」のである。ヘンダスンは微妙な立場にいた――戦時内閣の閣僚であるのと同時に、連合国側の労働運動において、最も重要な指導者でもあったのである。ヘンダスンはこれに矛盾を感じてはいなかった。ヘンダスンはアーサー・ヘンダスン閣下である一方、ロバート・ウィリアムズのような労働組合指導者と緊密な関係を持つことができた。ロバート・ウィリアムズは、党の会議で次のように述べている。「バッキンガム宮殿の外に『空き部屋』と書いた立て札が立つことがあったら、神様に感謝しよう！」。ヘンダスンは二つの仕事を背負っているときがいちばん幸せだった。われわれはヘンダスンのことを考えるときはいつも、ペアで考える。ウェッブとヘンダスンは一九一八年、労働党の綱領を作成した。マクドナルドとヘンダスンはレーニンから、帝国主義におべっかを使う社会主義者だと非難された。J・H・トマスは、誰が最初の労働党の首相になるか質問を受けたとき、「俺かエンダスンのどちらかだ」と答えた。ランズベリとヘンダスンは一九三一年、労働党の魂を救った。そういま一九一七年、ヘンダスンは戦争に勝つためにロイド・ジョージと、平和を勝ち取るためには異端者たちと仕事ができると考えていたのである。

　戦時内閣はこの取り決めを飲まなかった。ヘンダスンは、ストックホルム会議を支持すべく宗旨がえしたとき、自分は「ドアマットの上」に立たされているということに気づき、辞任しなければならなくなったのである。「私は自分でやる意志がないことを拒否した。すなわち、私を政府に送り込んだ人々を捨てたのだ」。ヘンダスンは野党にはまわらなかった。ヘンダスンは、労働党が多数派とならない内閣には二度と参加しないと決めたが、残った労働党の大臣たちも辞任すべきだという提案には抵抗し、これを通した。そうしてしまうと戦争遂行上、政府を困難に陥れることになるからである。だが、ヘンダスンの道は固まった。野党にはまわらないものの、無所属で、この立場を続けようとしたのだ。労働党代表団は、ストックホルムに行くことができなかった。しかしながら、労働運動はヘンダスンの指導下で、独自の外交政策の創造に着手したのだ。こうして、解決したのである。いったいどんな方向に考えがまとまりえたのか? 民主管理同盟に向かうよりほかなかったのである。同盟は、代替案となりうる外交政策を提供することが自分たちの使命だと考えていた。いまや同盟は、金的を当てたのである。

マクドナルドがいちばん重要な輪だった。マクドナルドの影響力は、労働党が独立する方向に向かったとき、明らかに増大したのである。「秘密外交の混乱とごまかし、および国際連盟に対抗する連盟をつくること」に反対するという党綱領の文言に、マクドナルドが関わっていることが見て取れる。だが、民主管理同盟の知識人はみな、労働党に流れていった。労働党国際問題諮問委員会(Advisory Committee on International Questions)に群がったのだ——外務省のライバルとなる細織である。モレル当人だけが、そのなかに入らなかった。モレルは独立心が強かったので、ほかの人の指導下では、仕事をすることができなかったのである。何はともあれ、この時点では論外だった。というのは、ある批判に対してイギリス政府がでっち上げた過去最大の強制的譴責のために、モレルは獄中にあったからである。[43]労働党は諮問委員会を民主管理同盟に限定していたわけではなかった。諮問委員会には戦争支持者も含まれていた——トインビー、ハモンド、J・L・ストックスらである。ネイミアからのメモもあった。パーム・ダット、サクラトヴァラら、未来の共産主義者たちも含まれていた。だが、民主管理同盟はその全員の基調になったのである。

結果は一九一七年十二月、労働党と労働組合会議が発表した、戦争目的についての声明である。内容にわずかな変更があるものの、七月に民主管理同盟が行った要求と区別がつかないものだった。旧外交に対する非難や、敵国と同盟国を区別することに対する同じ反対があり、同じくドイツとの関係修復について強調が置かれた。だが、まもなく労働運動は、いかにもこの運動らしいごたごたに巻き込まれた。ヘンダスンはストックホルムの失敗にもかかわらず、国際行動を望んでいた。一九一八年二月、労働組合会議と労働党は連合国労働党社会党大会（Inter-Allied Labour and Socialist Conference）を企画した――独立労働党とイギリス社会党は除外された。国際社会主義事務局から招請があった場合には、招待されるべき組織である。大会は主としてフランスにあおられて、十二月声明をひっくり返した。国際連盟は最初からなかに収められた。無理に追加して書かれたのではなかった。軍事制裁が加えられた。ポーランドは「海への出口」と併せて、特別委任統治領として承認を得た。「チェコスロヴァキア人およびユーゴスラヴィア人による独立要求」を承認するという一節も挿入された。これらはいずれも、民主管理同盟の政策とはまったく矛盾していた。そのために労働党は、ヘンダスンの気持ちと同じで、二つの見解のあいだでどちらをとるか決められないという混乱に陥った。労働党は、一気に両方を実行した。民族独立要求を承認する一方で、この主張から生まれるドイツの苦悶に共感を持った。ポーランドの海への出口を要求する一方で、「回廊」を非難した。平和主義の一方で制裁を、軍縮の一方で安全保障を提唱するといったことをやってのけたのである。人も事件も単純なパターンで分類できると考える人々にとっては面倒なことである。だが、これが事実である。労働党の人々が矛盾だらけだったとするなら、先祖の急進主義者もそうだったのだ。この件に関しては、結局みな同じなのである。

　当時は、この矛盾に気づく者はほとんどいなかった。労働党はケア・ハーディの時代でさえ、外交政策については外向けと内向けと別の声を使っていた。習慣は決して変わらなかったのである。連合国社会主義者の宣言は、明らかに外向けだった。労働党の政策はイギリス国民に関する限り、一九一七年十二月の声明の線上に継続していた。声明はめざましい成功を収めた。政府はこれまで、イギリスの戦争目的を定義せよという要求をすべてごまかしてきた。議会だけが問題だったなら、ロイド・ジョージはもっと隠し続けたにちがいない。だが、ロイド・ジョージは、労働運動とうまくやっていきたかったのだ。一九一八年一月五日、ロイド・ジョージは労働組合の指導者を呼んで、政府の政策は若干のことばの相違があるけれども、労働党の声明に一致すると伝えた。これはたしかに、驚異的な業績と言ってよかった。民主管理同盟は、E・D・モレルがまだ獄中にいるうちに、労働運動という代行者を通じて外交政策を指揮していたのである。議会を無視した首相が、労働党の集会でヘンダスンとマクドナルドに「同意する」と言って自分の政策を発表したとき、イギリスにおけるボルシェヴィキ革命は、ほとんど意味をなさないものとなった。[44] ソヴィエトがすでに実現したのである。この印象は間違いなく誤解を招くものである。ロイド・ジョージは日和見主義者だった——これこそレーニンがロイド・ジョージを称賛した理由である。ロイド・ジョージの関心はこのとき、軍隊のために国民を自由にできるようにすることにあった。労働組合に対するデマゴーグ的な、あるいは異端的な演説をすることによってこれが簡単になるというのならば、その本質的な意味がどうあれ、またあとになってから自分がどんな苦境に立たされようとも、悩むことなどなかったのである。労働党の指導者がロイド・ジョージが想像したほどごまかされなかったことは間違いない。それでも、戦争が終われば、ロイド・ジョージは戦前の異端者の態度を取り戻すかもしれないと夢見ていたのは彼らだけではなかった——実際、ロイド・ジョージは戻ったのである。もっとも、そのときにはもう遅すぎて、自分にもほかの者にも役立つことはなかったのだが。

　とにかく、労働党の指導者はウッドロー・ウィルソンに強い期待を抱いていた。彼らはウィルソンのことを、おおよそ不可能な存在、すなわち権力の座に就いた異端者であると考えていた。おそらくウィルソンは、誰よりもそこに近づいたのだろう。異端者たちは、いや彼らだけではないのだが、ウィルソンの代理人ハウス大佐と向き合うことで誤解したのだ。ハウスは、イギリスにいるとき、さまざまな意見を持つ人々と会見した。ハウスは、ロイド・ジョージからヘンダスン、ノースクリフからマクドナルドのあいだを行き来した。ハウスはランズベリと会話したし、存在を知っていたとしたら、ガイ・オルドレッドあるいはジョン・マクリーンとも会っていたにちがいない。誰もが、自分はハウスに特別に気に入られたのだという印象を抱いた。イギリス人は、ウィルソンとハウスを含む最も友好的なアメリカ人でさえ、ヨーロッパ人のことを、全員野蛮な原住民とみなしているとは思ってもみなかった——第二次世界大戦中、F・D・ローズヴェルトとハリー・ホプキンズについて、ウィンストン・チャーチルが繰り返した失敗と同じである。アメリカの政治家は、ほかの人々にくらべると、ヨーロッパ人に似ているのかもしれないし、自分自身の見解と奇妙に似ているところを見いだすかもしれない。だが、十九世紀の伝道者がたまたま自分自身の姿を見いだしたアフリカの部族に関わることなどなかったように、彼らは特定のグループや特定の国に関与することなどなかったのである。ある種の野蛮人の一団はほかの一団よりましかもしれない。だが、みなもっと優れた新世界の啓発を受け救ってもらうことが必要だったのだ。異端者たちは、これを理解していなかった。賛成すればウィルソンは喜ぶとさえ思っていたのである。労働組合委員会はウィルソンに公的な祝福を与えた。「貴殿の理想はイギリスの労働者の理想です。イギリスの労働者は貴殿に心から、労働者としての支持を差し上げます」。ランズベリの『ヘラルド』は、相当左寄りだったが、一九一九年二月一日に次のように書いている。「ウィルソンは勝利を収めつつある。なぜなら、ウィルソンには自分を、一般庶民と同一視しているところがあるからである」。

一九一八年十二月の総選挙は、異端者たちがウィルソンに資金をつぎ込む傾向を助長した。労働党候補の多くは、民主的な世界を保障する平和だけでなく、賠償金と戦争犯罪の処罰を要求していた。連立の候補は懲罰的平和とともに理論上は国際連盟と十四カ条を押していたが、結果は「反動」の勝利と思われた。これ以降、ロイド・ジョージはせいぜい取り巻きの虜となった。取り巻きに対して、異端者たちは強い不信感を抱いた。独立労働党のかつての強者、フレッド・ジョウェットは当時連盟を仕切っていたロバート・セシル卿について次のように書いている。

新聞はロバート卿のことを、人類の友と言わんばかりに持ち上げている。しかし実際には、ロシアの大貴族やドイツのユンカーの世界から離れて眺めると、一般庶民にとっては最も有害な敵と言ってもいいのである。[45]

サー・エリック・ドラモンドが連盟の事務総長に任命されたとき、マクドナルドは次のように書いている。

彼は外務省の流儀で育てられ、信頼の置けぬ外交手法の訓練を受け、民主的見解を持たず、世界民主主義の意味を理解していない。国際連盟を現在のかたち——世界の上に君臨する勝者の機関——を越えたすばらしいものにしようというインスピレーションがまったく感じられない。[46]

異端者たちは、連立内閣に投票することで国民は自分たちを見捨てたとか、自分たちが「国民の声」ではなくなったとか、一瞬たりとも認めなかった。彼らは単純に、自分たちの声を、ほかの方法で伝えなければならないと考えただけだった。講和会議が始まったとき、労働党の指導者は、自分たち自身の講和会議に反対する人々による会議を招請する計画を立てた。この会議は正規の政治家とは無関係に、「国民の平和」ということばを規定しようとした。国際社会主義者の集会は、一九一九年一月二十六日から二月十日まで、ベルンで開催された。ドイツが連合国の社会主義者と同じ席に着いたのは、これが最初である。

ベルン会議は実を結ばなかった。いちばん重要な指導者たちは、多忙で参加できなかった——復員と再雇用に格闘していたのである。いや、ドイツでは、過激な社会主義者を抑圧していたのだ。異端者たちは、国際的なスケールでは失敗した。それゆえ、国内ではなおさら一生懸命になったのである。彼らは、パリで結果が出るはるか前に、まず平和協定を攻撃しようとした。四月初め、国際連盟規約の草案が発表された。労働党の人々はこれを議論するため、というより修正するための会議をロンドンで開こうと計画した。彼らは、いまなおアメリカの支持者に惑わされていて、この会議に出席してくれるようハウスを招待した。ハウスは招待を断った。異端を主張していた労働党の人々は、ハウスが自分たちの味方ではないのだということをようやく認識した。彼らはウィルソンが自分たちのために何かをしてくれるはずだと考えなくなったのである。それ以来、ウィルソンは折れた蘆となった。ケインズ流に言うと「丸め込まれた」のである。あるいは、マクドナルドが当時書いたように、「アメリカ人はヨーロッパの外交に対抗できなかった」のだ。しかしながら、予想もしなかった方向から、異端者たちを勇気づける人物がやって来た。ロイド・ジョージである。ロイド・ジョージは、この後の数年間、のちにさまざまな成果をあげることになる戦術を考案していた。「反動」の虜となることで、ロイド・ジョージは、自分を閉じ込めた刑務官が自分の首をくくるだけのロープを与えたのである。ロイド・ジョージは、イギリスの世論がひっくり返るまで、世論の乱暴な計画と折り合いをつけていた。そのあと、ロイド・ジョージは急進主義の闘士となって現れた、遅まきではあったが、勝ち誇って現れたのである。この戦術はロシアへの干渉に適用された。この戦術は、ヴェルサイユ条約についても適用された。不幸なことに、アイルランドのロープの結び目は、ロイド・ジョージ自身の首のところで絡まってしまった。ロイド・ジョージは、最期までブラック・アンド・タンを振り切ることができなかったのである。

一九一九年五月、ロイド・ジョージは自分の戦術を初めて試行した。ロイド・ジョージは条約の草案に、総選挙のあいだ、イギリス国民が好んだ猛烈な要求をすべて詰め込んだ。ドイツは上限のない膨大な賠償金を支払い、完全に武装を解除し、国際連盟から排除される。ドイツは全植民地を失い、ダンツィヒとシュレジェンの大半をポーランドに割譲する。ここでロイド・ジョージは、世論が爆発するのを待ったのである。というより、ロイド・ジョージは火薬を探そうと、火のついたマッチを振り回したのだ。ロイド・ジョージは講和会議で同僚を諌めただけではなかった。ロイド・ジョージは、最近まで第二インターナショナルの長を務めていたヴァンダーヴェルド(47)を派遣し、社会主義者の感情を刺激して平和条項に反対するよう促したのである(48)。これは普通では考えられない異端である。イギリスの首相が、自分の同僚や、政治的支持者や、連合国や、自分の所属する党に反対して、国際社会主義と陰謀を企んだのである。ロイド・ジョージの刺激を受けたのは、ヴァンダーヴェルド一人だっただろうか？　そんなことはなさそうである。ヘンダスンとマクドナルドはパリで、よくロイド・ジョージといっしょに朝食をとっていた。彼らはロイド・ジョージの心中にあったものを知っていたにちがいない。彼ら二人、それにおそらく同じように、財務省の随員だったＪ・Ｍ・ケインズも、提案された平和条約を非難したときに、ロイド・ジョージの差し金に基づいて行動していたのではないかと結びつけてみたい誘惑に駆られてしまうのである。

条約の草案は五月の初めに発表された。労働党は、せいぜい一日の遅れだけだったのに、草案を遅れたといって非難した。今回、労働党は民主管理同盟の先を行ったのである。労働党は五月八日に声明を発表した。民主管理同盟は五月九日に発表したのだ。だが、この二つの声明は、まったく同じ内容だった。書いたのはヘンダスンだったようである。ここに聞こえるのはE・D・モレルの声である。戦争は「ある意味では、抑圧された植民地獲得の野望の産物」であるがゆえに、ドイツから植民地を剥奪するのは間違いである。賠償金は間違っている。ドイツ人は「軍部にいる征服者のために働かされた奴隷」である。ザールの併合は「民族自決の原則の蹂躙」である。ポーランドは「ヨーロッパの激しい人権闘争の中心」にほかならない。ポーランド国境によって、「国民の忠誠を確めるために、国民の権利に対し、暴力が振るわれる」。特にシレジアは、「まさに略奪にほかならない驚くべき行為」である。モレルは少しあとで、いつものように鋭く、次のような判決を下している。「この条約が施行されれば、国際連盟は……世界で過去最強の抑圧機関となるだろう」。

労働党と民主管理同盟とロイド・ジョージは、一九一九年五月の黄金の日々に、予想以上に長いあいだ収穫を待たなければならなかった。世論がヴェルサイユ体制に対し効果的に爆発するまで、かなりの時間が必要だと思われた。爆発の結果は、最初に爆発を仕掛けた人々にとっても、歓迎せざるものになるかもしれなかった。当時重要だったのは、労働党が自ら異端政党であると自己規定したことだった。かつては自前の外交政策を持たず、ほぼ満場一致で戦争を支持した労働党は、しだいに民主管理同盟内の異端者たちの政策と同じ立場をとるようになった。以後、労働党は公的にとってきた政策を完全に拒絶した。体制側はヴェルサイユ条約に賛成した。異端者たちはヴェルサイユ条約に反対した。異端の中心は労働党だった。もっと露骨に言うと、体制側はフランス支持、異端はドイツ支持を立場としたのである。

ロシア支持ではなかったのか? これはこの話のもう一つの重要な部分である。最初のロシア革命は——一九一七年三月の民主革命は——異端者たちのジレンマを解決するように思われた。新生ロシアは無併合、無賠償で講和を結びたいと思っていた。新生ロシアはドイツにとって危険な存在ではなくなった。それゆえ、異端者たちは二つのあいだのどちらかで選択を行う必要がなくなったのである。彼らはどちらに対しても友好的でいることができた。十一月にボルシェヴィキ革命が起こると、イギリスで最も過激な社会主義者以外は、気持ちが退いていった。一九一八年初め、ノッチンガムで行われた労働党の大会は、レーニン勢力を代表するリトヴィノフより、亡命してきたケレンスキーを温かく歓迎した。ボルシェヴィキが勝手に戦争を離脱したという理由だけではない。西欧の民主的社会主義の指導者たちが、レーニンの悪態の標的になったのだ——特にヘンダスンとマクドナルドは罵倒されたのである。ドイツ皇帝追放後は、イギリスの労働運動は、ボルシェヴィキ・ロシアに反対し、再びドイツを選択した。労働党の和解政策は——ベルン会議のときあるいは平和条約に対する攻撃のとき——西欧の民主主義のためにドイツを救済し、ドイツをボルシェヴィキに対する盾にすることにしたのである。

　この選択は、歓迎せざる仲間とともに、労働党を脅かした。労働党はドイツ社会民主党には反対していなかった。実際、戦争の興奮が冷め始めると、ドイツ社会民主党のなかにごく密接な精神的なつながりを発見したのである。だが、ボルシェヴィキに反対したために、労働党はイギリス政府内の最も攻撃的かつ反動的メンバーに近づくことになった。労働党は民主主義がボルシェヴィキに対する最良の回答であると思っていた。チャーチル、カーゾンらは、帝政を復活させるための干渉戦争を望んでいた。干渉は、ドイツに反対する動きの一環として、一九一八年に始められたのかもしれない。これさえも、疑わしいのだが。ドイツに対するいちばん効果的な武器は、トロツキーとの協力だったはずである。干渉が一旦始まると、一九一九年までに、この議論は力を失った。この神話がいまだに受け入れられている、あるいは検討されていることは、誠実な歴史家を失望させるものである。陸軍大臣だったチャーチルは、自分の目的を隠さなかった。「どこかに、そう遠くないところにうまく発展していきさえすれば、ピョートル大帝の時代からロシア民族が築きあげた何世紀にも及ぶ宝をすべて代表し、具象化する本物のロシアが存在する……この大戦の初めの頃には、われわれはそれを知っていたのだ[49]」。チャーチルはサミュエル・ホーから温かい支持を得た。ホーはのちにスペインに対する不干渉政策の中心的提唱者となるのである。「不干渉政策は根本的に国際連盟が拠り所とするものすべてを否定するものである。国際連盟が発展すべきものであるとすれば、立場を明確にしなければならない……私は不干渉政策が可能だとは思わない[50]」。ボルシェヴィキとボルシェヴィキに反対する勢力は共通点を多く持っていた。両者とも相手が最悪の状態に陥るよう計算した政策に従った。レーニンについて言えば、それはおそらく慎重に行動するということだった。レーニンは「敵の帝国主義者軍団」には回復可能な未来などないということを示そうと考えた。しかし、民主的な政治家が、ボルシェヴィキをテロと独裁に追い込んで、うれしいと思っていたと考えるのは困難である。ロイド・ジョージはいつものように、ものごとをもっと的確にとらえていた。だが、同じくいつものように、野蛮な取り巻きたちの好きにさせたのである。

労働運動はボルシェヴィキが好きだからというより、これ以上の戦争は御免だということから、干渉に反対した。干渉に反対するにも、ウォームアップの時間が必要だったのである。一九一九年六月の党大会の決議は、ロシアの干渉に反対する「直接行動」を要求していたこの時代はゼネラルストライキを表すことばである。少数の労働党議員は、あわてて党綱領を擁護しようとした。クラインズはこの「民主主義に対する一撃」を非難し、糾弾した。「力を行使する階級には、労働党政府を暴力で威嚇する権利があるという意味なのか?」。炭坑夫組合の長スマイリーは、かつて異端者たちが抱いていた敵意を彷彿とさせることばでクラインズに答えた。「政権をとるために国民を騙し嘘をついたと思っているなら、思っているだけでなくこれが本当にそうだったなら、欺瞞とごまかしで居座ってきた政府を倒すために、労働党が行動をとらないということがあるのか？」。ハーバート・モリソンは、この議会労働党のレポートを、「この国の全労働運動のエネルギーや知性や活力」を蔑視するものであると呼んだ。しかしながら、大会は直接行動について決定権を持つのは労働組合だけであると決定した。実際には何もしなかったのである。

　干渉がデニーキン軍とコルチャック軍、ユーデニッチ軍とウランゲリ軍の支援に限定していたなら、何も起こらなかったにちがいない。一九二〇年春、イギリスのポーランド支援は本物の抵抗を誘発した。ポーランドはボルシェヴィズムの敵というだけではなかった。それどころか、ポーランドはヴェルサイユ体制の最悪の汚点だったのである。親ドイツ派と親ロシア派がポーランドに反対して団結した。のちに陸軍大臣になるトム・ショーは、一九二〇年六月の年次大会で述べている。「軍事力が絶頂にあった時代のポツダムとベルリンもワルシャワの町にはかなわなかった。ワルシャワでは、サーベルときらびやかな軍服が当時の秩序の支えだった」――のちに明らかになるように、これはポーランドのロマンティシズムの印であり、効率のよい軍事力を示すものではなかったのである。五月十日、ロンドンの港湾労働者はポーランドへの軍需品を「ジョリー・ジョージ号」に積み込むことを拒否した。これは行動の合図となった。労働党の穏健派は行動するのかしないのか選択を迫られた。諮問委員会は次のようにコメントしている。「労働党を正式に代表する立場からすると、労働者のあいだに広がっている感情を無視することはできない。いや、反対したいと思っても反対することはできない」。委員会は付け加えている。「ソヴィエト政府との戦争を労働者が拒絶したとしても、労働者はソヴィエト政府が拠り所とする基本理念に必ずしも賛成しているわけではない。ソヴィエト政府が行ったと報告されていることについては、なおのこと賛成しているわけではない」。この危機のあいだ、ボルシェヴィキと同一視されたくないという気持ちが生まれた。

労働組合会議と労働党の共同執行部は次のように述べただけである。「このような戦争は人類に対する耐え難い犯罪である」。特別大会は、「⑴ロシアのソヴィエト政府に対する陸軍および海軍による干渉すべてに反対するために」「⑵また秘密取引および秘密外交を一掃するために」直接行動を決議した。民主管理同盟はこのなかに自分たちのことばを挿入した。だが、ロシアが社会主義国であるとか「労働者国家」であるとほのめかすものはなかったのである。

一九二〇年八月に設立された闘争会議（Council of Actions）は、今世紀中最も革命に接近した地点を記している。異端者たちは、反対を超え、代替となる自前の外交政策を押したのだ。議員でさえ、革命の威嚇を支持したのである。有力な下院の労働党議員、クラインズは次のように述べている。「議会的、政治的常套手段だけでは、効果的でありえないとわれわれは感じた」。労働組合会議のJ・H・トマスは付け加えている。「この決議が効力を発するようにすれば、この国の全憲法に対する挑戦ということになる（喝采）」。労働党執行部議長、A・G・キャメロンはこのコーラスを膨らませている。「現諸権力が過度に干渉しようとするなら、権力を廃止せざるをえないようにする手を使わないわけにはいかない」。こうした仰々しいことばなど不必要だったことが明らかになった。ロイド・ジョージは、この嵐を手に負えない同僚の方に向かわせて、闘争会議に対して、君たちは開いたドアをノックしているのだと請け合ったのである。同様に日和見主義的な態度で、ロイド・ジョージは外交の正規のシステムを無視した。アーネスト・ベヴィンが「首相の特別な願いで」ロシア政府とイギリス政府の交渉の特使となった――これがベヴィンの最初の外交の経験である。不幸なことに、最後の経験とはならなかったのだが。戦争の危機は一夜で消滅した。ポーランドがイギリスの援助など求めずに勝利を得るつもりでいたという事実が、一役買ったことは間違いない。二週間後、ロイド・ジョージは南フランスに出かけた。首相代行を務めるバルフォアは、自分のところに来る労働党代表は議員だけに限ると主張し、憲法上の形式を復活させようと試みた。労働運動は依然として独立勢力として行動し、アダムスンとパーセルをリガで開かれるロシアとポーランドの講和会議に参加する「公認代表」に任命した。イギリス政府は彼らにパスポートを発給することを拒否した。労働党は黙って従った。勝った戦いのあとで主張することには何の価値もなかったのである。

それでもなお、平和協定に対する攻撃から始まり、闘争会議で終わった混迷はのちのちまで続く印象を残した。労働党は国内で「漸進することは不可避」と信じていたかもしれない。労働党は外交政策については革命的だった。あるいは革命的だと考えたのである。ヴェルサイユは労働党に、支配階級というものは救いようのないほど、邪悪なものだと教えた。闘争会議はこの邪悪なものを動き出す前に阻止することができると示していたのである。労働党は政治権力を獲得するまで、「直接行動」に依存する。権力を得たのち、労働党は、「開かれた外交」によって既存の諸悪を一掃するのである。E・D・モレルは勝利を収めた。民主管理同盟と労働党は、外交問題については一つだった。

民主管理同盟と労働党の結婚については、絵を二枚ばかり描かせてほしい。それぞれの側から一枚ずつである。C・P・トレヴェリアンは民主管理同盟の創設者のひとりである。名誉ある自由党一家の名前を背負っていたトレヴェリアンは、戦前は急進主義の議員で、戦争中は平和交渉を提唱した人物である。一九一九年、トレヴェリアンは労働党に加入した。トレヴェリアンは『自由主義から労働党へ *From Liberalism to Labour*』(一九二〇)のなかで、自分の改宗について説明している。一九一四年以前、急進主義者は労働党にいるより自由党員として多くの社会改良を行うことができたとトレヴェリアンは論じる。だが、自由党は三つばかり決定的な失敗をした。戦前に秘密外交を回避できなかったこと。議会は「なぜドイツが特別に敵として選ばれなければならなかったか、あるいはロシアが……味方として選ばれなければならなかったのか」見つけ出せなかったのである。戦争中に秘密条約を回避できなかったこと。秘密条約が発表されてから、イギリスの労働運動の態度の変化が始まった――そしてトレヴェリアンは改宗したのである。戦後の平和条約を回避できなかったこと、特に民族自決に対する犯罪を回避できなかったこと。ドイツ人はポーランドに取り込まれ、オーストリア人はイタリアおよびチェコスロヴァキアに、セルビア人とハンガリー人はルーマニアに、ブルガリア人はセルビアに、取り込まれたのである。簡単なリストとしてあげることができる。労働党の外交政策の基礎は、ロシアとの友好だった。「イギリスとロシアはともに、偉大な共通の国際的な力となる」。両国はともに、ヴェルサイユ体制を倒し、ドイツを解放し、フランスの強硬論を破るはずである。トレヴェリアンは、のちに過激な社会主義者となったが、信仰告白のなかには、国有化も資産の没収も入っていなかった。外交政策だけが、トレヴェリアンを労働党に駆り立てたのである。

もう一方の側から描いてみよう。一九二〇年の休戦記念日、民主管理同盟はキングズウェイ・ホールで旧軍人だけを対象にした集会を開いた。ステプニーの市長を務めている労働党員が議長を務めた。彼には従軍経験があった。彼は次のように述べた。「民主管理同盟はわれわれは騙されているのだと言いました。民主管理同盟が正しく、われわれが間違っていたのです……軍隊にいたとき、私は兵士たちや将校たちとおしゃべりをしました。特に兵士たちとは何度も話しました。私は兵士たちに、何のために戦っているのかとよく聞いてみたものです。答えはいつも同じでした。彼らは国王や国の問題というより、大きなことのために戦っていました。彼らは、私たちもそうなのですが、全世界の善のために戦っていると信じていたのです。ここに政府の裏切りが忍び込んできたのです[51]」。このステプニーの市長は、少しあとの労働党大会で述べた。「資本主義が続くあいだは、政府に武器を託すことはできない」。アーサー・ヘンダスンはこの見解を「まったくばかばかしい不毛の見解[52]」だと述べた。ステプニーの市長とはＣ・Ｒ・アトリー少佐のことである。

6　両大戦のあいだに――政策の模索

最初に大まかに両大戦間の外交政策に関する論争を眺めてみると、単純なパターンに収まっていることに気がつく。おおむね野党だった労働党と自由党は、集団安全保障と国際連盟を支持していた。保守党、あるいはのちに挙国政府と呼ばれるようになる政府は、伝統的な外交を頼りとし、国際連盟のことを、せいぜい交渉のために設けた付随的なチャンネル程度のものと考えていた。これは大なり小なり、労働党が過去について持っている公式見解である。「理想主義者」が自分たちを自由にしてさえくれれば、大軍備によってこの国の安全を確保したはずであるという保守党の弁解の方が、真実に遠からずなのである。保守党の今日の発言から判断すると、保守党が両大戦間の二十年のうち、十七年間も多数派を維持し政権にあったなど、誰が想像できようか。彼らは自分たちがやるべきことをつかんでいたならば、やりたいようにできたはずである。だからこそ、一九三九年の戦争を引き起こすことになる過ちの責任の大半を負わなければならないのである。保守党が弁解できるとすれば、保守党が異端者たちの外交政策を二十年も遅きに失して実行したということであり、間違った考えを抱いた指導者たち――マクドナルド、サイモン、チェンバレン――が、失敗した異端者だということである。そうではあるのだが、左翼の異端者たちも、決して明確だったわけではなく、のちに主張したように、野党の立場で決断を下したのである。政権に就いた労働党は、保守党よりもましなことを行ったわけではなかった。保守党より悪いことをできるわけでもなかったのである。しかしながら、労働党は一九〇六年以降の自由党の経験を繰り返したと言ってもいいのかもしれない。自分たちのあとに続く人々のなかに、異端を喚起したのである。

本当のところ、一九二四年に起こったのは、こんなことだった。マクドナルドは民主管理同盟に参加していたものの、しばらく活動的ではなくなっていた。ポンスンビーとアトリーは二人とも、政府に加わるに当たり民主管理同盟を辞任した。「政府のメンバーは誰ひとり、民主管理同盟に入っていないと、断言することができる」。モレルは外務大臣になると思っていた。マクドナルドはモレルに、J・H・トマスを外務大臣にせざるをえないのだが、トマスはモレルを政務次官にするのを拒否したと述べた。そこで、マクドナルドは自ら外務大臣を兼務することになった。モレルはまもなく、マクドナルドが昔のグレイ同様、官僚たちの虜となるにちがいないと確信した。ジノヴィエフ書簡事件は「労働党が外務省の官僚を統制する力がなく、党を官僚の無力あるいはそれ以上の悪から守ることができなかった」ことの現れである。異端者たちの観点からすると、マクドナルドはドイツに関しては健全だった。「われわれは、ドイツ国民が押し潰されたり、奴隷とされたり、不可触民扱いされたりしないよう、注意しなければならない[1]」。だが、マクドナルドは、ソ連に対してはかなり冷淡だった。異端者たちにとっては、ソ連はドイツと同様に重要だったのである。マクドナルドには「ロシアの外交代表が行うばかげた行為や猿知恵を我慢する気持ちがなかった[2]」。労働党政府はこれ見よがしにソ連を承認した。だが、マクドナルドとポンスンビーは、財政援助条約の交渉になると異議を唱えた。八月五日、外務省は交渉が決裂したと実際発表した。モレル、ランズベリ、それに独立労働党のウォールヘッドは、その後、政府の盾の陰でロシア人と話をつけ、自分たちの条件を押しつけた。結果的に、条約は総選挙の敗北でお流れとなったのである。

第二次労働党内閣には、このようなトラブルはなかった。アーサー・ヘンダスンは「わが国史上最高の外務大臣」として登場した。おそらく、その通りである。だが、この希有な穏やかさには、別のもっと実際的な理由がある。労働党は一九二九年から一九三一年にかけて、あれこれ論争で分裂していたので、外交問題に関して議論する時間もエネルギーもなかったのである。何はともあれ、この短命に終わった二度の少数内閣は、枝葉の問題にすぎない。両大戦間の二十年のあいだ、異端者たちは、公式の野党の立場にこだわり続けた。だが、異端者たちに有効性がなかったわけではない。ある意味では、自分たちの望んでいた野蛮な夢を飛び越えて、成功を勝ち取ったのである。彼らは「ヴェルサイユ体制」をまったく信用しなかったし、伝統的外交政策――すなわち今日濫用されている「パワー・ポリティクス」なることば――を信用しなかった。一九三〇年代の半ばには、一九一九年に講和に関わった人々に賛成して発言する人物は一人もいなかった。誰もが国際連盟や集団安全保障について、口先ばかりのお世辞を述べた。だが、まさにこの成功こそ、破壊的な結果をもたらしたのである。異端者たちは政敵に対し、おまえたちが一九三九年の崩壊について責任があるのだと非難した。ここにはある程度真実がある。だが、異端者たち自身が崩壊に力を貸していたのである。非難するに当たって、彼らは一致団結しており、説得力があったが、この国あるいは自分たちの良心を満足させるだけの明快な代替案を系統立ててつくろうとはしなかったのだ。

　両大戦間の異端は、実は決していっしょになるはずがない二つの階層からなっていた。その出発点はネガティヴなもので、フォックスやコブデンから伝わり、第一次世界大戦中にモレルが一新したものだった。異端者たちは、いまなお外交は不要だと仮定していた。世界の諸国民は放って置かれれば平和に生活するはずである。「外交政策なし！」がいまなお最も安全なルールだった。イギリスはドイツおよびロシアと和解すべきである。そうすれば、世界は永遠の平和という「正常な」状態に戻るにちがいない。モレルはいつもこう考えていた。「勝者の連盟」にはまったく関心を示さなかった。モレルの関心はドイツを宥和することだった。モレルの存命中は、異端者たちはモレルの指導に従った。一九二四年暮れのモレルの死は、ひとつの時代の終焉を記すものだった。モレルの後継者となった者は誰ひとりいなかった。一九二四年から一九三九年にかけて、異端者たちは、追ってくれる犬のいない羊だった。誰もが迷い、独立した結論にたどり着けなかったのである。フォックスに始まった伝統はモレルで終わった。モレルの死をもって筆を置いたとしたなら、この伝統はもっと整然とした、もっと論理的なパターンだったと思う。不幸なことに、できごとというものは象徴する人物がいなくなっても、展開し続けるのである。とにかく、異端者たちは、否定に満足できなくなれば、モレルを脇にどけてもよかったのである。たしかに民主管理同盟はまもなく卓越した影響力を失い、有効性があるとは考えられなくなった。

定義によれば、異端はネガティヴなものである。異端は既存の体制を非難する。だが、どの異端者の内部にも、第五王国の人が潜んでいて、抜け出そうともがいているのだ。異端者たちは、現在の諸悪に抵抗するだけでは満足しない。国民が国民に平和を語り、戦争などもはや存在しない完璧な社会の到来を見たいと考えているのである。これは、社会主義においてはいつも重要なことである。社会主義者は誰もが心の底で、資本主義が世界の諸悪を生み出すと信じている。だからこそ、社会主義は諸悪を終わらせようとするのである。大戦はこの信念を強化した。一九一四年以前、社会主義者の作家は、資本家は金を追っかけ回すものと仮定していた――たしかにこれ自体邪悪なことである。だが資本家がそのために破壊を好むとは思われなかった。実際、ブレイルズフォードらは、資本主義の発展は戦争を不可能にするとは言わないまでも、その可能性を減少させると論じていた。だが、大戦は始まったのである。資本主義は、ありとあらゆることに責任があるのであり、この戦争について責任があることは明確だった。だが、戦争とその恐るべき結果のすべてが、富の追求だけが原因だとは誰も論じることができなかった。それゆえ、結局資本家は「人喰い鬼」、「人喰い人種」と言われるようになるのである。こうしたエレガントなことばは共産主義者の書き物のなかでの小さな変化である。だが、社会主義者はみな、これに反応したのだ。国民の敵対、高関税、政治的殺人、道徳の堕落など、新しい悪はいずれも資本主義の戸口にあった。諸悪に関する話がエスカレートすると、資本家が女性や子どもの苦しみを楽しんでいるという結論もまたエスカレートした。労働党の諮問委員会は一九二〇年六月に次のように書いている。「資本主義は帝国主義および軍国主義という極端な形態に至り、文明の物質的基盤を揺り動かしている……われわれの任務は、外務省を狂気の道から、少しだけそらしてやることではない。われわれの任務は帝国主義的資本主義が世界にもたらした破壊を、大衆に理解させることである」。

障害があった。最後の二つの文は、現実の政治を志すユートピア政党が直面した、解決不能の問題を現している。大衆に、神の再臨を待つべしと言うのは賢明ではない。大衆は事態がいまこの場で改善されることを望むのである。ハインドマンは昔、社会革命を経ないうちは、社会状態は緩和されないと主張した当時、この困難にぶつかっていた。大衆はハインドマンの社会民主連盟から「改良主義者」の労働党に向きを変えることで答えを出していたのである。それゆえいま、このことばを繰り返すのはむだである。「資本主義が続く限り戦争はなくならない」。人々は平和と安全保障について即座に政策が採られることを望んでいた。そうした政策は国際連盟のなかに存在すべきだと主張した。抽象的に考えると、国際連盟の方が社会主義よりはるかに革命的である。一方は経済システムを変えることだけを要求する。もう一方は統治者と被統治者両方の精神が変わることを要求したのである。だが、人々の前に示された国際連盟はこんなふうではなかった。国際連盟を提唱した人々は、大部分が穏健な人々で、地位があり、高邁な精神を持っていた。体制側の人々で、異端者たちではなかったのである。例を挙げよう。ロバート・セシル卿は戦時中、封鎖担当大臣で、一九二八年まで保守党内閣の閣僚である。ギルバート・マリはサー・エドワード・グレイの外交政策を擁護して書いたパンフレットの作者である。[3] このような人々は、国際連盟は革命についてまわる問題抜きで、革命のもたらす利益をすべて与えると主張した。社会の大変動の必要はないし、昔からの価値を放棄する必要もなかった。単純に、現在の国際関係のシステムにちょっぴりひねりを加えるだけでよかったのである。それですべてがうまく行くはずだった。

　国際連盟は、異端者たちの見解とはうまくかみ合わなかった。国際連盟は民主管理同盟からあまりにも多くのものを求めすぎた。逆に、革命家に与えたものはあまりにも少なかったのである。しかし、理由は違っていたが、両方のグループとも国際連盟を飲み込んだ。民主管理同盟の孤立主義者は、国際連盟の名のもとで行われる「党派的な同盟」や「パワー・ポリティクス」を非難することができた。社会主義者は、改良主義を受け入れたように、国際連盟を受け入れた――審判の日が来るまで、いちばんうまく利用できるつけ払いである。そんなわけで、最後の破壊的逆説があるのだ。異端者たちは、どの流派も、自分たちが信じていない政策を推進したのである。国際連盟は、何か意味があるとすれば、武力によって平和と安全を維持するため、既存の政府と同盟することを意味する。だが、民主管理同盟は軍備を持つことは悪いことであり、軍事同盟を結ぶことはさらに悪いことだと考えていた。革命家は、資本主義が倒されるまで、政府はすべて邪悪なものだと思っていた。革命家はみな、より小さい方の悪を選ぶべしという教えに従って、催眠術にかけられていたのである。国際連盟は間違いかもしれない、だが、代わりに何を置いたらよいのか？　異端のグループはいずれも、遅きに失しないうちに、何とかこの混乱から脱出したいと思っていた。民主管理同盟のメンバーは「制裁」をどうにかごまかしてしまいたいと思っていた。社会主義者は資本家の政府を支持したくないと思っていた。もちろん、こうした態度とくらべて、その気もないのに

「国際連盟を語る」保守党の人々の態度の方がましだということはなかった。だが、彼らの方がずっとましだなどということもなかったのである。

一九三〇年代の人々は、この問題に取り組まなければならなかった。「資本主義のもとでどうして平和を維持するのか？」。私はあとでこの話に戻るつもりでいる。民主管理同盟の困難はずっと前から始まっていた。ラムゼイ・マクドナルドは首相になる少し前、自分の政策をいつものようなネガティヴな言い回しで定義した。「軍国主義の体制だけでなく軍国主義に対する信頼を解体する……基本的に国民大衆から情報を遮断している旧式の外交の手法を解体する……軍国主義には、明らかに原始人の匂いが存在する」。マクドナルドは攻撃的武器と防御的武器の違いを一切認めていない。「われわれは絶対的に軍備に信頼を置いてはならない……党派的な軍事同盟があってはならないし、特殊な保障があってはならない[4]」。だが、マクドナルドが外務大臣としてとった最初の行動は、国際連盟規約のなかに存在するギャップを埋めるために考案した議定書を推進することだった。民主管理同盟のスワンウィック夫人は、イギリス代表としてジュネーヴに派遣されたとき、自分が普遍的かつ自動的軍事制裁システムに賛成投票しなければならないことがわかった。スワンウィック夫人は「悲鳴を上げつつ」投票した[5]。だが、直前に、スワンウィック夫人は「全世界が加盟し、改良を加えた国際連盟のもとで、相互の安全を保障する」という民主管理同盟の要求に署名していたのである[6]。

保守党政府は議定書を廃棄し、代わりにもっと限定的な、ロカルノ条約という保障を用意した。ロカルノ条約は労働党を困難に陥れた。労働党は保障というものすべてを心底嫌っていたのに、ロカルノ条約の保障は普遍的な保障ではないと不満を述べなければならなかったのである。マクドナルドは宥和の最後の瞬間を嘆いただけである。

それは行き来する。それはいつも通過して行く。それは猛烈な洪水のようにやって来る。それが最高潮に達した瞬間に、それは終わりに［退潮に？］向かう。素早くチャンスをつかまなければ、心の内にあるあの変化が姿を現すチャンスをすべて利用しなければ、収穫は得られず、石のように堅い大地に蒔いた種のようになってしまう。実りある前に枯れてしまうのである[7]。

労働党の修正案を支持し、普遍的保障を要求していたJ・H・ハドスンは次のように述べている。「新たな戦争が起これば、どんな口実がつけられたとしても、どのような状況下でも政府が行う決定を支持して武力を使うことに加担する気はありません[8]」。一九二六年の労働党大会は、ロカルノ条約を非難する決議を否決したが、「労働者は武装の拒否を含めて、ゼネラル・レジスタンスを組織し、いわゆる防御的あるいは攻撃的戦争の脅威に対応する」と決議した。アーサー・ヘンダスンはもっと現実的な人物だったと思われている。ヘンダスンは「軍縮に取りかかる前に、安全保障に効果的に取り組めなかった[9]」のだから、軍縮は不可能だったのだと生涯の最期に述べている。ヘンダスンは以前には、こんなふうには考えなかった。ヘンダスンは、一九二九年の労働党大会で次のように述べている。「われわれは戦争をなくすために闘っている。われわれは軍備競争のむだと愚行をなくすために闘っているのである」。外務大臣になったとき、ヘンダスンは議定書を復活させようとはしなかった。

異端者たちは、自分たちの態度に矛盾があるということを否定するにちがいない。彼らは、かつてはドイツが無実だという見解を受け入れた、そのあとは、平和に対する唯一の脅威はドイツとフランスの軍事力の不均衡から来ると考えた。フランスに軍縮させよ。そうすれば安全保障は自然についてくる。例を挙げよう。マクドナルドは、フランスおよび同盟国がドイツの水準まで軍備を削減するまで、効力を発しないという但し書きのついた議定書の部分が重要であると考えていたのである。イギリスが保障を与える理由は、保障が求められることなど現実にありえないというだけのことだったのだ。多くの人々はイギリスと同じような仮定をして、手形を裏書きし、破産を扱う裁判所に飛び込むのだ。異端者たちが国際連盟に関心があったのは、ドイツを宥和することだけだった。ヴェルサイユ体制を非難するときに、この方向に関わっていたのだ。異端者たちは天気のいいときも悪いときも、この方向にこだわったのである。

　労働党は、作成前から、平和条約に反対してきた。労働党はこういう態度をとっていたおかげで、まもなく強力な援軍を手に入れることになった。J・M・ケインズが、心のなかで暖めてきたケンブリッジの友人たちに対する「厳粛な約束」を果たしたのである。ケインズは、講和会議のイギリス代表団を辞任して、時代を画する本『平和の経済的帰結 *Economic Consequences of the Peace*』を書いて、講和会議とその決定すべてを激しく非難した。ケインズは、自分は経済学者として書くと主張して、単純な経済的議論にだけ依拠した。ドイツは大陸の経済の中心である。それゆえ、ドイツを弱体化させるものはすべて、全ヨーロッパを貧困化させる。ケインズは平和条項に反対し、ドイツのメモを引用する。「この条約に調印する者は、何百万もの子どもたちを含むドイツ人の死刑執行命令に調印することになる」。付け加えて書いている。「私はこのことばに返すことばはない」。ケインズはきわめて優秀な経済学者であるとのことである。だが、この平和条約の非難ほど人々を惑わした判断は歴史上ほとんど例を見ない。ヴェルサイユ条約の結果、ドイツではただの一人も死んでいないのだ。女性も子どもも。本当のところ、死の宣告を受けたと思われた子どもたちは、一九四〇年にナチスの兵士となったのである。転じて世界史上最強の戦士となったのだ。ケインズはバートランド・ラッセルとリットン・ストレイチーの文学的資質を結合した天才作家でもあった。賠償金に反対するケインズの議論に賛成した読者のなかには、騙されたウィルソン、約束を裏切るロイド・ジョージ、フランスのことしか考えない黒手袋のクレマンソーの肖像画を楽しむ人々が大勢いたのである。このレトリックにほとんど影響を受けなかったのは、おかしなことだが、ジョン・メイナード・ケインズその人だった。『平和の経済的帰結』のなかで、悪賢く利得を追求した悪漢がいるとすれば、それはロイド・ジョージである。だが、数年のうちに、ロイド・ジョージとケインズはごく親密な仲となった。一九三九年に、ケインズは『ニュー・ステーツマン』に記事を書き、「三人が声援した」ブリンプ大佐と昔の学校仲間のことを称賛した。だが、反乱を起こすと威嚇して、ロイド・ジョージにケインズが非難した苛酷な平和条項を課したのは、ブリンプ大佐で、いやもっと正確に言うと、サミュエル・ホーやのちにハリファックス卿となるエドワード・ウッドを含む二百人あまりの議員だったのである。ケインズは暗示しただけで、政治的なコメントをしなかった。ケインズは平和条約の失敗の原因を、人間の愚かさやわがままであるとし、資本主義システムではないとした。人は指摘を受けると、遅かれ早かれ分別あるコースを選択するものだ、とケインズは生涯の終わりまで信じていた。ほかの異端者たちは、ケインズの武器を違う方向に向けたのである――反資本主義、反フランスに向けたのだ。この二つの悪を同義語であると考えていたのである。例を挙げよう。ブレイルズフォードはケインズの経済的予言の影響を繰り返している。

ヴェルサイユ条約は一文で要約することができる。ヴェルサイユ条約は即座にドイツから生産手段および生産動機を剥奪したのである。この条約が改定されない限り、戦前の何世代もかけてドイツを大陸の工場とした活動は、ごく微弱な規模で回復していくことはあっても、再開するということはありえない[10]。

ブレイルズフォードは、一九一四年三月にヨーロッパ大戦は不可能だと思うに至った信念をたしかに失っていなかった。にもかかわらず、あとの予言は彼が思ってもみないかたちで現実となるのである。

> 未来のイメージは……全中央ヨーロッパが戦争の囚人キャンプ状態になり、看守の利益のために働かされているというイメージである。[11]

次にブレイルズフォードは、ケインズとは違って、説明を加える。

> 悪徳だらけの資本主義制度は……最も高い生産力を持っている国民を破壊した……そして、原始的で教育を受けていない民族である、ポーランド人、ルーマニア人、ユーゴスラヴィア人に愛嬌を振りまいた……[12]何世代経験したところで、勤勉で知的な労働者であるドイツ人に取って代わる可能性などないのである。

ブレイルズフォードがマケドニア人を執心に称賛するところから人生をスタートしたとは誰も想像できないにちがいない。

これら「原始的で教育を受けていない民族」は、多くの問題を抱えていた。彼らには産業力がなかった。産業力を発展させようとすると、事態はさらに悪化した。彼らは大規模な軍隊を維持していた。民主的政府を運営できなかった。彼らの独立は「連合国が……彼らの過激な目的が実現するまで大戦を継続したがために[13]」達成できたのである。彼らは、民族自決の原則を遵守できていないと、非難されるのである。

「最悪の障害は、三百万人のドイツ人をチェコ支配下に置いたことだった[14]」。しかし、彼らはドイツ人の犠牲の上に自分たちの民族の要求をしたと主張すると、同じように非難されたのだ。

> 幅広い回廊が（たまたまそこはポーランド人の人口が多かったのだが）ポーランドの軍需品をダンツィヒからワルシャワに運ぶために、削り取られた。回廊は胴体からもぎ取られた脚のように、ドイツ国民の体から東プロイセンの広大なドイツ領を引き裂いたのである[15]。

いまとなって、異端者たちは「後継国家」に反対し、戦前、ロシアに対して感じていた敵意のすべてをぶつけたのだ。譴責はさらに厳しくなっていた。以前はフランスがロシアと同盟を結んでいるとして非難されたが、後継国家はフランスと同盟を結んでいるとして非難された。昔の「自由同盟」は、ヴェルサイユ条約とヒトラーのラインラント占領のあいだに失墜したのである。代わりにフランスは、「一世紀ほど実現できなかったヨーロッパ支配を、いまじっくり味わう伝統的軍事国家[16]」となった。ブレイルズフォードは、いつものようにこの考えをさらに敷衍する。

> フランスの相対的軍事力はかつてのドイツの軍事力よりも大きなものとなっている……この不均衡は永続的なものである……フランスはナポレオン一世時代の軍事的優位を回復してきている。セダン後の五十年のあいだ、衰退していたことから、強い民族意識を持っているフランス人がいまも変わらず持ち続けている軍事的伝統に対して、われわれの記憶が薄れてしまったのである……小土地所有者や小口の投資家で構成される国民は、英語で言う「自由主義者」にはなりえないのである[17]。

異端者たちは、フランスについてはみなこんな見解を持っていたが、E・D・モレルはアガディール事件以来続けてきた、フランス反対運動のリーダーとなった。ルール占領によって、モレルは、今度は逆方向だったが、何年も前に成功を収めたコンゴの運動を繰り返すことができるようになった。モレルはかつて、ベルギー人のことを有色人種を同等に扱わないと非難した。いま、モレルは、フランスが有色人の軍隊をドイツ軍と同等に重要視していると非難したのである。モレルのパンフレット『ラインの恐怖 *The Horror on the Rhine*』は出版後数カ月のうちに八版を重ねた。モレルは（初めて）ドイツを訪問した。モレルはドイツで、シュトレーゼマンやティルピッツやフォン・ケールのような自由主義者の話を、共感を感じつつ聞いたのである。モレルが帰ってきたとき、ボールドウィンはモレルの言うことをうなずきながら聞いて、ボールドウィンらしいことばで述べた。「とにかく、何かやるということがどんなに難しいか君にはわからんだろう」。マクドナルドはモレルに、ボールドウィンについて次のように述べた。「本質的なことについては、ボールドウィンの意見はどれもわれわれの意見とかなり一致しています……ドイツはほかと同様、われわれの利益の範囲内に保っておかなければなりません」。

　モレルがドイツからいちばん熱心に手紙を書いて送ったのは、モンジェラである。モンジェラは、早い段階で「戦争責任の嘘」に対し、戦った人物である。モンジェラはモレルに書いている。「われわれは歴史上最も平和的な国民です。攻撃されたと思ったとき以外には、決して戦ったりしませんでした」。モレルが強く鼓舞する必要があったのはこんなことではない。モレル自身のパンフレットは、すでに戦争の起源についての「科学的」研究が向かう方向をとっていた。かつて民主管理同盟のメンバーだったサー・ダニエル・スティーヴンスンは、「戦争責任」に反対する運動として、ロンドン・スクール・オヴ・エコノミクスに国際史に関するスティーヴンスン講座を創設した——このような講座は、この国でただ一つである。

民主管理同盟のほかのメンバーは、この目的のために、大学で使用する歴史作品を提供した。私は個人的な経験から、ここで話をすることができる。一九三〇年にマンチェスター大学に行ったとき、私は一九一四年に至るまでのヨーロッパ史を教えなければならないと言われた。オックスフォードで教育を受けていたとき、私は一八七八年以後のことは何も知らなかったのである。私は慌てて読書リストをかき集めた。あとになって、調べてみたのだが、これはこう始まる。

バートランド・ラッセル『自由と組織、一八一四〜一九一四 *Freedom and Organization 1814-1914*』
ローズ・ディキンスン『国際的無秩序 *The International Anarchy*』
G・P・グーチ『ヨーロッパ史、一八七八〜一九一四 *History of Europe, 1878-1914*』
H・N・ブレイルズフォード『鋼鉄と黄金の戦争 *The War of Steel and Gold*』

四人の作家は全員、民主管理同盟のメンバーである。外国の作家のなかでは、私はヒトラーのもとで講座を維持し続けたドイツ人、エリック・ブランデンブルクと、シドニー・フェイの本を使用した。一九四七年頃になって、私が挑発したのに応えて——こう言っても私はかまわない——フェイは、あとで起こったできごとも、イギリス文書とフランス文書をすべて束にしても、ドイツ文書だけを基礎とした昔の結論を変更する気にはならないと断言した。私はフランスの歴史家のことを何も知らない。ハリー・エルマー・バーンズの作品につかまらなかったのは幸運だった。のちに、少数の歴史家がこの流れに逆らおうとしたのである。バーナドット・シュミットの一九三〇年の作品『戦争の到来 *The Coming of the War*』、ウッドワードが一九三五年、英独海軍の競争について行った造詣深い研究がそうである。いまなお一般人が抱いている見解から判断すると、これらの本は書かれなくてもよかったということになる。民主管理同盟版の歴史は、この分野を押さえている。これを揺さぶろうとすると論争的であるとか「重みがあるというより偶像破壊的だ[18]」と片づけられてしまうのである。

民主管理同盟版の歴史を詳細に論じ、記録に逆らって並べると、講演をまるまる使ってしまうことになる。私は例を一つだけ挙げることにする。ローズ・ディキンスンである。理由は、ディキンスンの本がグーチ博士の本より読みやすいからであり、知識人グループがいまでもディキンスンのことを称賛しているからでもある。ディキンスンには永続する影響力などなかったのではないかと考えるなら、一九三八年になってなお『国際的無秩序』が、サー・アーサー・サルターのおもねるような序文付きで、改訂もなく出版されていたことを、思い出してほしい。とにかく、私はこの本がたぶんいまでも出版されていることを知っているのである。ここに、『戦争――その性質、原因、治癒 *War: Its Nature, Causes, and Cure*』(一九二三)から抜粋したディキンスンの歴史判断がいくつかある。ドイツ海軍は「ドイツ貿易を防衛するため」につくられた――これについては、ドイツ海軍法の序文およびティルピッツの作品が否定している。ドイツ政府は「モロッコ貿易をすべての国に開放しておこうと考えていた」――ドイツ文書自体は、ドイツがモロッコの意義についてはこだわりを持っていなかったが(ドイツ人はモロッコで実際何の取引もしていなかった)、英仏協商を破壊しようと計画していたことを示している。ロシアは「バルカン半島における覇権を望んでいた」――逆にロシアはバルカン半島を放置しようとしたのである。セルビアは「原始的で、野蛮で、攻撃的」。秘密条約は「真の協商の目的を示す十分かつ、最終的かつ論駁不可能の証拠」。大戦は「すべての国際戦争と同様、両者とも、勢力拡大と領域獲得を目的としていた」。さらに興味ぶかいことだが、戦争の傷を癒すことを目的としたこの本は、ほかにいろいろ扱っているのに、国際連盟についてはたった一文しか触れていないのである。

「戦争責任の嘘」に反対する運動は、原点となる平和条約に反対する抗議以上に深く切り込んだ。平和条項は粗雑で、公正さを欠いており、機能しないものでさえあった。にもかかわらず、ドイツだけに開戦の責任があるとするにしても、道徳的にはそれなりに正当性があったのである。ドイツがほかの国とくらべて多くの責任があるというわけではないと示すことができればいいのである。あるいはほかの国より責任が小さいというだけでも十分なのである――つまりおかした罪以上に非難されたとか、「持たざる国」は貪欲な「持てる国」に締め出されていたとか――そうすれば、平和条約の道徳的問題が解決する。異端者ならずとも、多くの人々は、戦争の起源を研究しているうちに、ダマスクスへの道を発見したのである。例を挙げよう。のちにロジアン卿となるフィリップ・カーは、パリ講和会議ではロイド・ジョージの個人秘書で、ドイツの不満に対して連合国としての回答を起草した人物である。当時、ロジアン卿は、ドイツの戦争責任を強調していた。あとになって、ロジアン卿は、民主管理同盟の歴史家が書いた本を発見し、その瞬間から宥和政策を熱心に提唱することになったのだ。平和条約が正しくないと示すことは、フランスの安全保障を破壊することでもあった。ドイツが周到に戦争の計画を立てていないのだとしたら、いやそれより、(何人かの歴史家が考えたように)この戦争はフランスとロシアが仕組んでドイツにやらせたものだとするならば、フランスがドイツに安全保障を求める権利を持っているのと同様、ドイツにはフランスに対して、安全保障を要求する権利がある。大戦は単なる混乱、誤りだった。人々はこの恐怖から同じ間違いを繰り返さないよう教訓を学んだ。それは交渉である――国際連盟の機構を通すことが望ましいのである。「集団安全保障」ということばが、一九三〇年代半ばまで、一度も使われたことはなかったということは重要である。

異端者たちが関心を持ったのは、第一にドイツの窮乏だった。だが、ロシアが忘れられたわけではない。講和会議とヒトラーの勝利のあいだの歳月は、歴史のなかでは変種なのである。ドイツに共感を感じる人々はみな、ロシアにも共感を感じていた。逆もそうだったのだ。ボルシェヴィキの支配者は自分たちの第一の敵は、英仏協商を結んだ「ごろつき」のなかにいると考えていた。ボルシェヴィキもヴェルサイユ条約を非難した。ソ連は「修正主義」勢力となったのだ。ロシアの歴史家はドイツの主張を（これは民主管理同盟の主張でもあったのだが）ロシア語に翻訳した。例を挙げよう。ポクロフスキーは、モレルあるいはドイツ人と同じくらい熱心に、ポアンカレとロシア皇帝の戦争責任を主張したのである。新しい発想は、イギリスがソ連に対抗する資本主義国家のブロックをつくることを目指しているというものである。だから、イギリスはルール占領に反対し、ロカルノ条約に夢中になったのだ。この議論はこの十年後にそうなるように、全体的な宥和主義の流れに逆らわせることができたかもしれない。一九二〇年代、ソ連の支配者はほかの人々同様、ドイツは二つの陣営のうちの、弱い方であると仮定していた。彼らは、ドイツがこっそりと進めている再軍備を援助することにより、ドイツが干渉する恐れをくい止めた、自分たちの西欧の友人が窮地に陥ったとしてもおかまいなしだったのである。ソ連を支持していた人々の困惑は、それほど長く続いたわけではない。ロシア人支配下の共産党インターナショナルと、ドイツの影響下に復活した社会主義インターナショナルは、激しいライバル同士だった。だが、両者ともまったく同じことばを使って平和体制を非難したのである。イギリスの異端者たちが同調したのは驚くに当たらない。

　私は一九二〇年代の国際問題を、詳細に論じるつもりはない。一九二〇年代は、平和の十年間だった。劇的なことばが語られたり、時に劇的なできごとが起こることもあったが、人を欺く「常態」の十年間だったのである。パーム・ダットでさえ、『レイバー・マンスリー』のコラムで毎月予言していた、ソ連に対する資本主義的干渉戦争について信じていたのだろうか？　ケンワージー中佐は一九二八年に、「わが国とアメリカのあいだで戦争が起こる可能性は……一九〇六年にドイツとわが国のあいだで戦争が起こる可能性があったのと同じくらい現実的問題である」と本気で考えたのだろうか？　この十年間は、教育の期間として意義がある。異端者たちは、一九三〇年代の危機に対し、固い決意をし、思想を固めて立ち向かっていったのである。立派な学者から共産党のパンフレット作成者に至るまで誰もが、フランスが帝国主義の中心だ、「パワー‐ポリティクス」を信じるなと教えていた。異端者たちはみな、単純な仮定にこだわっていた。軍備がなければ戦争はない、ということである。彼らはとにかく、自分たちの国が交戦国とならないよう、固めていくことこそが第一の義務と考えた。ヒュー・ドールトンのように[19]、ヴェルサイユの領土上の決定にはよいこともあったと考えた人々でさえ、国境線が「消えてなくなる」ことを望んでいたのである。

周辺的な組織——反戦会議、平和委員会、わが国やほかの国に対する救援組織など——は絶えず現れたが、E・D・モレルが活躍していた頃に民主管理同盟が占めていたような、支配的な地位を獲得した組織は存在しなかった。新しい作家は出て来なかった。異端の声は、第一次世界大戦前に声をあげた人々の声だった。ブレイルズフォード、バートランド・ラッセル、ノーマン・エンジェル、レナード・ウルフの声である。いま考えてみると、新しい作家が一人いた。自分自身のなかにいる三人の人物の司会を務めた人物である。国際連盟規約の信奉者、外交官、監視役（この人物は実際自分を三人の人物として分けて書いているが、たしかに三人分に相当するものを書いている）。私は未来の研究者にこう言ってもいい。一九三〇年代、独自のやり方で書いた作家がいるとすれば、それは国際連盟の役員だったコニ・ジリアカスであると。ジリアカスはのちに共産主義のシンパ、いや偽装した共産主義者とまでラベルを貼られた。間違っている。ジリアカスは国際連盟規約の信奉者にすぎず、国際連盟を心から信じている人物だった。ジリアカスの書いたものはみな、同じテーマをベースにして、あとはもとの形を変えたものである。「国際連盟規約を守らせる」こと。世界の政治家はなぜこのすばらしい機関に従わないのか？　ここで、ジリアカスはほかの人々の説明に従うことで満足したのである。ジリアカスは、E・D・モレルと民主管理同盟のことばを繰り返す場合もあった。革命を志すマルクス主義者のようにしゃべることもあった。ラムゼイ・マクドナルドとレーニンが交替で文を書いたかのように、二つを組み合わせることもあった。一九三三年、ジリアカスは「国際的無秩序」を非難した。一九三五年には「人類の英知の失敗」を非難した。一九三九年には、ジリアカスは「政府が寡頭政治の利益に従属している」という結論に達した。ジリアカスは、一九三三年に次のように書いている。

> ほとんどサー・ジョン・サイモンの欠点のせいであると言っていい……もう一つの理由は首相の人間性にある。

しかし、一九三九年にはこう書いている。

> 政府の外交政策の失敗の原因は、どこそこの大臣の個人的欠点のなかから探そうとしなかったことである。[20]

ジリアカスはほかの異端者たちのように、民主管理同盟の合理主義からマルクス主義へ移行していったようにみえるかもしれない。まったく違う。一九四四年、ジリアカスはいまなお元気に二つを結合して、最初に「秘密外交」を非難し、次に「資本家の帝国主義」を非難した[21]。ジリアカスは心底から国際連盟規約の長所を確信していたので、なぜほかの人々が自分の情熱を共有しないのか調べてみようと思案したりはしなかったのである。このために、ジリアカスは、異端者たちには、満足のいく道案内役にならなかった。ジリアカスは、ヴェルサイユ条約の悪い点には無関心だった。国際連盟規約が収められている条約をどうして非難することができただろう？　ジリアカスはドイツに何ら共感を持っていなかったし、一九三四年に国際連盟に参加する賛同を得るまで、ソ連に対しても共感を持っていなかった。ジリアカスは南チロルのことも、ダンツィヒのことも、ボヘミアのドイツ人のことも気にかけなかった。気にかけたのは第十条と第十一条と第十六条だけだった。ジリアカスの著作は、異端者たちからすると、実際問題においては、何の役にも立たなかった。異端者であることをやめずに、どうして現実の政策の指揮を執ることができただろうか？　もっとはっきり言うと、イギリス帝国主義と手を結ばずに、ファシズムに抵抗することができただろうか？　さらにもっと具体的に言うと、ヴェルサイユ体制の名を掲げて、どうやってヒトラーと戦うことができただろうか？

　この問題はもちろん大きな問題となって出てきたわけではなかった。一九三二年には、ヒトラーはまだ権力を掌握していなかった。労働党は一九三一年の破滅的な敗北のもとで、足もとが定まらず、福音書の言う混じり気のないミルク状態に戻っていた。すべての失敗の原因は、「狭量のナショナリズムとイギリス政府が国際連盟に無関心だったこと」にあるということが、一致した確信だった。労働党は片務的軍縮を行いたいと考えていた。ヘンダスンは、軍縮会議にチャンスを与えるべきだと強く訴えることで、これを何とかくい止めた。ヘンダスンはゼネラルストライキを引き合いにして、付け加えている。「時が来て、必要があれば、あの決議を党は実行することになる」。一九三三年の党大会で、「戦争に対する抵抗」は投票なしで可決した。ヘンダスンは、集団安全保障と戦争に抵抗することは、実際同じことだと説明した。国際連盟にこだわるのは、「平和を守るという約束を破った政府から一切支援を受けないという義務があるからだけで……平和を破る国際犯罪の手助けをすることを拒絶する」ためだったのである。

一九三四年までに、氷は溶け始めた。ヒトラーはドイツの労働運動を破壊した。イギリスの労働組合は、ヒトラーに強く反発を感じた。さらに、ドイツの社会主義者が沈黙したことに伴い、第一次世界大戦中に起こったように、フランスがイギリスの同志に大きな影響力を持つようになった。これによって、安全保障の主張が高まったのである。労働党執行部は一九三四年の会議で、「わが国は国際連盟を支援し、軍事力を使用しなければならない可能性がある」という声明を提示した。「集団行動に参加する義務を果たす結果どんな危険があろうと、どんなことが起ころうと、断固として、わが国の政府を支持すること」が党の義務となるのである。平和主義者から出て来た異端の不満の声はわずかだった。ウィリアム・メラーは昔の正統派の主張を説いている。「戦争は資本主義自体から起こる。社会主義者の政府は……ソ連と緊密な同盟関係を結び、平和維持政策を基礎とすべきである」。異端者の一人が、ここで立場を変えた。アトリーは言った。「大陸ではなく、イギリスで生活をしていると片務的軍縮を信じることは簡単である。究極的には、社会主義の世界が実現するまでわれわれは平和を手にできないのである。だが、われわれは現実に即してものごとを処理しなければならない」。アトリーはむしろ混乱して付け加えている。「われわれは世界国家のために闘う……われわれは軍事力の廃止のために闘う。われわれは国際連盟が制裁を行えるようにするために闘う」。

これらの議論は、いまなお、アカデミックな議論にとどまっていた。異端者たちは、労働党の指導者に至るまで、挙国政府はどうしたってだめだと固く信じていた。彼らは自分たちが挙国政府の側につく可能性などありえないと思っていた。集団安全保障を支持しているのは、労働党が政権に戻ったときにこれを実行するという宣言にすぎなかった。実際、この決議は、アーサー・ヘンダスンに対して感じた愛情の表現以上のものではなかったのである。ヘンダスンは、帽子のなかにジュネーヴの蜂を飼っていた。蜂はヘンダスンが自分の道を進んで行くのを邪魔しなかったのである。だが、集団安全保障は、軍縮についても、戦争に対する抵抗についても、妨害になるとは思われなかった。日本の満州侵入によって、制裁に関する本格的な討論に明確な方向が出されたとのちに考えられるようになった。これは真実ではない。国際連盟は日本を侵略者として非難したわけではないのである。[22] 労働党も国際連盟ユニオン (League of Nations Union) も、日本に対する軍事制裁を要求しなかった。イギリス政府を非難する文を、ジュネーヴから『マンチェスター・ガーディアン』[23]に送った「国際連盟を研究する者」でさえ、東京から外交代表を撤退せよと提唱しただけだったのである。『マンチェスター・ガーディアン』自体、次のように書いている。「われわれは日本と戦うことを望まないし、戦うことになるとも思わない[24]」。その通りだとしても、ギルバート・マリは国際連盟規約の意味を強調し、『マンチェスター・ガーディアン』を批判した。労働党は、驚いたことに、中国と日本の両国に武器の輸出を禁止すると提案した。政府が適切に禁輸を実行すると、議会労働党の党首、ランズベリは党員の支持を得て政府に賛同した。議会労働党はランズベリのあとに従った。事実異端者たちが満州事変について一貫した方向を取っていたならば、世界が不可としていることが、効力を発したはずである。[25]

ヒトラーの台頭でさえ、異端者たちが抱いていた宥和に対する信仰を揺るがすことはなかった。それどころか、ヒトラーが台頭してきたので、時機を逸する前にドイツの不満を解決しなければならないと、これまで以上に思い込むようになったのである。ヴェルサイユ体制に反対する昔の感情は、ファシズムに対する嫌悪や集団安全保障に対する半信半疑の改宗より強力だったことが明らかになった。一九三六年まで、ヒトラーは、異端者たちの高まる賛同のコーラスに合わせて前進したのである。異端者たちが予言していたように、すべてが偶然だった。ヒトラーに抵抗すると考えられるまでに、ヒトラーの不満すべてが満たされなければならなかった[26]。ブレイルズフォードは一九三三年六月に書いている。「イギリスの軍縮と並行してドイツの経済的負担を取り除くことで、ドイツのヒステリーの根っこを除去すれば、通常はたらく道徳の因果応報の法則が機能することになるはずである。ドイツは力に訴えることなく正義を得ることができる[27]」。ヒトラーが軍縮会議を出ていったとき、異端者たちは、ヒトラーを引き戻すためには、もっと譲歩しなければならないという結論を引き出した。諮問委員会は主張した。「われわれはドイツの水準まで軍縮しなければならない[28]」。『デーリー・ヘラルド』は書いた。「ヨーロッパ列強が宥和政策や国際連盟に背を向けるなら、その先にあるのは新たな兄弟殺しの戦争しかない……われわれはヨーロッパの陰謀に、ヨーロッパの軍事同盟に、ヨーロッパの戦争に再び飛び込むことなどできないし、そうするつもりもない[29]」。

異端者に反対する人々は、やつらはほかのことを何も考えずに軍縮を提唱したのだと今度は非難した。一九三三年十月、イースト・フルハムの補欠選挙に労働党から立候補したジョン・ウィルモットが、明らかに平和主義者の「チケット」に支えられて、一万四千票の多数を逆転し、五千票差の勝利を得たとき、彼らはたしかに非難したいという誘惑に駆られていた。だが、これは本来の異端者たちの方向からの逸脱だった。一九一四年以前、海軍予算に対する反対は、急進主義の運動のなかでは最強の綱領だった。ドイツに「日のあたる場所」を与えるという発想は、少数の専門家の問題だった。いまやこれが逆になったのである。異端者たちは必ずしもはっきりさせなかったが、軍縮が政策としてではなく、宥和政策の結果として提示されたのである。一九一四年以前、急進主義者は軍備と国際的敵対の原因は、それぞれの国の政治家が愚かだからだと考えていた。一九三三年、異端者たちは、たとえ間違っていようとも、合理性のある原因を発見した。しかも、その原因は取り除くことができるのだ。ドイツの不満を満たすことができなかったということである。労働党はこれを満たすと主張した。不毛の希望であることは間違いない。だが、少なくとも、異端者たちは、自分たちが少しでも影響力を持ちうると思ったときには、譲歩を迫ったのである。保守党は、目的をすべて見失ったときに、譲歩したのだ。

たしかに異端者たちは、政府の弱気な再軍備の試みに反対した。だが、彼らは再軍備が何ら建設的な政策に結びついていなかったから、反対したのである。エディス・サマースキルは一九三四年十一月二十六日、プトニーで話したときに、これを実にうまく述べている。「正気の沙汰とは思えない軍備の拡大は、労働党がそれに代わるものとして示している、国際連盟を通じて行う集団安全保障という選択肢によってしか、抑えることができないのです」。政策については、関わりが増えていくことを含む政策を行うと、関わりをうまく満たす手段を減らすことがどうしても要求されるというのは、一見すると戸惑ってしまう。異端者たちは、さまざまな説明をした。彼らは連盟の五十一カ国が与えてくれる軍事支援を強調し、わが国が本来与えなければならない支援のことを見落としていた。第一次世界大戦中の封鎖の思い出が誇張され、国際連盟は経済的手段だけで侵略者を抑えることができると仮定していた。二百万人ほどのドイツ人が死ななければならなかったということを忘れてしまっていたのである。この国に関する限り、戦争が起こるとすれば国際連盟に挑戦するというかたちになるはずで、国際連盟の保護下では、戦争は起こりえないはずである。それゆえ、平和主義者でさえ、国際連盟を支持したのである。陸海軍の将官は、自分たちこそ、国際連盟のいちばん熱狂的な支持者になるべきときに、職業上の利益のために国際連盟に反対したのである。

とりわけ異端者たちは、宥和主義に依存した。彼らはいつもそうだったように、現実主義者だった。ロバート・セシルからジリアカスに至るまでの人々のように、国際連盟規約を伝道者然として歌いあげるシステムの構築者ではなかった。彼らは、国際連盟規約の第十六条の欠陥ではなく、ドイツの不満のなかに戦争の危機を読みとった。彼らは、ある種の正当性を持ってドイツが満足すれば大戦は起こらないと信じていた。それほどの正当性はなく、ドイツは「奴隷条約」を破壊すれば満足すると信じていたのである。もちろん、彼らは納得の上でヴェルサイユ条約が改定されることを望んでいた。だが、まったく改訂しないくらいならドイツが一方的にやる方がましだと思っていたのである。彼らはヒトラーが徴兵制を再開したときに、喜んだのだ。「ヨーロッパは希望で輝いている……ヴェルサイユ体制は死んだ。国際連盟は生きていける[30]」。アトリーはいつものネガティヴな表現を付け加えた。「再軍備を通じて何らかの安全保障を確保することは不可能である[31]」。

異端者たちは、ドイツのラインラント占領に対して、この調子で最後の喝采の声をあげたのである。彼らは議会の賛同を得るという自分たちの条件を満たしていたのに、ロカルノ条約をずっと嫌っていた。彼らは、流産に終わった議定書から拝借した、ロカルノ条約はフランスが武装解除したときにのみ効力を発するという、ことばにしない但し書きこみでこの条約を受け入れたにすぎなかった。フランスは武装解除しなかった。それゆえ、異端者たちは何の義務も感じなかったのである。ブレイルズフォードは勝ち誇って書いている。「フランスが危機に陥るとしたら、クレマンソー流フランスがヘゲモニーを持つシステムを維持しようとしてきたからである[32]」。『デーリー・ヘラルド』は一九三六年三月九日に書いている。「この危機は悪より善を吹き飛ばすことになるかもしれない」。アーサー・グリーンウッドはこの状況が、「世界の未来に、新しい大きな可能性をはらむもの」だということに気づいた。労働党の諮問委員会は、ハーグ裁判所の判決があれば、フランスに「道徳的満足」を与えるかもしれないと考えた。だが、ヒトラーの新たな挑戦は「国際政策の車輪を逆回転させ、急に戦争の方向に転じる特別な機会」を与えたのである。ドイツは国際連盟のなかで完全な平等を与えられるべきだし、イギリスの再軍備は凍結すべきである。ヒトラーをラインラントから追放する試みを行えば、イギリスの労働運動――もちろんイギリスのほぼ全員の一致した反対にあうことになる。これは正しい想像であると私は思う。

しかし、前年の秋、イギリス労働党は劇的な状況下で、集団安全保障に、それゆえ条約の義務に関与したばかりだった。イタリアのアビシニア攻撃は、左翼の人々のあいだに、これまでにない野蛮きわまりない論争を喚起した。労働党に異端的な性格を与えた人々はみな、制裁に反対した。とにかく挙国政府が政権にある以上は反対したのである。少数派はランズベリのような平和主義者だった。ランズベリは、この問題で下院の党首の地位を失うことになる。ほかの少数派は民主管理同盟のメンバーで、いまなお「平和交渉」を信じている人々だった。上院の党首を辞任したアーサー・ポンスンビーは、この方向をとっていた。民主管理同盟はこのときもなお結束していたわけではなかった。ロードン・バクストンはイタリアに対する制裁を支持した。ノエル・バクストンはアビシニアにはいまでも奴隷がいるという理由で制裁に反対した。だが、制裁に抵抗した人々の大半は、わずか一日前には労働運動のなかではどこにでも見られる異端の見解を持つ人々だった。資本家の政府からはよいことが出てくるはずがない。クリップスは述べている。「資本家の政府が始めた戦争は帝国主義者的、資本家的戦争であるはずだ」。ウィリアム・メラーはこれをもっと簡潔に述べている。「われわれの敵はここにいる」。

制裁を支持する人々は、自分たちは現実的だと主張した。アトリーのことばで言うと、彼らは世界を自分流に理解していたのである。アーネスト・ベヴィン率いる労働組合は、制裁を国際的ストライキに相当するものだと考えていた。アーサー・ヘンダスンのかつての同僚たちは、労働運動を、現行に縛られることなく、集団安全保障の方向に引っ張っていこうと取り組んできたのである。ハーバート・モリソンは国際連盟のなかに「世界政府の端緒」を見ていた。ドールトンは熱心に説いている。「平和のために大国の役割を、正義のために大国の役割を、社会主義のために大国の役割を、社会正義のために大国の役割を担わなければならない」——これが全部アビシニアに関係しなければならないのかどうか、理解するのは困難である。制裁に関するこの論争は、転換点を意味した。これは、労働運動が異端者たちの手から奪い取られた瞬間だった——異端者たちから自由になったと言ってもよいのである。以前の自由主義者がそうだったように、代わりとなる政府に変貌した瞬間だったのである。

　これは意図であって、現実ではない。この熱のこもった討論は真の問題をすり抜けてしまった。ドイツのことである。異端者たちはヒトラーに対して感じた同情の痛みを、ムッソリーニに対しては感じなかった。クリップスらは、イギリス政府が間違っているのであって、ムッソリーニが正しいわけではないと考えた——このへそ曲がりな言い方は、バーナード・ショー独特のものである。加えて、イタリアに反対しても大戦にはつながらないということは、公然の秘密だった。この件については、ヒトラーに関する限り、ムッソリーニが負けても、これっぽっちも違わなかった——イタリアが負けたら、イタリアを同盟国にすることさえなったかもしれないし、フランスとの同盟は、一九四〇年にわれわれを危うく大地にたたきつけるところだったということは神がご存じである。アビシニアの危機は、実際には、異端者たちの問題ではなかった。この危機に立ち上がった指導者は、高邁な精神を持つ人々であり、異端者たちではなかった。

国際連盟ユニオン、セシル一家、トインビー一家、ギルバート・マリ夫妻。おそらくグラッドストンの後継者であって、ブライトの後継者ではなく、ましてやチャーティストの後継者ではなかった。これはブルガリア人虐殺事件の再演だった。正義の側で二人の大司教と『ザ・タイムズ』が驚くべき再登場を果たしていた。ホー-ラヴァル・プランに反対する叫びは、堅実な人々や立派な人々から出てきた。議会で叫び声をあげたのはオースティン・チェンバレン、議会の外ではジェフリー・ドーソンだったのである。

　新しい一要素もあった。共産党は集団安全保障に対する情熱という点では、国際連盟ユニオン以上のことを行ったのである。私が政治に関わったなかでいちばん楽しかった経験は、国際連盟ユニオンと共産党から同数動員したマンチェスターの集会で、憤る聴衆を前に、イタリアに対する制裁に反対したことである。一九三四年まで、国際連盟は「ごろつきの連盟」だった。ロシアが加わったとき、国際連盟は平和愛好国の同盟となったのだ。共産党は一九三三年から一九三九年にかけて、ヒトラーに反対したという明確な記録があるイギリス唯一の政党である。生のままの集団安全保障を提唱した唯一の政党である。これは、イギリス史のなかではおもしろいところと言ってもいい。だが、彼らに異端者としての資格があったというわけではない。共産主義者はライバルとなる体制を支持していただけだった。ソヴィエトの指導者がやれと言ったことならば何でもやってのけたのである。[33] 以前、彼らは異端者たちに同調し、困らせたことがある。いま、正統派は同じように困ってしまったのである。異端者たち関する限り、これは大きな救いだった。一九三九年にロシアが独ソ不可侵条約を結んだとき、多くの人々は目覚めたのである。異端者たちは、一九三四年にソ連が国際連盟に加盟したときに目覚めたのだ。

　アビシニアに関する興奮が冷めてくると、結局、労働党は大きなジャンプをし損なったのだということがはっきりした。集団安全保障を提唱した労働党の指導者は、挙国政府と手を結ぼうとはしなかった。集団安全保障をもっと効果的に進めようという主張さえ、しっかりやらなかったのである。労働党の候補は総選挙の際、軍事制裁については沈黙した――票を失うと思ったからというより、軍事制裁について信念を抱いていなかったからである。ホー‐ラヴァル・プランについて非難の爆発が起こっていたあいだ、アトリーがボールドウィンに代わり、国民の意思を執行するため首相になるべきだと提案した人物は一人もいなかった。理論上、異端者たちはアビシニア問題について労働党から非難された。現実には、異端者たちが勝ったのである。彼らは挙国政府は信頼に値しないと言っていた。起こったできごとは、異端者たちが正しかったことを証明した。アトリーは、デイヴィッド・ローが漫画のなかで描いたボールドウィンについての気持ちをことばにしたとき、異端者たちが勝ったのだと認識した。「この国の国民は閣下を信頼し、閣下が平和のために尽くされたことを心から信じておりました。閣下はその信頼を気まぐれに放り出されました。二度と取り戻すことはできないでしょう」。

それゆえ労働党の政策は、矛盾する二つの側面を持っていた。矛盾の一つは一九四〇年五月まで、解決しなかったのである。一方では、集団安全保障を提唱した。これはだんだん力強く、非妥協的になった。もう一方では、挙国政府に不信感を抱いていた。積極的な政策がとれなくなるほど徹底していたのであるたしかに、一方が敗れたのである。「宥和」を提唱していた人々は、持っている思想こそ変わらずに集団的無意識のなかで燃え続けていたが、いまや労働党をまったく掌握できなくなった。チャールズ・トレヴェリアンは、「クリップス派」の異端としてではあったが、労働党内で活動を続けた唯一の民主管理同盟の創設者だった。ほかの人々は、簡単にはヴェルサイユ条約の悪を忘れることができなかったのである。スワンウィック夫人は、アーサー・ポンスンビーのように労働党を非難し、「平和交渉」を提唱し続けた。ロードン・バクストンは、外交問題について労働党に助言を行った下院の部屋を放棄した。最後に再登場したときには一九三九年七月、「秘密外交に逆戻りすることも必要かもしれない[34]」と助言（このときはヒトラーに対して）したのである――民主管理同盟の理想主義を考えると、奇妙な結末である。一九三六年の過程で起こったように、一旦労働党から「宥和主義者」を除外して考えてみるとよい。残った選手はお互いに激しいことばを浴びせ合っても、根本的には合意するだろう。最も過激な社会主義者さえ、ヒトラーを軍事同盟と軍備で満足させるべきだと考えていた。最も穏健な人々は、挙国政府が政権にある限り、これは無理だと認めていた。違いはどこを強調するかだけだったのである。党の指導者はまずヒトラーの危険性について話をした。反逆者たちは、ウィリアム・メラーのことばを使った。「われわれの敵はここにいる」。だが、どちらも相手の発言の真実を議論する気はなかったのである。

毎年、年次総会に求められたのは、このジレンマから脱却する道を見つけ出すことだった。毎年、これは実現できなかった。一九三六年の会議では、一九三五年に闘争を引き起こした決議案より強硬な決議案が上程された。「労働党の政策は、国際連盟のメンバーとしての責任と矛盾しないような防衛力を維持することである。すなわち、国民の権利と自由を維持し、民主的機関を継続し、国際法を遵守することである」。ドールトンは議長席からその意味を強調した。「労働党政府が成立した場合には、イギリスの軍備を増大しなければならないだろう」。これは労働党がいまここで再軍備を支持するということを意味したのだろうか？　批判者たちはそうだと考えた。E・パケナム（チェルトナム）は述べている。「彼らはソ連との同盟や軍需貿易の国有化が実現するまで、再軍備を拒否すべきである」。クリップスは述べている。「私は世界の労働者階級が軍備をコントロールすれば、それに反対するつもりはないが、われわれはイギリスの帝国主義者の政府を同盟者と見ることができるのだろうか？」。これはすべて、偽りの警告であることが判明した。指導者たちは異端者たちに合意したのである。モリソンは指導者たちは既存の政府を支持していないし、この決議案には新しいものは何もないと述べた。アトリーは宣言した。「政府の再軍備政策を支持することを示唆するようなものは何もない」。労働党はスタートしたところに戻ったのである。

同じ話が一九三七年に繰り返された。執行部は「労働党政府は、政府が成立して国際状況に変化が生じるまで、現在の再軍備プログラムを逆戻しすることはできない」と報告した。クラインズはこの報告書を採用することを動議として（会議の四日目に）提出した。クラインズはそのおりに、第一次世界大戦中に自分がやった兵士募集演説を持ち出した。アナイアリン・ベヴァンは答えた。「彼には社会主義者の外交政策を実行するのに必要な支援については何でもする覚悟があったが、われわれの首を狙っている敵の手に剣を渡すつもりはなかった[35]」。互いに暴力的に争ったが、どちらの演説も、この報告書と一致していた。このジレンマは最後まで続いたのである。指導者も政権を取るまでは、とにかく異端者だった。スタフォード・クリップスが宣言したときには、反逆者のことばのように聞こえた。「軍に新たな兵士を募集させないため、全力を尽くす」。いや「軍需品をつくるのを拒否せよ。武器をつくることを拒否せよ」。しかし、ほかの人々は調子こそもっと穏やかだったが、同じようにドグマ的な言い方で、「超党派的提携」を非難したのである。

> 政府の外交政策は国際政策の反映である。帝国主義は資本主義が他国の人々との関係でとっている形態である……外交政策について野党労働党と資本家政府のあいだに何ら一致点はない。

このことばは、アトリーが一九三七年に書いたことばである[36]。いや、もっと驚いてしまうのだが、このことばは、改訂されずに一九四九年に再版されたのである。一九三七年六月、議会労働党は軍事予算のあいだ、反対せず、以後を棄権することに決定した。こうして、議会党は平和主義者の非難から逃れ、それでいて政府の政策に対して抗議しようと考えたのである。決議案は四十五対三十九で可決した。アトリー、グリーンウッド、モリソンはみな、少数派に投票した。一九三九年の四月でさえ、労働党は徴兵制に反対した。ベヴァンの「われわれは敗れた。ヒトラーが勝った」とアトリーの「将軍たちにほしいものすべてを与えるのは非常に危険である」とのあいだにあったのは、文章表現上の違いであり、精神の違いではなかった。

　ヒトラーが世界で唯一の問題だったなら、異端者たちはもっと安楽な時間を過ごすことができたかもしれない。事実、一九三六年の夏の初め、一九四〇年五月に成立する真の挙国政府の最初のヒントが見えたのである。スペイン内戦はこれを飛び越えて、国民の統合を不可能にした。スペイン内戦はほかのどの戦争より、異端者たちの戦争だというのは真実である。このときばかりは、彼らは遠慮しなかった。イギリスの帝国主義と手を結ぶことも、ヴェルサイユ体制を擁護することもなく、ファシズムに反対することができたのである。審判の日に、人は問われるだろう。「ファシズムが最初に敗れたのはどこか？」。「ブリテンの戦い」と答えた人は、「モスクワ」あるいは「スターリン」と答える人よりもよい点を取ることができるだろう。だが、「グゥアダルハラで」と答える人が最高点を取るにちがいない。異端者たちの資質をテストしてみたいと思ったら、フランコが統治しているあいだ、スペインに行く気があったかどうか質問してみるとよい。安いペセタと呼ばれていても、銀の三十のかけらは意味を持ち続けているのである。スペイン内戦はガリバルディーの赤シャツ隊以来初めて、異端者たちを戦士とした。第一次世界大戦で平和主義者だった人々の息子たちはスペインで戦い、なかには命を落とす者もいたのである。これが、スペイン内戦とほとんど違わない第二次世界大戦で平和主義者が存在しなかった理由である。スペイン内戦は異端者たちに戦うことを教えたが、挙国政府に対する敵意をも生み出した。彼らは「スペインのための武器」を要求した。イギリスの再軍備を要求したのではなかったのである。政府が不干渉委員会という哀れな茶番を始めなかったなら、事態は違ったものになっただろう。実際には、不干渉委員会は昔の疑いを強めたのである。次のことばは、ラスキのことばである。「もともと持っている性質ゆえに、この政府は帝国主義戦争以外の戦争を行うことができないのである[37]」。

われわれはいまとなっては、政府の動機に対して寛容になる傾向がある。臆病、全面戦争とフランスの政治の複雑さの恐怖が、おそらくファシズムへの愛情あるいはスペインにおけるイギリスの投資に対する関心より、大きな役割を演じたのだろう。労働党は優柔不断でもあったのである。一九三六年の大会はベヴァン、チャールズ・トレヴェリアン、ノエル＝ベイカーから抗議があったにもかかわらず、不干渉を受け入れた。ベヴィンやシトリンら労働組合指導者の方が、ヒトラーに対し、議会労働党より断固たる態度をとっていて、政府と非公式の連立を受け入れようとさえしていたのに、労働組合指導者が議会労働党の多数派に反対して不干渉を支持したのは奇妙なことである。例を挙げよう。ハーバート・モリソンは、常に不干渉に反対したのである。これは彼の名誉にかけて記憶しておくべきである。労働組合の方が、おそらくもっと一つになっていたのだろう。彼らは組合のローマ・カトリック信者のことを考えて自制していたのかもしれない。労働党の指導者はみな、自分たちはレオン・ブルムを困難から救い出すのだと弁解して、枝葉末節の問題を持ち出した。しかし、すべてが明らかにされ、労働党の弱点がはっきりしてもなお、当時のイギリス政府の政策を理解することは困難である。当時はもっと難しかったにちがいない。スペインが聖職者ファシスト政府に反対する左翼の反逆をつくり出したなら、イギリスの政策は同じだっただろうか？　異端者たちは当時これを疑問に感じていた。私はいまでも疑問に感じている。

スペイン内戦は、ヒトラーに対する恐怖が異端者たちと体制側を結びつけようとしたそのときに、両者を引き離したのである。チャーチルのような体制側で最も強い不満を持っていた人々からさえ引き離したのである。ウィンストン・チャーチルは政府を猛烈に批判していたが、決して異端者となることはなかった。チャーチルはイギリス帝国主義を支持することに対して、あるいはヴェルサイユ体制を維持することに対して、異端者たちが抱いた良心の呵責を感じなかった。チャーチルの目的は、保守党の多数派を獲得することだったのである。保守党を破壊することではなかった――この状況下では間違いなく正しい方向である。チャーチルの労働党に対する態度はこうである。「われわれの方につきたまえ」。いや違う。「私が君たちの側につこう」。異端者たちは、既存の政府で再軍備を行うことに反対票を投じることで、チャーチルから距離を置いた。チャーチルは、スペインに中立の態度をとることで、彼らから距離を置いた。一九三九年の春になってようやく、しばらく絶望に陥っていたあるアメリカ人の急進主義者と話したときに、自分の過ちを認めたのである。「われわれは同じロビーにいる。われわれはみないっしょなのだ」[38]。スペイン内戦は、異端者たちの勝利を記すものだった。政府は彼らのリーダーシップを受け入れなければならなかった。その逆ではなかったのである。だから、スペイン内戦は異端者たちが提起した問題に対して答えを提供しなかったのである。異端者たちはイギリス帝国主義を支持して、ヒトラーに抵抗すべきだったのだろうか?

彼らが想像できない、さらなる問題が存在していた。異端者たちは、政府が性格を変えれば、あるいは労働党に政権交替したなら、自分たちは心底ヒトラーに抵抗するつもりだと述べた。だが、彼らはそうしただろうか?　民主管理同盟が衰退し、集団安全保障を積極的に主張してはいたが、異端者たちは、ヒトラーがドイツ人の不満を取り込んでしまうはるか前に、自分たちがドイツ人の不満について糾弾したことを忘れられなかった。ダンツィヒとポーランド回廊、強制されたオーストリアの独立、ボヘミアの三百万人のドイツ人――これらは『わが闘争』が考え出したものではない。これらは一九一九年五月に労働党が発表した非難の主要点に入っていたのである。ドイツのヨーロッパ経済的支配であるレーベンスラウムも、J・M・ケインズは自然法則であると扱った。異端者たちはいつでも、軍備において優越しているのは自分たちだと仮定していた。道徳において優越しているのも自分たちだと感じる必要があったのである。そうするには長い時間が必要だった。もちろん、チェンバレン、ホー、サイモンら「挙国」政府の指導者たちは、さらに悪いことを行った。彼らは異端者たちが力を回復しつつあったときに、異端の良心の暴力的攻撃に屈したのである。それでもなお、最も反ドイツ的な立場にいた人々でさえ、二十年間も深く沈んでいた道徳的見地から脱して議論することは困難だったのである。

ドイツのオーストリア獲得がこの問題を浮上させることはまずなかった。ドルフスとシュシュニクのオーストリア‐ファシズムは、労働運動にとっては特に忌まわしいものだった――国家社会主義そのものより忌まわしいと言ってもよい。異端者たちに関する限り、独立国オーストリアは一九三四年二月に死んだのである。チェコスロヴァキアはそれとは別の問題だった。この問題は異端者たちにとって道徳的危機の瞬間だった。異端者たちにとってばかりではなかったのである。現在に至るまで「ミュンヘン」ということばが引き起こす感情的反応が存在する。異端者たちは紙の上では、異端者たちは全員抵抗に賛成していた。労働党と労働組合の代表は首相のおともをした。断固たる演説が議会で行われた。しかし、「チェコ人のために立つ」ことは「スペインのための武器」ほどの熱狂を得なかった。異端者たちはチェコスロヴァキアを支援することは現実的な政策であると感じていた――邪悪な世界にあっては避けられない問題であることは間違いが、馴れ親しんでいた道徳方針からは遠くはずれていたのである。異端者たちはみな、

『ニュー・ステーツマン』がボヘミアのドイツ人はドイツに戻すべきだと提示したとき、二重の恥ずかしさの痛みを感じた——提案が行われたという恥ずかしさ、加えて、これらのドイツ人がいかなる理由があるにせよチェコスロヴァキア領内にいるということの恥ずかしさである。たしかにチェコスロヴァキアはライン川の東側で唯一の民主国家だった。だが、これは最近の言い方だった——以前、チェコスロヴァキアはフランス帝国主義の「従属国家」だったのである。

ミュンヘンに妥協せず反対した人々は、めざましく、地位にある人々である。異端を嘆き、外務省の聖域のなかで、あるいはその近くで人生を送ってきた人々だった——ネイミア、ウィーラー゠ベネット、トインビー、シートン゠ワトスンらである。アシナームへの行き方を心得ている人々で、一九一七クラブのある、棄てられた家屋への行き方を知っている人々ではなかった。労働党に加入しようかという教訓を学ぶ人々ではなかった——加入しなかったのはおそらく正しいのだろう。この点を強烈に描いたものがある。チェンバレンがミュンヘンでヒトラーに会っていると発表したとき、議員が立ち上がって喝采し、すすり泣いた、下院のあの吐き気を催す光景のことはいまでは誰もが知っている。超然としていたのは誰だったのか？　シートン゠ワトスン（その場にいた）は、チャーチル、イーデン、エイマリーだと言っている。ウィーラー゠ベネットは、イーデンは部屋を出たと言っている——もちろん、立っているべきか座っているべきか、決めなくともいいように——ハロルド・ニコルソンは座っていた。だが、議員であったディングル・フットは、実際、自由党と労働党のベンチで動いたものは誰もいなかったと最近になって指摘している。これは『マンチェスター・ガーディアン』の当時の説明で裏づけられる。ウィーラー゠ベネットとシートン゠ワトスンは正確に当時の精神を映し出していたのである。労働党や自由党のベンチで何があったのかは重要ではない。異端者たちはぼんやり立っていた。グラッドストンのような人物が彼らを引っ張っていたら、事態は違ったものになっただろう。グラッドストンだったなら、この危機から権力をつかむ術を知っていただろう――チェコ人のためになったかどうかは別にしても。アトリーはグラッドストンではなかった。あまりにも控え目で、あまりにも慎重だったのである。ミュンヘンのヒーローはアトリーでも、クリップスでも、共産党党首ポリットでさえもなかった。ヒーローはダフ・クーパーである。かつてボールドウィン派の中心だった人物である。一致結束はこれ以上不可能だったのである。

ミュンヘン危機の結果、異端者たちは、さらに異端に向かった。彼らは政府を支持している限り、愚行を重ねなければならなかった。チェンバレンとヒトラーが取引を完成するまで、彼らの支持が利用されたのだ。ミュンヘンはホー-ラヴァル・プランの繰り返しだった。いやそれ以上と言ってよかった。いまや、チェンバレンとハリファックスは新たな裏切りを、新たな敗北を準備しているように思われた。ジリアカスでさえ、国際連盟規約に絶望し、戦争に抵抗することを主張した。「この政府が寡頭政治の階級的利害以外のために、戦争することがあると想像するのは妄想である[39]」。一九三九年三月にポーランドに与えた保障も、異端者たちの、政府に対する信頼を回復できなかった。逆に、この保障はかつてないほど、異端者たちを懐疑的にしたのである。チェコスロヴァキアは少なくとも、ドイツ人の扱いについては良い記録がある民主国家だった。ポーランドは独裁国家であり、ドイツ人、ウクライナ人、ユダヤ人に酷い扱いをしていた。ヴェルサイユ体制に関する限り、ポーランドは最悪の障害物であり、そもそも最初の段階からそうだったのである。なぜ政府は徳も力もあるソ連とではなく、この腐敗した、邪悪な、脆弱な国家と同盟を結ばなければならないのか？　この問題の答えは自明である。チェンバレンはポーランドがソ連でないという理由だけで、保障を与えたのである。異端者たちは、政府がロシアとの同盟に合意した場合にのみ、政府を支持すると答えたのである。

この政策は現実的な議論に支えられていた。ソ連は巨大な軍事力を持つ国家だった。ロシアとの同盟はヒトラーを破る唯一の手段だった。おそらくは、戦争をせずに阻止することができる手段でさえあったのである。だが、この議論はこじつけで、見せかけだけだった。ソヴィエトとの同盟は特殊な合いことばである。チェンバレンの舌がここでもつれることが確実だと思って、前面に出したのだ――実際もつれたのである。異端者たちは、チェンバレンがロシアと同盟を結ぶことなどありえないと信じていた。これが異端者たちがロシアとの同盟を要求した理由である。彼らの必須条件は成就することなどありえなかった。それゆえそのおかげで、彼らは権力のかやの外にとどまり、大きな問題をすり抜けることができるようになり、この問題が問われることはないと安心したのである。帝国主義者の政府は決してロシアと同盟を結ばないものである。同じく、ドイツに対して戦争をすることもないのである。それゆえ異端者たちは、支持すべきかどうかという問題にぶつからなかったのだ。これはおかしな計算である。だが、イギリス人は全員それでも間違った合計を出していたのである。チェンバレンと異端者たちはなお、ヒトラーの次の攻撃はソ連に対してだと仮定していた。彼らは自分たちはこの問題を議論していると思っていた。われわれはロシアを救援に行くことになるのか？　この問題を思いついた者は誰もいなかった。どうやってわれわれはロシアをわが方に招くのか？

両大戦間の異端者たちは、夢想家や平和主義者として出発し、しだいにいつものイギリス流のやり方で、現実的で、強固な政策に移行したという伝説がいまや確立している。満州は最初の段階。アビシニアは次の段階、スペインは三番目、等々。それぞれの段階ごとに、労働運動はじょじょに武器の使用を受け入れ、集団安全保障に固まっていった。ベヴィンがランズベリを追放した一九三五年が、このプロセスを象徴している。私はこの伝説をずっと受け入れてきた。距離を置いてこの話を吟味してみると、これは本当ではないように思われるのである。この記録は激変の記録であって、進化の記録ではない。平和主義者のランズベリは昔の労働党の典型ではない。現実主義者のベヴィンは同様に新しい党の代表ではない。一九三九年八月二十二日まで、右から左に至るまで、労働運動は昔の基本理念を保持していた。昔の幻想を保持していたと言ってもいい。労働運動はいまなおケア・ハーディとE・D・モレルの見解を、ブレイルズフォードとJ・A・ホブスンの見解を持ち続けていた。外交政策に関する限り、アトリーとクリップスを隔てる基本理念上の問題は何もなかった。二つの簡潔な文がすべてを表現している。帝国主義的資本主義は戦争の原因である。社会主義者は戦争と資本主義両方に反対しなければならない。

　この話はこれでおしまいになるのだろうか？　おそらくそうなのである。一九三九年八月二十三日、独ソ不可侵条約の発表とともに、多くのことが終わりになった。共産主義ユートピアに対する確信が一方で終わった。ヒトラーがボルシェヴィズムを破壊するという期待がもう一方で終わった。イギリスの異端も、この嵐のなかで終わったとしても不思議はない。だが、おそらくそうではなかったのだ。異端は孤立してこそ成功する。スターリンは裏切りを行っただけで、異端者たちに新たな情熱を吹き込んだのである。集団安全保障、ポーランド回廊の是非。「持たざる国」としてのドイツ——これらの、百にも及ぶ理想主義的なことばは忘れられたのである。異端者たちは「イギリスの名誉と利益」のために、ブライトの言った例外だけを思い出したのだ。彼らは興奮して、度を超して容赦ない態度をとるのだが。グリーンウッドは九月二日、混乱してことばがもつれながら開戦を主張したとき、イギリスの利益のみを歓呼したのである。ブーズビーが叫んだ。「それに名誉」。

　記録に残ったこの演説ほど目新しい異端の文書はない。これほどまで成功を収めたものもなかったのである。最後の瞬間に、異端者たちが勝ったのである。彼らは以前のためらいや曖昧さにもかかわらず、ヒトラーに反対する戦争が自分たちの戦争だという主張を確立したのである。明らかな証拠がある。グリーンウッドが立ち上がって話したとき、レオ・エイマリーの叫びが聞こえた（ついでに言うと『ハンサード』には記録されていない）――エイマリーは関税改革を主張した人物であり、帝国主義者であり、かつてボーア人と戦った人物である。

イギリスのために発言せよ。

イギリスの異端者たちにとっては、予想外の献辞だった。それに値したのだろうか……？

訳者あとがき

本書は A. J. P. Taylor, *The Trouble Makers ; Dissent Over Foreign Policy 1792–1939*, The Ford Lectures delivered in the University of Oxford in Hilary Term 1956, London, Hamish Hamilton, 1957 の全訳である。

本書は、テイラーが一九五六年、オックスフォード大学のフォード講演として行ったものをもとにしたものである。テイラーは、六回にわたるこの講演で、フォックス以来第二次世界大戦の開戦に至るまで、イギリスの外交政策に反対し、もう一つの外交政策を主張した人々の系譜を叙述した。テイラーは反対意見を主張した人々を表現するのに、宗教上の用語として使われる dissent ということばを用いた。dissent は通常イギリス国教会に対して、反対の立場をとった人々のことを指すことばである。テイラーは dissent を単なる反対意見としてではなく、取って代わるもう一つの案を提唱するものとして明確に区別して用いていることから、本書では dissent を異端と訳した。

テイラーの生涯およびその人物像を知るについては、自伝をはじめ次のような作品がある。テイラーは、歴史家としての自分の生涯について、自伝的エッセイ *'Accident Prone, or What Happened Next'*, 1977（アメリカの歴史雑誌 *Journal of Modern History* のテイラー特集号に書いたエッセイ）、それに自伝 *A Personal History*, Hamish Hamilton, 1982 を書いている。両者ともテイラーらしい個性が表れており、読み物として興味ぶかい作品である。しかし、テイラーの伝記を書いたアダム・シスマンとキャスリーン・バークは、自伝がいくつかの点で正確さを欠き、信頼性に欠けると指摘している。テイラー自身、述べているが、自伝は名誉毀損を避けるために、二度目の結婚については意図的にふれていない。テイラーに関する本格的な伝記としては、前述のアダム・シスマンが一九九四年に出版した作品（Adam Sisman, *A. J. P. Taylor ; A Biography*, London, Sinclare Stevenson, 1994）、およびテイラーの最後の弟子にあたるキャスリーン・バークが二〇〇〇年に出版した作品（Kathleen Burk, *Troublemaker ; The Life and History of A. J. P. Taylor*, Yale University Press, 2000）がある。テイラーの作品のビブリオグラフィー（*A. J. P. Taylor : A Complete Annotated Bibliography*, The Harvester Press, 1980）を作成するとともに、テイラーの論文集（*From Napoleon to the Second International : Essays on the Nineteenth Century*, Hamish Hamilton, 1993. *From Boer War to the Cold War : Essays on the Twenteith Century*, Hamish Hamilton, 1995. *British Prime Ministers and Other Essays*, Allen Lane, 1999. *Struggle for Supremacy : Diplomatic Essays by A. J. P. Taylor*, Ashgate, 2000）を編集したクリス・リグリーが *Proceedings of the British Academy*, vol. lxxxii, 1992 に書いたテイラーのプロフィール、それに、一九九八年にヒストリカル・アソシエーション（Historical Association）の年次総会で会長講演として行ったものをもとに書いたエッセイ 'A. J. P. Taylor ; Five Faces and The Man,' 1999 (Attila Pok(ed.) *The Fabric of Modern Europe : Essays in Honour of Éva Haraszti Taylor on the Occasion of Her 75th Birthday*, Astra Press）は、テイラーの人間像を簡潔に紹介している。

　テイラーは一九〇六年、イングランド北部、ランカシャーのバークデイルで生まれた。祖父の代に木綿商人として財を築いた裕福な一家の一人っ子として育てられた。父親はその資産を受け継いだが、やがて商売を辞め、左翼に傾倒し、労働党の地方組織に関わっている。父親よりも強い気性を備えたように思われる母親は、トロツキストのヘンリー・サーラを愛人とし、テイラーの父親とともに、左翼政治に傾倒した。テイラー家にはランズベリやヘンダスンをはじめ、労働運動のリーダーたちが立ち寄ったという。テイラーはクエーカー教徒の学校で、かつてジョン・ブライトが出たブーサム校で学んだのち、オックスフォードのオーリエル・カレッジに進んだ。大学を終えたあと、いったん母方の叔父のもとで、法律家を目指したものの、人間的な行き違いから叔父のもとを離れて大学に戻り、ウィーンの歴史家プリブラムのもとに二年間留学した。ここではじめてテイラーは本格的に歴史研究の道に進むことになる。ここでまとめた一八四七年から四九年までのイタリアをめぐるイギリス外交政策の研究が、テイラーの最初の本（*The Italian Problem in European Diplomacy, 1847–1849*, Manchester University Press, 1934）になった。帰国後、テイラーはマンチェスター大学の歴史学部に職を得、一九三〇年から一九三八年まで講師を務めた。この間、マンチェスター大学に教授として招かれた歴史家ネイミアと親交を得て、影響を受けた。この影響については、いかにもテイラーらしく、強く否定している。ジャーナリストのマガリッジと親交を結んだのもこの時期である。一九三八年、テイラーはかねてから望んでいたオックスフォードのモーダレン・カレッジにフェローとしての職を得た。オックスフォードの教師としては、ノートをもたずに講義し、皮肉と逆説に満ちたスタイルにより、多くの学生を引きつけたという。

　テイラーはヨーロッパ外交史の専門家として歴史家としての地位を確立した。一九五四年、Oxford History of Europe の一冊として書いた『ヨーロッパの覇権のための闘争　一八四八―一九一八 *The Struggle for Mastery in Europe 1848–1918*』は、十九世紀のヨーロッパの勢力均衡の推移を、外交文書を駆使して書いた大作である。『トラブルメーカーズ』の講演は、本書にもあるように、そのあと行ったものである。この講演は、テイラーを代表する『第二次世界大戦の起源 *The Origins of the Second World War*』や

『イギリス現代史 *England, 1914–1945*』に向かう過渡期に行われている。千人ほど入るベリオール・カレッジのイグザミネーション・スクールズで行われた講演は満員で、テイラーはいつものようにノートを持たず講演し、カードに書いた引用部分をときおり取り出して読み上げたという。講演はいきいきとしており、至るところにテイラーらしい判断と警句、逆説が散りばめられていて、聴衆を魅了した。『トラブルメーカーズ』はテイラー自身が「自分が好きな作品」だと繰り返し述べている。しかし、本として出版されたこの作品は、テイラーが思ったほどの成功を収めず、望んだ再版も容易ではなかったとバークは指摘している。テイラーの同僚マクファーレンは「フォード講演に、その講師にがっかりした」と述べており(Sisman, p. 235)、批判的な同僚も少なくなかったという。

このあとテイラーは、自身の代表作となる『第二次世界大戦の起源』と『イギリス現代史』の二作を発表した。一九六一年に発表した『第二次世界大戦の起源』は、テイラーが『近代ドイツの辿った道 *The Course of German History : A Survey of the Development of Germany since 1815*』以来取り組んできたドイツ問題に対する関心を発展させたものである。テイラーの言う、唯一自ら選んだテーマに取り組んだこの作品は、多くの論争を巻き起こした。ヒトラーはドイツの伝統を継承してきた者にすぎない。ヒトラーは日和見主義者であり、一貫した征服計画などはなかった。ヒトラーの台頭を許したのは、ヴェルサイユ体制は間違っていたと考えていたイギリスの知識人の知的雰囲気であり、断固たる姿勢をとらなかったイギリス・フランスの態度である。こうした見方はヒトラーを免罪するものととられ、批判の対象となった。一九六五年には、Oxford History of England の一冊として『イギリス現代史』を発表している。第一次世界大戦から第二次世界大戦の終わりまでを、テイラーらしい皮肉と逆説を散りばめ、いきいきと描いた大作である。

テイラーの最後の大作は、『ビーヴァブルック伝 *Beaverbrook*』である。読み物としておもしろい作品だが、ビーヴァブルック文書以外には第一次資料にあたっていないという批判がある。何よりも、ビーヴァブルックとのつきあいから「買収」され、公平性を欠いたのではないかという疑いはぬぐい去れなかったようである。これだけの資料と筆力がありながらなぜビーヴァブルックなのかという声もあった。テイラー自身もあとになって後悔の念を述べている。

テイラーはジャーナリズムに積極的に関わった。『マンチェスター・ガーディアン』や『オブザーヴァー』に書評やエッセイを書いた。書いた書評の数は千六百を超えている。ビーヴァブルックの大衆紙『デーリー・エクスプレス』や『サンデー・エクスプレス』にも、数多くの記事を書いた。新しい時代のメディアであるラジオやテレビにも積極的に出演し、大衆的な人気を獲得した。テレビの人気討論番組で議論を戦わす評論家として活躍する一方、一般の人々を対象に、歴史の講義を行った。ある番組では、七十五万人余りの視聴者を惹きつけたという。このような姿勢は、オックスフォードの権威者たちからは批判的な目で見られることが少なくなく、軽薄で大衆におもねるもので、無責任だという声があった。テイラーは教授職を得られなかったが、この姿勢も深く関わっていたようである。この講演のあとまもなく、オックスフォードの近代史欽定講座を争ったテイラーは、トレヴァ＝ローパーに敗れている。選ばれなかった背景にネイミアの圧力があったと感じたテイラーは、ネイミアとの関係を絶ってしまった。権威を嫌うテイラーは、毅然としたふうを装っていたが、教授になれなかったこと、名誉爵を得られなかったことによって、自尊心を少なからず傷つけられたようである。自伝や妻エイヴァ・ハラスティ・テイラーに宛てた手紙（Éva Haraszti (ed.) *Letters to Éva, 1969–83*）には、そうした気持ちが愚痴となって、あちこちに書かれている。本書のなかにも、おとなしくしていなければ大学教授は得られないという趣旨の言及が三カ所ほどあり、興味ぶかい。テイラーは一九五六年、英国学士院に選ばれたが、一九七九年、スパイ嫌疑を受けたアンソニー・ブラントが辞めさせられたのを機に自ら辞任した。これもいかにもテイラーらしいエピソードである。

　オックスフォードを退いたあと、テイラーはビーヴァブルック・ライブラリーの館長を務めた。財政上の理由から一九七四年に閉鎖されるまで、ここに務めている。年をとって健康が衰えるまで、一般の歴史愛好家による組織ヒストリカル・アソシエーションを支援し、精力的な講演を続けた。キャンセルした講師の代理を務めたことも再三あったという（C. J. Wrigley, *A. J. P. Taylor : Five Faces and the Man*）。家庭生活には必ずしも恵まれたとはいえず、二度の離婚と三度の結婚を経験している。ジャーナリズムへの関与は生計を得る必要があったことも関わっているとバークは指摘している。テイラーは八十歳を越える頃から健康を害し、長い闘病生活ののち、一九九〇年に亡くなっている。

　テイラーには権威に対し反発する傾向があった。子どもの頃から母親に反発した。しかし、両親が左翼に傾倒したことの影響を受け、学生時代には共産主義を信奉した。母親それにトロツキストのヘンリー・サーラとともに、生まれたばかりのソ連を旅行したこともある。学生時代にはいったん共産党にも加入した。ゼネラルストライキ中、テイラーは父親のもとでストライキを支援し、活動したが、ストライキを経験して、共産党に対する気持ちは薄らいだ。トロツキーが追放されたことで、共産党に対する思いは完全に消えたとテイラーは述べている。だが、テイラーはその後も一貫して、自分は左翼だと主張し続けた。ミュンヘン会議をめぐって、チェンバレン政府に反対し、会議に抗議して辞任したただ一人の閣僚ダフ・クーパーにファンレターを書いたりしたこともあった。戦後加わった核軍縮運動で行う講演の際には、自分をジョン・ブライトになぞらえて、高揚感を味わったこともあった。

本書はイギリスの政府の外交史に対して、反対をしてきた人々の系譜を綴っている。話は複雑に絡みながら展開する。テイラーは、フランス革命に共感を感じ、宮廷のための戦争に反対したフォックス、戦争を引き起こす存在として政府を批判し、戦争を終わらせるものとして民主主義を掲げたペイン、政府の行う外交政策をすべて欺瞞であると考えたコベットから話を始める。彼らの主張は、選挙法改正を通じて、一八三〇年代から四八年にかけて賛同を得るのである。パーマストンは流れに乗って、外国の自由の実現を支持するとともに、海外にいるイギリス人の利益と安全を守るために、積極的な政策をとる。パーマストンに反対した異端者がアーカートとコブデンである。アーカートは情緒的な立場からトルコを支持し、ロシアに反対する。コブデンは理性の立場から、イギリスだけが道徳的に優れているわけではないとし、戦争に反対し、自由貿易と国際平和を結びつけ、「外交政策なし!」を主張する。ブライトは「イギリスの名誉と利益」という例外を除いて、不干渉を主張する。クリミア戦争が始まると、コブデンとブライトは一旦不人気となったが、その後まもなく時流に乗り、「外交政策なし」が主流となる。しかし、ここから出発したグラッドストンは、ブルガリア虐殺事件をきっかけに、道徳を全面に出し、諸民族の自由のため、普遍的に介入することを主張するようになる。グラッドストンは矛盾した側面を持つ。「ヨーロッパの協調」は勢力均衡と結びつき、エジプトに介入することで帝国主義への道を開くのである。帝国主義の外交政策は戦争の危機を高めるが、これを批判するのが、ホブスン、ノーマン・エンジェル、ブレイルズフォードら、社会民主主義者である。彼らは経済学の立場から帝国主義を説明する。エンジェルとブレイルズフォードは、戦争は割に合わないものであり、列強間の戦争は起こりえないとさえ論じる。しかし、現実に第一次世界大戦が起こるのである。大戦は、民主管理同盟を生んだ。モレルを中心とした民主管理同盟は、秘密外交を批判して開かれた外交を提唱し、ドイツに一方的に戦争責任が課されたことに反対する。大戦が始まるや戦争に協力した労働党は、まもなく民主管理同盟の外交政策を、自らの外交政策として採用するようになる。民主管理同盟の創設者のひとり、マクドナルドは、大戦中孤立したことによって、逆に首相の座を手にすることになる。民主管理同盟の主張は、一九三〇年代に入ると知識人の共通認識となり、結果的に、これが宥和主義の基礎となる。危機に立たされたとき、異端は予想外の方向から起こる。ドイツとの戦争の決意を促すグリーンウッドの演説とエイマリーの叫びでテイラーの話は結びとなる。最後の部分は、広く知られたエピソードだが、ハロルド・ニコルソンは日記で、叫び声を挙げたのはエイマリーではなくブーズビーだと述べている（Nigel Nicolson (ed.) *Harold Nicolson : Diaries and Letters 1930–39*, 1966. p. 419)。本書は、イギリスの反対意見の伝統と、テイラー自身のルーツとでも言うべき人々に贈る讃辞である。もちろん、そこには皮肉と逆説が込められている。まさに、テイラーらしい作品である。

『ヨーロッパの覇権のための闘争』に、外交史家として五カ国語の外交文書を駆使したテイラーは、その後、しだいに第一次資料を重視しなくなった。テイラーはむしろ膨大な読書量（読書リストによると一九一四年から一九八五年までに七千百冊あまりに及ぶという）を背景に、ネイミアの言う「魔法の指」、すなわち直感をもとに、歴史を一般化してとらえ、一般読者に示すことに力を注ぐようになった。実証的な歴史学の流れに逆らった方向だった。歴史の底を流れる大きな流れと、できごとを起こす偶然や人間的な要素を区別し、後者に重点を置いた。こうしたあり方ゆえに、権威ある歴史学者から軽視される場合もあった。奇をてらう目立ちたがり屋と見られることも少なくなかった。テイラー自身は、小さく偏狭なテーマにこだわる歴史学者を軽蔑する傾向があった。テイラーが関心を持ったのは、論文を書いて詳細な分析を示すことではなかった。過去を説明する読み物として、歴史をいきいきと人々の前に示すことだった。

ここに歴史家としてのテイラーの主張があったように思われる。テイラーの判断は、既成の概念に対して偶像破壊的で、皮肉と逆説を通じて、真実を浮かび上がらせた。テイラーはギボンやマコーリーのような、一般読者に親しまれる歴史の大作を書きたいと願っていたという。『トラブルメーカーズ』の評として『タイムズ・リテラリー・サプルメント』は述べている。テイラーは「まさにほぼ理想的な一般読者向けの歴史家である。テイラーはちょうど一般読者が知りたいと思ったことを語っている。簡潔に、ウィットをきかせ、多分にいたずら心を込めて」（*Times Literary Supplement*, 21 June 1957）。テイラーに惹きつけられた読者は、テイラーの判断にうなずき、高揚感を感じながら、歴史を自由にとらえることができた。テイラーは、一般読者に語りかけることのできるエンターテイナーとしての特質を備えた反逆者的な歴史学者だった。

一九九八年、オックスフォードのセント・ジョンズ・カレッジの場を借りて行われたヒストリカル・アソシエーションの年次総会で会長を務めていたクリス・リグリーは、会にゆかりの深いテイラーをテーマに取り上げた（A. J. P. Taylor : A Radical Historian　前述のエッセイのもとである）。リグリーは講演の場で、テイラーに関心を持って日本からやって来た訳者を激励し、資料を送ってくださった。会場にいたメンバーの何人かの方は、かつてのテイラーの様子を、いきいきと身振り手振りを交えて話してくださった。テイラーがいかに人々から親しまれていたか、強く印象づけられた思いがある。

本書を出すにあたって、学生時代よりさまざまな助言をくださり、激励していただいた都築忠七先生に感謝を申し上げる。また最初にこの原稿を読んでくださった法政大学出版局編集長の平川俊彦氏、編集部の藤田信行氏には本書ができあがるまでにたいへんお世話になった。深く感謝申し上げる。

なお本書には日本ではあまり馴染みのない人物が数多く登場する。訳書では読者の便宜を考慮し、巻末の人名索引は訳注を兼ねるものとして作成した。

二〇〇二年六月

真壁広道

―――――――――――― りぶらりあ選書 ――――――――――――

肉体の文化史〈体構造と宿命〉	S.カーン／喜多迅鷹・喜多元子訳	¥2900
サウジアラビア王朝史	J.B.フィルビー／岩永,冨塚訳	¥5700
愛の探究〈生の意味の創造〉	I.シンガー／工藤政司訳	¥2200
自由意志について〈全体論的な観点から〉	M.ホワイト／橋本昌夫訳	¥2000
政治の病理学	C.J.フリードリヒ／宇治琢美訳	¥3300
書くことがすべてだった	A.ケイジン／石塚浩司訳	¥2000
宗教の共生	J.コスタ=ラスクー／林瑞枝訳	¥1800
数の人類学	T.クランプ／髙島直昭訳	¥3300
ヨーロッパのサロン	ハイデン=リンシュ／石丸昭二訳	¥3000
エルサレム〈鏡の都市〉	A.エロン／村田靖子訳	¥4200
メソポタミア〈文字・理性・神々〉	J.ボテロ／松島英子訳	¥4700
メフメト二世〈トルコの征服王〉	A.クロー／岩永,井上,佐藤,新川訳	¥3900
遍歴のアラビア〈ベドウィン揺籃の地を訪ねて〉	A.ブラント／田隅恒生訳	¥3900
シェイクスピアは誰だったか	R.F.ウェイレン／磯山,坂口,大島訳	¥2700
戦争の機械	D.ピック／小澤正人訳	¥4700
住む　まどろむ　嘘をつく	B.シュトラウス／日中鎮朗訳	¥2600
精神分析の方法Ⅰ	W.R.ビオン／福本修訳	¥3500
考える／分類する	G.ペレッコ／阪上脩訳	¥1800
バビロンとバイブル	J.ボテロ／松島英子訳	¥3000
初期アルファベットの歴史	J.ナヴェー／津村,竹内,稲垣訳	¥3500
数学史のなかの女性たち	L.M.オーセン／吉村,牛島訳	¥1700
解決志向の言語学	S.ド・シェイザー／長谷川啓三監訳	¥4500
精神分析の方法Ⅱ	W.R.ビオン／福本修訳	¥4000
バベルの神話〈芸術と文化政策〉	C.モラール／諸田,阪上,白井訳	¥4000
最古の宗教〈古代メソポタミア〉	J.ボテロ／松島英子訳	¥4500
心理学の7人の開拓者	R.フラー編／大島,吉川訳	¥2700
飢えたる魂	L.R.カス／工藤,小澤訳	¥3900
トラブルメーカーズ	A.J.P.テイラー／真壁広道訳	

［表示価格は本書刊行時のものです．表示価格は，重版
　に際して変わる場合もありますのでご了承願います．
　なお表示価格に消費税は含まれておりません．］

十九世紀パリの売春	パラン=デュシャトレ／A.コルバン編 小杉隆芳訳	¥2500
変化の原理〈問題の形成と解決〉	P.ワツラウィック他／長谷川啓三訳	¥2200
デザイン論〈ミッシャ・ブラックの世界〉	A.ブレイク編／中山修一訳	¥2900
時間の文化史〈時間と空間の文化／上巻〉	S.カーン／浅野敏夫訳	¥2300
空間の文化史〈時間と空間の文化／下巻〉	S.カーン／浅野，久郷訳	¥3400
小独裁者たち〈両大戦間期の東欧における民主主義体制の崩壊〉	A.ポロンスキ／羽場久浘子監訳	¥2900
狼狽する資本主義	A.コッタ／斉藤日出治訳	¥1400
バベルの塔〈ドイツ民主共和国の思い出〉	H.マイヤー／宇京早苗訳	¥2700
音楽祭の社会史〈ザルツブルク・フェスティヴァル〉	S.ギャラップ／城戸朋子，小木曾俊夫訳	¥3800
時間　その性質	G.J.ウィットロウ／柳瀬睦男，熊倉功二訳	¥1900
差異の文化のために	L.イリガライ／浜名優美訳	¥1600
よいは悪い	P.ワツラウィック／佐藤愛監修，小岡礼子訳	¥1600
チャーチル	R.ペイン／佐藤亮一訳	¥2900
シュミットとシュトラウス	H.マイアー／栗原，滝口訳	¥2000
結社の時代〈19世紀アメリカの秘密儀礼〉	M.C.カーンズ／野﨑嘉信訳	¥3800
数奇なる奴隷の半生	F.ダグラス／岡田誠一訳	¥1900
チャーティストたちの肖像	G.D.H.コール／古賀，岡本，増島訳	¥5800
カンザス・シティ・ジャズ〈ビバップの由来〉	R.ラッセル／湯川新訳	¥4700
台所の文化史	M.ハリスン／小林祐子訳	¥2900
コペルニクスも変えなかったこと	H.ラボリ／川中子，並木訳	¥2000
祖父チャーチルと私〈若き冒険の日々〉	W.S.チャーチル／佐藤佐智子訳	¥3800
エロスと精気《エネルギー》〈性愛術指南〉	J.N.パウエル／浅野敏夫訳	¥1900
有閑階級の女性たち	B.G.スミス／井上，飯泉訳	¥3500
秘境アラビア探検史（上・下）	R.H.キールナン／岩永博訳	上¥2800 下¥2900
動物への配慮	J.ターナー／斎藤九一訳	¥2900
年齢意識の社会学	H.P.チュダコフ／工藤，藤田訳	¥3400
観光のまなざし	J.アーリ／加太宏邦訳	¥3200
同性愛の百年間〈ギリシア的愛について〉	D.M.ハルプリン／石塚浩司訳	¥3800
古代エジプトの遊びとスポーツ	W.デッカー／津山拓也訳	¥2700
エイジズム〈優遇と偏見・差別〉	E.B.パルモア／奥山，秋葉，片多，松村訳	¥3200
人生の意味〈価値の創造〉	I.シンガー／工藤政司訳	¥1700
愛の知恵	A.フィンケルクロート／磯本，中嶋訳	¥1800
魔女・産婆・看護婦	B.エーレンライク，他／長瀬久子訳	¥2200
子どもの描画心理学	G.V.トーマス，A.M.J.シルク／中川作一監訳	¥2400
中国との再会〈1954—1994年の経験〉	H.マイヤー／青木隆嘉訳	¥1500
初期のジャズ〈その根源と音楽的発展〉	G.シューラー／湯川新訳	¥5800
歴史を変えた病	F.F.カートライト／倉俣，小林訳	¥2900
オリエント漂泊〈ヘスター・スタノップの生涯〉	J.ハズリップ／田隅恒生訳	¥3800
明治日本とイギリス	O.チェックランド／杉山・玉置訳	¥4300
母の刻印〈イオカステーの子供たち〉	C.オリヴィエ／大谷尚文訳	¥2700
ホモセクシュアルとは	L.ベルサーニ／船倉正憲訳	¥2300
自己意識とイロニー	M.ヴァルザー／洲崎惠三訳	¥2800
アルコール中毒の歴史	J.-C.スールニア／本多文彦監訳	¥3800
音楽と病	J.オシエー／菅野弘久訳	¥3400
中世のカリスマたち	N.F.キャンター／藤田永祐訳	¥2900
幻想の起源	J.ラプランシュ，J.-B.ポンタリス／福本修訳	¥1300
人種差別	A.メンミ／菊地，白井訳	¥2300
ヴァイキング・サガ	R.プェルトナー／木村寿夫訳	¥3300

———————————— りぶらりあ選書 ————————————

書名	著者／訳者	価格
スミス，マルクスおよび現代	R.L.ミーク／時永淑訳	¥3500
愛と真実〈現象学的精神療法への道〉	P.ローマス／鈴木二郎訳	¥1600
弁証法的唯物論と医学	ゲ・ツァレゴロドツェフ／木下, 仲本訳	¥3800
イラン〈独裁と経済発展〉	F.ハリデー／岩永, 菊地, 伏見訳	¥2800
競争と集中〈経済・環境・科学〉	T.プラーガー／島田稔夫訳	¥2500
抽象芸術と不条理文学	L.コフラー／石井扶桑雄訳	¥2400
プルードンの社会学	P.アンサール／斉藤悦則訳	¥2500
ウィトゲンシュタイン	A.ケニー／野本和幸訳	¥3200
ヘーゲルとプロイセン国家	R.ホッチェヴァール／寿福真美訳	¥2500
労働の社会心理	M.アージル／白水, 奥山訳	¥1900
マルクスのマルクス主義	J.ルイス／玉井, 渡辺, 堀場訳	¥2800
人間の復権をもとめて	M.デュフレンヌ／山縣熙訳	¥2800
映画の言語	R.ホイッタカー／池田, 横川訳	¥1600
食料獲得の技術誌	W.H.オズワルド／加藤, 秃訳	¥2500
モーツァルトとフリーメーソン	K.トムソン／湯川, 田口訳	¥3000
音楽と中産階級〈演奏会の社会史〉	W.ウェーバー／城戸朋子訳	¥3300
書物の哲学	P.クローデル／三嶋睦子訳	¥1600
ベルリンのヘーゲル	J.ドント／花田圭介監訳, 杉山吉弘訳	¥2900
福祉国家への歩み	M.ブルース／秋田成就訳	¥4800
ロボット症人間	L.ヤブロンスキー／北川, 樋口訳	¥1800
合理的思考のすすめ	P.T.ギーチ／西勝忠男訳	¥2000
カフカ=コロキウム	C.ダヴィッド編／円子修平, 他訳	¥2500
図形と文化	D.ペドウ／磯田浩訳	¥2800
映画と現実	R.アーメス／瓜生忠夫, 他訳／清水晶監修	¥3000
資本論と現代資本主義（I・II）	A.カトラー, 他／岡崎, 塩谷, 時永訳	I 品切 II ¥3500
資本論体系成立史	W.シュヴァルツ／時永, 大山訳	¥4500
ソ連の本質〈全体主義的複合体と新たな帝国〉	E.モラン／田中正人訳	¥2400
ブレヒトの思い出	ベンヤミン他／中村, 神崎, 越部, 大島訳	¥2800
ジラールと悪の問題	ドゥギー, デュピュイ編／古田, 秋枝, 小池訳	¥3800
ジェノサイド〈20世紀におけるその現実〉	L.クーパー／高尾利数訳	¥2900
シングル・レンズ〈単式顕微鏡の歴史〉	B.J.フォード／伊藤智夫訳	¥2400
希望の心理学〈そのパラドキシカルアプローチ〉	P.ワツラウィック／長谷川啓三訳	¥1600
フロイト	R.ジャカール／福本修訳	¥1400
社会学思想の系譜	J.H.アブラハム／安江, 小林, 樋口訳	¥2800
生物学における ランダムウォーク	H.C.バーグ／寺本, 佐藤訳	¥1600
フランス文学とスポーツ〈1870〜1970〉	P.シャールトン／三好郁朗訳	¥2800
アイロニーの効用〈『資本論』の文学的構造〉	R.P.ウルフ／竹田茂夫訳	¥1600
社会の労働者階級の状態	J.バートン／真実一男訳	¥2000
資本論を理解する〈マルクスの経済理論〉	D.K.フォーリー／竹田, 原訳	¥2800
買い物の社会史	M.ハリスン／工藤政司訳	¥2000
中世社会の構造	C.ブルック／松田隆美訳	¥1800
ジャズ〈熱い混血の音楽〉	W.サージェント／湯川新訳	¥2800
地球の誕生	D.E.フィッシャー／中島竜三訳	¥2900
トプカプ宮殿の光と影	N.M.ペンザー／岩永博訳	¥3800
テレビ視聴の構造〈多メディア時代の「受け手」像〉	P.バーワイズ他／田中, 伊藤, 小林訳	¥3300
夫婦関係の精神分析	J.ヴィリィ／中野, 奥村訳	¥3300
夫婦関係の治療	J.ヴィリィ／奥村満佐子訳	¥4000
ラディカル・ユートピア〈価値をめぐる議論の思想と方法〉	A.ヘラー／小箕俊介訳	¥2400

りぶらりあ選書

魔女と魔女裁判〈集団妄想の歴史〉	K.バッシュビッツ／川端，坂井訳	¥3800
科学論〈その哲学的諸問題〉	カール・マルクス大学哲学研究集団／岩崎允胤訳	¥2500
先史時代の社会	クラーク，ピゴット／田辺，梅原訳	¥1500
人類の起原	レシェトフ／金光不二夫訳	¥3000
非政治的人間の政治論	H.リード／増野，山内訳	¥ 850
マルクス主義と民主主義の伝統	A.ランディー／藤野渉訳	¥1200
労働の歴史〈棍棒からオートメーションへ〉	J.クチンスキー，良知，小川共著	¥1900
ヒュマニズムと芸術の哲学	T.E.ヒューム／長谷川鉱平訳	¥2200
人類社会の形成（上・下）	セミョーノフ／中島，中村，井上訳	上 品切 下 ¥2800
倫理学	G.E.ムーア／深谷昭三訳	¥2200
国家・経済・文学〈マルクス主義の原理と新しい論点〉	J.クチンスキー／宇佐美誠次郎訳	¥ 850
ホワイトヘッド教育論	久保田信之訳	¥1800
現代世界と精神〈ヴァレリィの文明批評〉	P.ルーラン／江口幹訳	¥980
葛藤としての病〈精神身体医学的考察〉	A.ミッチャーリヒ／中野，白滝訳	¥1500
心身症〈葛藤としての病 2〉	A.ミッチャーリヒ／中野，大西，奥村訳	¥1500
資本論成立史（全4分冊）	R.ロスドルスキー／時永，平林，安田他訳	(1)¥1200 (2)¥1200 (3)¥1200 (4)¥1400
アメリカ神話への挑戦（I・II）	T.クリストフェル他編／宇野，玉野井他訳	I ¥1600 II ¥1800
ユダヤ人と資本主義	A.レオン／波田節夫訳	¥2800
スペイン精神史序説	M.ピダル／佐々木孝訳	¥2200
マルクスの生涯と思想	J.ルイス／玉井，堀場，松井訳	¥2000
美学入門	E.スリヨ／古田，池部訳	¥1800
デーモン考	R.M.=シュテルンベルク／木戸三良訳	¥1800
政治的人間〈人間の政治学への序論〉	E.モラン／古田幸男訳	¥1200
戦争論〈われわれの内にひそむ女神ベローナ〉	R.カイヨワ／秋枝茂夫訳	¥3000
新しい芸術精神〈空間と光と時間の力学〉	N.シェフェール／渡辺淳訳	¥1200
カリフォルニア日記〈ひとつの文化革命〉	E.モラン／林瑞枝訳	¥2400
論理学の哲学	H.パットナム／米盛，藤川訳	¥1300
労働運動の理論	S.パールマン／松井七郎訳	¥2400
哲学の中心問題	A.J.エイヤー／竹尾治一郎訳	¥3500
共産党宣言小史	H.J.ラスキ／山村喬訳	¥980
自己批評〈スターリニズムと知識人〉	E.モラン／宇波彰訳	¥2000
スター	E.モラン／渡辺，山崎訳	¥1800
革命と哲学〈フランス革命とフィヒテの本源的哲学〉	M.ブール／藤野，小栗，福吉訳	¥1300
フランス革命の哲学	B.グレトゥイゼン／井上尭裕訳	¥2400
意志と偶然〈ドリエージュとの対話〉	P.ブーレーズ／店村新次訳	¥2500
現代哲学の主潮流（全5分冊）	W.シュテークミュラー／中埜，竹尾監修	(1)¥4300 (2)¥4200 (3)¥6000 (4)¥3300 (5)¥7300
現代アラビア〈石油王国とその周辺〉	F.ハリデー／岩永，菊地，伏見訳	¥2800
マックス・ウェーバーの社会科学論	W.G.ランシマン／湯川新訳	¥1600
フロイトの美学〈芸術と精神分析〉	J.J.スペクター／秋山，小山，西川訳	¥2400
サラリーマン〈ワイマル共和国の黄昏〉	S.クラカウアー／神崎巌訳	¥1700
攻撃する人間	A.ミッチャーリヒ／竹内豊治訳	¥ 900
宗教と宗教批判	L.セーヴ他／大津，石田訳	¥2500
キリスト教の悲惨	J.カール／高尾利数訳	¥1600
時代精神（I・II）	E.モラン／宇波彰訳	I 品切 II ¥2500
囚人組合の出現	M.フィッツジェラルド／長谷川健三郎訳	¥2000

著者

テイラー，A. J. P.

(Taylor, Alan John Percivale)

1906 - 90．イギリスの歴史家．ランカシャーに生まれ，オックスフォード大学オーリエル・カレッジに学ぶ．当初法律家を目指したがやがてウィーンの歴史家プリブラムのもとに2年間留学し本格的に歴史研究の道に進む．1930年からマンチェスター大学歴史学部で教鞭をとり，38年以降オックスフォード大学モーダレン・カレッジでヨーロッパ外交史を専門に講じる．56年英国学士院に選任される．テイラー独特の歴史観は多くの論争を巻き起こし，主な著書の『近代ドイツの辿った道——ルターからヒトラーまで』(1945，名古屋大学出版会)，『第二次世界大戦の起源』(61，中央公論社)，『イギリス現代史，1914 - 45』(65，みすず書房) のほか多くが翻訳されている．

訳者

真壁広道 (まかべ ひろみち)

1957年生まれ．一橋大学社会学部卒業．専攻：イギリス現代史，社会思想史．現在，神奈川県の県立高校教諭．訳書：ジョン・パードウ「同時代英国の日本時評　新聞・書籍・書評および宣伝1924-1941」(都築，ダニエルズ，草光編『日英交流史1600-2000・第5巻　社会・文化』東京大学出版会)

りぶらりあ選書

トラブルメーカーズ
イギリスの外交政策に反対した人々　1792-1939

発行　2002年 9 月30日　　初版第 1 刷

著者　A. J. P. テイラー
訳者　真壁広道
発行所　財団法人　法政大学出版局
〒102-0073 東京都千代田区九段北3-2-7
電話03(5214)5540／振替00160-6-95814
製版，印刷　三和印刷
鈴木製本所

ISBN4-588-02210-5
Printed in Japan

人名索引／訳注

アーカート，デイヴィッド（Urquart, David）　38, 41, 45-52, 59, 62-64, 71, 80, 84, 85, 89, 106, 140, 165

1805-77　外交官．コンスタンティノープル大使となったがロシアに敵対したため召還．議員．パーマストン外交およびクリミア戦争に反対した．

アスクィス，H. H.（Asquith, H. H.）　106, 115, 139, 140, 179

1852-1928　自由党政治家．首相（任1908-16）．1911年に上院の権限に制限を加える議会法の導入，社会保険の導入など急進的な改革を推進．第一次世界大戦の指揮をめぐり，ロイド・ジョージと対立し敗れる．

アダムスン，W.（Adamson, W.）　194

1863生まれ．労働運動家．議員．スコットランド担当相（任1929-31）．

アーチ，ジョーゼフ（Arch, Joseph）　107

1826-1919　農業労働者出身の牧師．1872年に全国農業労働者連合（National Agricultural Labourer's Union）創設．議員．

アトリー，C. R.（Attlee, C. R.）　125, 196, 198, 217, 221, 223, 225, 227, 228, 233, 235

1883-1967　労働党政治家．首相（任1945-51）．オックスフォードで学んだのち法律家となる．1935年，労働党党首に就任．チャーチルの挙国政府の副首相．1945年 7 月，総選挙後，労働党内閣の首相就任．「ゆりかごから墓場まで」といわれた福祉国家の基礎を築く一方，インドの独立を承認するなど，帝国の解体を推進．

アバディーン卿（Aberdeen, Lord）　14

1784-1860　政治家．首相（任1852-55）．ウェリントン内閣，ピール内閣の外相を務める．クリミア戦争の指揮に失敗し，不人気となり辞任．

アブデュル・ハミト 2 世（Abdul Hamid）　109, 110

1842-1918　オスマン・トルコのスルタン（位1876-1909）．アジアで最初の憲法を発布．その後列強の干渉を避けようと憲法を停止し，専制支配強化に努めた．ロシア－トルコ戦争に敗れ，領土を失う．サロニカ革命で退位．

アラビー・パシャ（Arabi Pasha）　102, 108

1839/41-1911　エジプトの軍人．独立運動指導者．

アルバート公（Albert, prince consort）　70

1819-61　ヴィクトリア女王の夫．

アレクサンドル 1 世（Alexander I）　32

1777-1825　ロシア皇帝（位1801-25）．ナポレオン 1 世と戦う．1812年のモスクワ遠征を退け，ウィーン会議では神聖同盟を提唱．自由主義・国民主義運動抑圧の中心となった．

アレクサンドル 3 世（Alexander, III）　90

1845-94　ロシア皇帝（位1881-94）．アレクサンドル 2 世の暗殺後即位．反動政

治を推進．フランスとの連携を図り，1891年露仏同盟締結．
アンウィン，レイモンド（Unwin, Raymond） 167
 1863-1940 都市のプランナー．ガーデンシティーを実践．
イーデン，アンソニー（Eden, Anthony） 7, 232
 1897-1977 保守党政治家．首相（任1955-57）．1935年，ネヴィル・チェンバレン内閣の外相となるが，宥和政策に反対して辞任．チャーチルの挙国政府の外相．1955年，チャーチルのあとを受け首相に就任．スエズ出兵について非難を浴び，1957年辞任．
ヴァンシタート，ロバート（Vansittart, Robert） 114
 1881-1957 外交官．1930年，外務事務次官就任．宥和政策に反対し，イギリスの再軍備を主張．チェンバレンと対立し，左遷．
ヴァンダーヴェルド，E.（Vandervelde, E.） 188
 1866-1938 ベルギーの政治家．社会主義者．第二インターナショナルで中心的な役割を担う（1889-1914）．International Socialist Bureau の初代会長．1924年以後，ブリュッセル大学で教鞭をとる．
ヴィクトリア女王（Victoria, Queen） 49, 64, 80, 103, 133
 1819-1901 イギリス女王（位1837-1901）．
ウィットブレッド，サミュエル（Whitbread, Samuel） 21, 31, 33
 1758-1815 政治家．フォックスの友人．ピット時代，野党のリーダーを務める．
ウィリアム3世（William III, King） 18
 1650-1702 オランダ総督（任1672-1702），イギリス国王（位1689-1702）．名誉革命により，メアリ（メアリ2世）とともに国王に即位．
ウィリアム4世（William IV, King） 46
 1765-1837 イギリス国王（位1830-37）．
ウィルクス，ジョン（Wilkes, John） 76
 1727-97 政治家．ジャーナリスト．議員．自由の闘士として行動．
ウィルソン，ウッドロー（Wilson, Woodrow） 61, 152, 168, 176, 184, 185, 187, 205
 1856-1924 民主党のアメリカ大統領（任1913-21）．「勝利なき平和」を掲げ，第一次世界大戦に関与．戦争中に「14カ条」の平和条項を提示．パリの講和会議では，国際連盟を提唱．しかし，アメリカ上院の反対のため，ヴェルサイユ条約には調印できなかった．ノーベル平和賞受賞．
ヴィルヘルム2世（William II, German emperor） 131
 1859-1941 ドイツ皇帝（位1888-1918）．ビスマルクを失脚させ，積極的な世界政策を展開．挑発的な言動から，国際的緊張を高める．第一次世界大戦後，オランダに亡命．
ウェッジウッド，ヴェロニカ（Wedgewood, Veronica） 18
 1910生まれ．歴史家．17世紀史の権威．
ウェッジウッド，ジョサイア（Wedgewood, Josiah） 134
 1872-1943 急進主義者．第一次世界大戦後労働党に入党．第一次労働党内閣のランカスター公領相．

ウェッブ，ベアトリス（Webb, Beatrice） 178
1858-1943 社会主義者．フェビアン協会の中心．
ウェッブ，シドニー（Webb, Sidney） 178, 181
1859-1947 社会主義者．ベアトリスの夫．フェビアン協会の創設者のひとり．第一次労働党内閣の閣僚．
ウェリントン公爵（Wellington, Duke of） 45
1769-1852 軍人．トーリーの政治家．首相（任1828-30）．1815年，ワーテルローの戦いでナポレオンを破る．選挙法改正に際し，議会改革に反対の立場をとる．
ウェルズ，H. G.（Wells, H. G.） 1, 169
1866-1946 『タイムマシン』などの SF 作品で知られる作家．社会主義の評論でも知られる．
ウォラス，グレアム（Wallas, Graham） 167
1858-1932 政治学者．政治心理学者．フェビアン協会のメンバーで『フェビアン論集』の著者のひとり．
ウルズリー，ガーネット（Wolseley, Garnet Joseph） 104
1833-1913 陸軍の軍人．
ウッドワード，E. L.（Woodward, E. L.） 210
1890-1971 オックスフォードの歴史家．
ウルフ，レナード（Woolf, Leonard） 159, 167, 214
1880-1969 文筆家．出版者．ブルームズベリ・グループのひとり．ヴァージニア・ウルフの夫．
エイマリー，L. S.（Amery, L. S.） 232, 236
1873-1955 保守党の政治家．ジャーナリスト．大英帝国の結束を主張．海相，植民地相，自治領相，インド相を歴任．宥和政策に反対．
エア総督（Eyre, governor） 85
1815-1901 探検家．植民者．ジャマイカ総督のときに，反乱を弾圧．反乱の措置をめぐって本国で論争が起こった．
エカチェリーナ大帝（Caterine the Great） 12, 22
1729-96 ロシア皇帝（位1762-96）．ドイツ出身．夫を廃位して即位．啓蒙専制君主としてロシアの近代化を推進．
エドワード 7 世（Edward VII） 106, 133
1841-1910 イギリス国王（位1901-10）
エンジェル，ノーマン（Angell, Norman） 111, 118-121, 135, 150, 157, 164, 214
1874-1967 政治経済評論家．1910年，*The Great Illusion* で世界的な名声を獲得．1933年，ノーベル賞受賞．
エンソー，R. C. K.（Ensor, R. C. K.） 140, 152
1877-1958 歴史家．イギリス近代史．オックスフォード版イギリス史の *England 1870-1914* の著者．
オグデン，C. K.（Ogden, C.K.） 160
1851-1913 作家．

オコンナー，ファーガス（O'Connor, Feargus） 76
1794-1855 アイルランド人政治家．議員（1832-35）．チャーティスト急進派の指導者．『ノーザン・スター』を編集．

オコンネル，ダニエル（O'Connell, Daniel） 42
1775-1847 アイルランドの政治家．カトリック教徒解放に尽力．ウイッグとの協力のもとでアイルランドの解放を目指す．

オルドレッド，ガイ（Aldred, Guy） 185
1886-1963 社会主義者．アナルコ－サンディカリズムを信奉．

カー，フィリップ（Kerr, Philip） 212
1882-1940 政治家，外交官．ロジアン卿（Lothian, Lord）．南アフリカでミルナーの影響下のもと帝国主義政策に関与．ロイド・ジョージの私設秘書として影響力を持つ．ヴェルサイユ条約に批判的で，親ドイツ的な方向をとり，宥和政策の一翼を担う．

ガーヴィン，J. L.（Garvin, J. L.） 169
1868-1947 ジャーナリスト．『オブザーヴァー』の主筆．社会帝国主義的な立場をとる．ロイド・ジョージ内閣に影響力を持つ．

カウツキー，カール（Kautsky, Karl） 119
1854-1938 ドイツの社会主義者．

カースルレー卿（Castlereagh, Lord） 32
1769-1822 トーリーの政治家．リヴァプール卿のもとで外相を務める．ウィーン会議のイギリス代表．

カースン，E（Carson, E.） 141
1854-1935 保守党（統一党）の政治家．1916-18年に閣僚を務める．アイルランド自治法に反対し，アルスターの統一党の運動の中心的役割を担う．

カーゾン卿（Curzon, Lord） 190
1859-1925 保守党の政治家．1898年よりインド総督．1919年-24年，ロイド・ジョージ内閣およびボナー・ロー内閣で外相を務める．

カードウェル，エドマンド（Cardwell, Edmund） 83
1813-86 保守党の政治家．商務相，植民地相，陸相を歴任．

カニング（Canning, George） 99
1770-1827 政治家．外相．首相（任1827）．自由主義外交を展開．

カーライル，トマス（Carlyle, Thomas） 85-87
1795-1881 文芸評論家

カラの反抗（Curragh Mutiny） 89
1914年，ダブリン近くに駐屯していた第３騎兵隊の将校57人が，アルスターの人々の願いに反し，アイルランド自治法が課されるなら命令に従わないことを宣言した事件．

ガリバルディ（Galibaldi） 61，228
1807-82 イタリア統一運動の指導者．千人隊（赤シャツ隊）を率いて，南イタリアを解放．

キケロ（Cicero） 22

前106-前43 ローマの政治家，雄弁家．

キプリング，ルジャード（Kipling, Rudyard） 106

1865-1936 帝国主義時代を代表する作家，詩人．1907年にノーベル文学賞受賞．

キャベンディッシュ卿，フレデリック（Cavendish, Lord Frederick） 101

1836-82 自由党議員．アイルランド相に任じられたが，ダブリンのフェニックス・パークで暗殺．

キャンベル，トマス（Campbell, Thomas） 43

1777-1844 グラスゴー出身の詩人．

キャンベル＝バナマン，ヘンリー（Campbell-Bannerman, Henry） 127, 129, 132, 133

1836-1908 自由党の政治家．首相（任1905-08）．

キングレイク，A. W.（Kinglake, A. W.） 86

1809-91 歴史家．クリミア戦争に従軍し，クリミア戦争の歴史を書く．

グーチ，G. P.（Gooch, G. P.） 8, 158, 210, 211

1873-1968 歴史家．議員（1906-10, 13）．ドイツ近代史の権威．

クーパー，ダフ（Cooper, Duff） 233

1890-1954 保守党の政治家．チェンバレン内閣の海相．ミュンヘン会議に抗議して辞任．

クラインズ，J. R.（Clynes, J. R.） 191, 193, 227

1869-1949 労働党の政治家．ガス労働組合の指導者．1906年の総選挙以来労働党議員．第一次労働党内閣の国璽尚書．第二次労働党内閣の内相．

グラッドストン，W. E.（Gradstone, W. E.） 7, 8, 10, 14, 15, 22, 60, 61, 69, 70, 72, 74-83, 85, 91-105, 107-113, 115, 125, 128, 131, 139, 177, 224, 232, 233

1809-98 自由党の政治家．首相（任1868-74, 80-85, 86, 92-94）．自由党の党首として進歩的な立場に立つ諸改革を推進．外交政策では，道議に基づく外交を展開．その一方で，エジプトに帝国主義的介入を行った．アイルランド自治法を主張し，自由党を分裂させた．

クラレンドン卿（Clarendon, Lord） 49

1800-70 ウイッグの政治家．アバディーン，パーマストン，ラッセル，グラッドストンのもとで外交の専門家として活躍．

グランヴィル卿（Granville, Lord） 70, 92, 95

1815-91 ウイッグの政治家．外相（任1851-52, 70-74, 80-85）．植民相（任1868-70, 1886）．

クリップス，スタフォード（Cripps, Stafford） 222, 223, 225-227, 233, 235

1889-1952 労働党の政治家．第一次労働党内閣の閣僚を務めたパームア卿の息子．1939年，チェンバレンの宥和政策に反対し，「人民戦線」を提唱したことから一旦党を除名された．ソ連駐在大使（任1940-42）．チャーチル戦時内閣に閣僚として参加．戦後，アトリー内閣の商務省長官，財務相．

グリーン，J. R.（Green, J, R.） 86-88

1837-83 歴史家. 民衆に重きを置いた広範な研究を行う.
グリーンウッド, アーサー (Greenwood, Arthur) 222, 228, 235, 236
1880-1954 労働党の政治家. 保健相 (任1929-31). 1939年9月, 労働党の代表 (副総裁) としてチェンバレン内閣に対し, イギリスの開戦を促す演説を行う. チャーチル戦時内閣に閣僚として参加.
クルーガー, ポール (Krugar, Paul) 116, 129
1825-1902 トランスヴァール大統領 (任1883-1902).
グレアム, ジェームズ (Graham, James) 60
1792-1861 政治家. ピール内閣の内相. 穀物法廃止法案を支持. ピール派の中心.
グレイ, エドワード (Grey, Edward) 7, 14, 106, 108, 114, 126, 131, 132, 134, 135, 138, 140, 147-150, 152, 153, 157, 162, 167, 198, 202
1862-1933 自由党の政治家. 外相 (任1905-16). 第一次世界大戦の参戦に関わる.
グレイ伯爵, チャールズ (Grey, Charles, Earl) 23, 31, 33, 99, 177
1764-1845 ウイッグの政治家. 首相 (任1830-34). 第一次選挙法改正を実施.
クレーマー, W. R. (Cremer, W. R.) 107
1838-1908 急進主義の議員. 普仏戦争に際し, イギリスの中立を主張し労働者平和協会を設立. 1903年にノーベル平和賞受賞.
クレマンソー (Clemanceau) 206, 221
1841-1929 フランスの政治家. 首相 (任1906-09, 17-20). パリ講和会議でフランス代表を務め, ドイツに対して強硬な要求を主張.
クローマー卿 (Cromer, Lord) 105
1841-1917 植民地行政官. エジプト財政顧問 (任1879-80). インド財務官 (任1880-83). エジプト総領事 (任1883-1907).
クロムウェル, オリヴァー (Cromwell, Oliver) 136
1599-1658 ピューリタン革命の指導者. 護国卿 (任1653-58) として独裁を行う.
ケインズ, J. M. (Keynes, J. M.) 57, 118, 159, 188, 205, 206, 231
1883-1946 経済学者. ケンブリッジ出身者を中心としたいわゆるブルームズベリ・グループの一員. インド省に勤務したのち, ケンブリッジ大学で教鞭を執る. その一方で, 政府にも関わり, パリの講和会議にも代表団の一員として参加. 『平和の経済的帰結』を著し, ヴェルサイユ条約を批判.
ケナン, ジョージ (Kennan, George) 2
1904- アメリカの外交官. ソ連に対する「封じ込め政策」を提唱.
ケレンスキー, アレクサンドル (Kerensky, Alexander) 190
1881-1970 ロシアの政治家. 首相 (任1917). 社会革命党右派. 二月革命後の1917年7月, 臨時政府の首相となる. 十月革命後, 亡命.
ケンワージー, J. M. (Kenworthy, J. M.) 214
軍人, 急進主義者. 議員. ヴェルサイユ条約に反対した4人の議員のひとり.
コシチューシコ, T. A. (Kościuszko, T. A) 43

1746-1817　ポーランドの軍人．アメリカ独立革命参加後．分割反対闘争を指導．
コッシュート，ルイス（Kossuth, Lewis）　59, 61-63, 65, 69
1802-94　ハンガリーの政治家．1848年，ウィーン三月革命の指導者．1849年オーストリアに対し独立を宣言し，臨時政府の首班となった．ロシアの介入によって敗れたのち，亡命．
ゴードン（Gordon, Charles George）　90, 106, 108
1833-85　軍人．アロー戦争，太平天国の乱鎮圧で活躍．スーダンで起こったマフディーの乱を鎮圧するにあたり，ハルトゥームで包囲され戦死．
コブデン，リチャード（Cobden, Richard）　7, 10, 14, 19, 23, 29, 38, 43, 45, 48-50, 52-61, 65, 67, 68, 70-72, 74, 78-80, 82-84, 90, 91, 100, 106, 111, 113, 116, 136, 137, 146, 157, 160, 166, 199
1804-65　イギリスの実業家，政治家．ブライトと反穀物法同盟を結成し，穀物法廃止に尽力．自由主義改革の旗手．
コベット，ウィリアム（Cobett, William）　5, 9, 17, 35, 36, 84
1763-1835　ジャーナリスト．急進主義者．
コングリーヴ（Congreve）　74, 75, 85
1819-99　哲学者．実証主義哲学の普及に尽力．
サイモン，ジョン（Simon, John）　197, 215, 231
1873-1954　政治家．アスクィス内閣の内相を務めたが，徴兵制に反対し辞任．1931年，マクドナルドの挙国政府に外相（任1931-35）として参加．その後も財務相（任1937-40）として入閣．
サクラトヴァラ（Saklatvala）　182
1874-1936．インド出身．社会主義者．共産党議員（1922-23, 24-29）．
サマースキル，エディス（Summerskill, Edith）　220
1901-80　労働党の政治家．医師．労働党議員（1938-55）．労働党議長（1954-55）．上院議員（1961-80）．
サミュエル，ハーバート（Samuel, Herbert）　151
1870-1963　自由党政治家．数々の閣僚を歴任．パレスティナ高等弁務官（任1920-25）．1931年のマクドナルドの挙国内閣には当初内相として参加したが，保護貿易に反対し辞任．
ジェームズ1世（James I）　18
1566-1625　イギリス国王（位1603-25）．議会との対立を引き起こす．
シトリン，W.（Citrine, W.）　229
1887-1983　労働組合指導者．TUC の総書記（任1926-46）．
シートン＝ワトスン，R. W.（Seton-Watson, R. W.）　8, 113, 150, 232
1879-1951　歴史家．オーストリア－ハンガリー支配下の諸民族の歴史を専門．1922年，ロンドン大学スラヴ研究学部で中央ヨーロッパ史のマサリク講座を担当．その後オックスフォードでチェコスロヴァキア研究の教授を務めた（1945-49）．
ジノヴィエフ書簡　114, 198
1924年，第一次労働党内閣が崩壊後の選挙期間中，外務省が発表したジノヴィエ

フの署名入り書簡．内容は，イギリス共産党に軍およびアイルランドで反乱を行うよう呼びかけた文書だった．書簡は偽物であり，労働党への投票を妨げる効果をもたらした．

シャフツベリ卿（Shaftsbury, Lord） 84
　1801-85　工場改革に努めた慈善家．議会活動を通じて工場法のために尽力（1847, 1859年）．

シュシュニク（Schuschnigg） 231
　1897-1979　オーストリアの政治家．首相（任1934-38）．ナチスによる首相ドルフス暗殺後，首相となりオーストリアの独立を守ろうと努めたが，ドイツに併合された．

シュトレーゼマン, G（Stresemann, G） 209
　1878-1929　ドイツの政治家．1923年の経済危機を収拾．ロカルノ条約の締結，国際連盟加盟を実現．

ジュニアスの手紙（letters of Junius） 115
　1769年から72年にかけて，*Public Adviser* に宛てて書かれた匿名の手紙．政治的批判やスキャンダルを含み，センセーションを引き起こした．

シュミット，バーナドット（Schmitt, Bernadotte） 210
　1904-69　アメリカ人の歴史家．

ショー，トム（Shaw, Tom） 124, 192
　労働党の政治家．労働党議員．第一次マクドナルド内閣に労働相，第二次マクドナルド内閣に陸相として入閣．

ショー，バーナード（Shaw, Bernard） 162-164, 167, 223
　1856-1950　劇作家．評論家．フェビアン協会の中心メンバー．

ジョウェット，フレッド（Jowett, Fred） 157, 186
　1864-1944　労働党の政治家．

ジョージ，ロイド（George, David Lloyd） 15, 107, 115, 122, 123, 126, 128, 129, 140, 149, 151, 154, 179, 181, 184-189, 191, 193, 206, 212
　1863-1945　自由党政治家．首相（任1916-22）．急進主義的なスタンスで，アスクィス内閣の財務相として改革を推進．第一次世界大戦中の1916年，アスクィスを退陣させ連立内閣の首相となり，「戦争を勝ち抜」く．結果的に自由党の分裂と衰退を招く．

ジョージ3世（George III） 20, 30
　1738-1820　イギリス国王（位1760-1820）．アメリカ合衆国の独立を招く．晩年は精神に異常をきたす．

シーリー，ジョン（Seeley, John） 86
　1834-95　歴史家．実証主義の立場に立つ．近代史を研究．

ジリアカス，コニ（Zilliacus, Konni） 114, 214-216, 221, 233
　1894-1967　国際連盟事務局高官（任1919-39）．第二次世界大戦中は情報省に勤めた．1945年以後，労働党議員を務める．

スウィンバーン，アルジャーノン（Swinburne, Algernon） 85

1837-1909　詩人．評論家．

スコット，C. P.（Scott, C. P.）　5, 132, 157, 164, 179
　1846-1932　ジャーナリスト．『マンチェスター・ガーディアン』の編集者，1905年以後は社主．自由党議員（1895-1906）．

スターリン（Stalin）　235
　1879-1953　ソ連の最高指導者．ソ連の工業化を進める．徹底した独裁体制をとり，反対者を粛清．

スタッブズ，ウィリアム（Stubbs, Willam）　86
　1825-1901　歴史家．オックスフォードの近代史教授．イギリス憲政史を研究．

スタンホープ，フィリップ（Stanhope, Philip）　111, 122
　1805-75　政治家．歴史家．

スティーヴン，ヴァージニア（Stephen, Virginia）　159
　1882-1941　ヴァージニア・ウルフ．作家．出版者．ブルームズベリ・グループの中心．

ステッド，W. T.（Stead, W. T.）　89-92, 95, 96, 104-106, 108, 122, 130
　1849-1912　ジャーナリスト．『ペル・メル・ガゼット』の副編集長．タイタニック号の事故で溺死．

ストラトフォード・ド・レドクリフ（Stratford de Redcliffe, Lord）　8
　1786-1880　外交官．カニングのいとこ．ギリシア独立に尽力．クリミア戦争の勃発を避けようとしたが果たせなかった．

ストレイチー，リットン（Strachey, Lytton）　159, 205
　1880-1932　伝記作家．『ヴィクトリア女王』，『エリザベスとエセックス』などが代表作．ブルームズベリ・グループのひとり．

スノードン，フィリップ（Snowden, Philip）　137, 173, 180
　1864-1937　労働党の政治家．マクドナルド内閣の財務相（任1924, 29-31）．

スミス，F. E.（Smith, F. E.）　115, 141
　1872-1930　バーケンヘッド．保守党政治家．チャーチル，ロイド・ジョージらと近しい実力者．

スマイリー，ロバート（Smillie, Robert）　191
　1857-1940　スコットランドの労働運動家．スコットランド炭坑夫組合長．全英炭坑夫連合会会長．議員（1923-29）．

スワンウィック，ミセス．H. M.（Swanwick, Mrs. H. M.）　156, 157, 160, 203, 225
　1864-1939　女性運動家．民主管理同盟の中心メンバーのひとり．1929年，国際連盟の大英帝国代表．1939年，ヨーロッパのファシズムの台頭を前に自殺．

セシル卿，ロバート（Cecil, Lord Robert）　186, 201, 221
　1864-1958　保守党の政治家．ソールズベリの子．国際連盟に尽力．

ソールズベリ卿（Salisbury, Lord）　6, 10, 107, 108, 130
　1830-1903　保守党政治家．外相（任1878-80）．首相（任1885-86, 88-92, 1895-1902）．

ソーン，ウィル（Thorne, Will）　125

1857-1946　労働組合運動家．社会主義者．議員．
ダービー (Derby, Edward Geoffrey Smith Stanley)　94, 115
1799-1869　保守党の政治家．首相（任1852, 58-59, 66-68）．
タレーラン (Talleyrand)　30
1754-1838　フランスの政治家．外交官．ウィーン会議で正統主義を主張，フランスの領土を確保した．ダフ・クーパーによる伝記がある．
チエール, A (Thiers, A)　48
1797-1877　フランスの政治家，歴史家．七月王政下で二度首相を務める．
チェンバレン, オースティン (Chamberlain, Austen)　224
1863-1937　保守党の政治家．ジョーゼフ・チェンバレンの子．外相（任1924-29）
チェンバレン, ジョーゼフ (Chamberlain, Joseph)　79, 96, 102, 105, 106, 108, 127, 129, 130
1836-1914　バーミンガムの実業家の出身の政治家．1886年のアイルランド自治法案をめぐり自由党を割り統一党を結成．社会帝国主義的立場をとる．1903年以後は関税改革を提唱．
チェンバレン, ネヴィル (Chamberlain, Neville)　114, 197, 231-234
1869-1940　保守党の政治家．オースティン・チェンバレンの異母弟．首相 (1937-40)．宥和政策を推進．
チャタム (Chatham)　115
1708-78　大ピット．小ピットの父．ウイッグの政治家．首相（任1766-8）．
チャーチル, ウィンストン (Churchill, Winston)　15, 39, 115, 136, 140, 141, 156, 185, 190, 191, 230, 232
1871-1947　政治家．首相（任1940-45, 51-55）．
チャルトリスキ公 (Czartoryski, prince)　32
1770-1861　ポーランドの政治家．ポーランド独立運動に関与．1830年の革命運動の中心的指導者．
ディキンスン, ローズ (Dickinson, Lowes)　8, 111, 142, 157-159, 167, 210, 211
1862-1932　著述家．平和主義者．
ディズレイリ, ベンジャミン (Disraeli, Benjamin)　17, 64, 85, 93, 96, 97, 100, 112, 115
1804-81　ベコンズフィールド卿．小説家．保守党の政治家．首相（任1868, 1874-80）．
ディルク, チャールズ (Dilke, Charles)　104, 108, 123
1843-1911　自由党政治家．議員．急進的な立場で最低賃金法，労働組合の合法化に尽力．
ティルピッツ (Tirpitz, Alfred von)　209, 211
1849-1930　ドイツ海軍の軍人．97年以後．海軍長官として大艦隊の建設をめざした．
ディレーン (Delane)　93, 94
1817-79　ジャーナリスト．『ザ・タイムズ』の編集者 (1841-77)．クリミア戦争

で政府の姿勢を攻撃．1864年のデンマーク支持に反対．

ディロン，ジョン（Dillon, John） 123

1851-1927 アイルランドの政治家．議員（1880-83, 1885-1915）．レドモンドの死後，国民党のリーダーとなったが，シンフェイン党に敗れた．

テニスン卿（Tennyson, Lord） 57, 85

1809-92 桂冠詩人．

デモステネス（Demosthenes） 22

前384-322 古代ギリシアの政治家．雄弁家．マケドニアのフィリッポス２世を弾劾する演説が有名．

ド・ウェット，C. R.（de Wet, C. R.）

1854-22 ボーア人の軍人，政治家．

ド・フォーレスト男爵（De Forest, Baron） 123

テイラーが子どもの頃，初めて議会を見たときに演説していた人物．テイラーに強い印象を与えた．

トインビー，A. J.（Toynbee, A. J.） 8, 182, 232

1889-1975 歴史家．文明の興亡の法則をとらえようとした *A Study of History*（1934-61）の作者．

トゥート，T. F.（Tout, T. F.） 137

1855-1929 歴史家．マンチェスター大学歴史学部の中心．

ドーソン，ジェフリー（Dawson, Geoffrey） 93, 224

1874-1944 ジャーナリスト．『ザ・タイムズ』の編集者．ロイド・ジョージを支持．1930年代には宥和政策を主張．

トマス，J. H.（Thomas, J. H.） 181, 193, 198

1874-1949 労働党の政治家．労働組合会議（TUC）議長（1920）．労働党内閣の閣僚を務める．

ドラモンド，エリック（Drummond, Eric） 186

1876-1951 外交官．国際連盟の事務総長（任1919-33）．1947年以後，自由党の副党首を務めた．

ドールトン，ヒュー（Dalton, Hugh） 214, 223, 226

1887-1962 労働党政治家．アトリー内閣の財務相．

ドルフス（Dollfuss） 231

1892-1934 オーストリアの政治家．首相（任1932-34）．ナチスにより暗殺される．

トレヴァ＝ローパー，H. R.（Trevor-Roper, H. R.） 16

1914- 歴史家．1957年オックスフォード大学のリージス教授（近代史欽定講座教授）となる．このとき候補のひとりだったテイラーは敗れている．

トレヴェリアン，チャールズ（Trevelyan, Charles） 5, 157, 165, 166, 194, 195, 225, 229

1870-1958 政治家．G. M. トレヴェリアンの兄．ロンドンの教育委員会の活動を通じ，フェビアン協会に参加．1899年，自由党から議員となり，1908年には文

相を務める．第一次世界大戦に反対し，民主管理同盟設立に参加．1918年の選挙で落選したあと独立労働党に参加．1922年の総選挙で，労働党から議員となる．第一次，第二次労働党内閣で文相として入閣．1931年，マクドナルドに幻滅し，辞任．

トロツキー（Trotsky） 29, 190

1879-1940 ロシアの革命家．1917年の十月革命の指導者．外務人民委員としてブレスト－リトフスク講和に臨んだ．赤軍の創設者．レーニンの死後，スターリンに敗れ亡命．メキシコでスターリンの差し向けた手先により暗殺．

トロロープ，アンソニー（Trollope, Anthony） 93

1815-82 小説家．自由党議員を目指したが果たせなかった．

ドン・パシフィコ（Pacifico, David） 40, 56, 59

1784-1854 パーマストンが雄弁によって勝利を収めた「ドン・パシフィコ事件」の主役．ジブラルタル生まれで，イギリス国王臣下のユダヤ系ポルトガル人．パシフィコは，ギリシアで商売を行っていたとき，暴動によって家屋が破壊された．ギリシア政府が賠償を拒否したことから，パーマストンはイギリス臣下を「不正と悪」から守るためとして，ギリシアに軍隊を派遣．この行動をめぐって議会で論争が起こったが，パーマストンは勝利を収めた．

ナポレオン1世（Napoleon I） 30, 31, 33

1769-1821 フランス皇帝（位1804-14, 14-15）．

ナポレオン3世（Napoleon III） 64

1808-73 フランス皇帝（位1852-70）．

ニコルソン，ハロルド（Nocolson, Harold） 232

1886-1968 外交官．作家．政治家．作家ヴィタ・サックヴィル＝ウェストの夫．

ニューカッスル公爵（Newcastle, Duke of） 18

1693-1768 ウイッグの政治家．ジョージ2世，ジョージ3世時代の実力者．

ニューボールド，ウォルトン（Newbold, Walton） 137

1888-1943 社会主義者．歴史家．共産党議員（1922-23）．その後，共産党離党．

ニューマン，F. W.（Newman, F. W.） 85

1805-97 歴史家．古典を専門とする．オックス運動の中心であったJ. H. ニューマンの弟．

ネイミア，L. B.（Namier, L. B.） 8, 16, 182, 232

1888-1960 ユダヤ系ポーランド人出身の歴史家．マンチェスター大学でテイラーと親交を持った．

ノエル＝ベイカー，フィリップ（Noel-Baker, Philip） 229

1889-1982 労働党政治家．国際連盟および国際連合の草案の作成に関与．ノーベル平和賞受賞（1959）．

ノース卿（North, Lord） 115

1732-92 ウイッグの政治家．首相（任1770-82）

ノースクリフ卿（Northcliffe, Lord） 57, 90, 179, 185

1865-1922 新聞社主．『デイリー・メール』，『デイリー・ミラー』を創刊．大衆

ジャーナリズムに革命を起こした．1905年には『ザ・タイムズ』の社主となり，政治に影響力を持った．
ハイナウ将軍（Haynau, General）51
　1786-1853　オーストリアの将軍．イタリアでの作戦で残忍な行為を行ったことによって悪名を高めた．
ハインドマン，H. M.（Hyndman, H. M.）85, 105, 125, 151, 178, 201
　1842-1921　実業家．社会主義者．社会民主連盟の創設者．
ハウス大佐（House, Colonel）185, 187
　1858-1938　アメリカ合衆国の外交官．第一次世界大戦中からウィルソン大統領の側近として数多くの会議に関与した．
バーク，エドマンド（Burke, Edmund）7, 21, 113
　1729-97　ウイッグの政治家．思想家．
バクストン，ノエル（Buxton, Noel）126, 135, 138, 139, 147, 175-177, 222
　1869-1948　政治家．自由党議員（1905）．労働党議員（1922-30）．
バクストン，ミセス．ドロシー（Buxton, Mrs. Drothy）159
　1881-1963　社会改良家．第一次世界大戦後，平和条約から生じた社会的不公正やヒトラーの人種政策に対して関わった．ロードン・バクストンの妻．
バクストン，ロードン（Buxton, Charles Roden）12, 126, 222, 225
　1875-1942　法律家．議員（1910年自由党から，1922年労働党から選出）．独立労働党の財務担当（1924-27）．
ハクスリー，T. H.（Huxley, T. H.）85
　1825-95　生物学者．進化論を説く．
パケナム，エリザベス（Pakenham, Elizabeth）226
　1906生まれ．作家．労働党の候補として議会に立候補したが落選（1935, 1950）．
ハーコート，ウィリアム（Harcourt, William）127
　1827-1904　自由党政治家．グラッドストン内閣で内相，財務相を歴任．
ハースト，F. W.（Hirst, F. W.）137, 177
　ジャーナリスト．急進主義者．『エコノミスト』の主筆．
パーセル，A. A.（Purcell, A. A.）194
　1872-1935　労働組合運動家．社会主義者．
バターフィールド，H.（Butterfield, H.）3
　1900-79　ケンブリッジの歴史家．欽定教授（1963-68）．
ハーディ，ケア（Hardie, Keir）107, 116, 122-125, 128, 133, 135, 163, 178, 183, 235
　1856-1915　労働運動の指導者．1892年に独立した労働者の代表として議員となる．1893年，独立労働党を結成．労働党の創設に関わり，カリスマ的地位を占めた．
ハーティントン（Hartington）92
　1833-1908　スペンサー・キャヴェンディシュ．自由党の政治家．アイルランド自治法をめぐる分裂の際，チェンバレンと行動を共にした．
バーデット，フランシス（Burdett, Francis）33

1770-1844 政治家.議員.フランス革命に対する戦争に反対,議会改革,カトリック解放などを主張した.

ハドスン, G. (Hudson, G) 57
1800-71 鉄道の投資家.「鉄道王」として知られる.

ハーニー, ジョージ (Harney, George) 49, 50, 51, 63-65, 71
1817-96 チャーティスト左派の指導者.

パーマストン卿 (Palmerston, Lord) 14, 23, 45, 46, 48-50, 59-61, 63, 64, 70-73, 76, 79, 80, 99, 100, 112-115
1784-1865 政治家.外相(任1830-41, 46-51).首相(任1855-58, 59-65).自由貿易の拡大を目指し,強硬な外交政策を展開.

ハモンド, J. L. (Hammond, J. L.) 19, 20, 131, 132, 182
1872-1949 ジャーナリスト.社会史家.

ハリスン, フレデリック (Harrison, Frederick) 74, 75, 85, 104
1831-1923 法学者.実証主義の中心.

ハリファックス卿 (Halifax, Lord) 206, 233
1881-1959 保守党政治家.エドワード・ウッド.チェンバレン内閣で外相を務め,宥和政策を推進.

バルフォア, A. J. (Balfour, A. J.) 10, 115, 193
1848-1930 保守党政治家.ソールズベリの甥.首相(任1902-05).ロイド・ジョージ内閣では外相を務める.

バーンズ, G. N. (Barnes, G. N.) 原注5章(42)
1859-1940 労働運動家.労働党の政治家.辞任したヘンダスンに代わりロイド・ジョージの戦時内閣に入閣.

バーンズ, H. E. (Barnes, H. E.) 210
1889-1968 アメリカの歴史家,社会学者.

バーンズ, ジョン (Burns, John) 157
1858-1943 労働運動の指導者.最初の労働者出身の自由党議員(1892-1918).商務相を務めたが,第一次世界大戦の参戦を抗議し辞任.

ハント (Hunt, Henry) 76
1773-1835 労働運動家.チャーティスト.ピータールー事件のヒーロー.

ピグー, A. C. (Pigou, A. C.) 165
1877-1959 経済学者.ケンブリッジのマーシャルの後継者.厚生経済学で知られる.

ビスマルク (Bismarck) 6, 130, 136, 163
1815-98 ドイツの政治家.首相(任1862-90).ドイツ統一を実現.

ビーズリー (Beesley) 75
1831-1923 ハリスンと並ぶ実証主義の中心.

ピット, ウィリアム (Pitt, William, the younger) 20, 22, 25, 27, 30, 35, 115
1759-1806 政治家.首相(任1783-1801, 1804-06).フランス革命に反対し,対仏大同盟を組織した.

ヒトラー，アドルフ（Hitler, Adolf） 210, 216-219, 221-224, 226, 228-230, 232-236
　1889-1945
ピュージー，E. B.（Pusey, E. B.） 88
　1800-82　神学者．合理主義の普及に反対する立場をとる．
ヒューム，ジョーゼフ（Hume, Joseph） 35, 41, 42, 61
　1777-1855　急進主義の政治家．哲学急進派のひとり．進歩的改革を支持．
ピュートル大帝（Pyotr I） 191
　1672-1725　ロシア皇帝（位1682-1725）
ピール，ロバート（Peel, Robert） 49, 50, 51, 58, 60, 76
　1788-1850　トーリーの政治家．首相（任1834-35, 41-46）．穀物法の廃止に踏み切り，党内保守派と対立．保守党の分裂を招く．
ファイリング，キース（Feilling, Keith） 28
　1884-1977　オックスフォードの歴史家．保守党的立場をとる．
フェイ，シドニー（Fay, Sidney） 210
　1876-1967　アメリカ人の歴史家．ヨーロッパ外交史の権威．1928年に *The Origins of the World War* を発表し，第一次世界大戦の責任は関係諸国すべてにあるとした．
フォックス，チャールズ・ジェームズ（Fox, Charles James） 5, 7, 10, 12-15, 19-33, 65, 113, 115, 129, 176, 177, 199, 200
　1749-1806　ウイッグの政治家．自由主義の立場から，政府のフランス革命政府に対する政策に反対．政府に対する反対運動の先頭に立ち続けた．
ブーズビー，ロバート（Boothby, Robert） 235
　1900-86　保守党政治家．ラジオやテレビのコメンテイターとして知られる．テイラーの出演した人気討論番組『イン・ザ・ニュース』のレギュラー．
フット，ディングル（Foot, Dingle） 232
　1905-78　自由党の政治家．議員．1956年に労働党に移る．
ブライス，ジェームズ（Bryce, James） 7, 86, 93, 103, 126, 164, 167
　1838-1922　法学者．
ブライト，ジョン（Bright, John） 5-8, 10, 12, 14, 23, 25, 29, 53, 56, 57, 59, 65-69, 71, 76, 79-82, 85, 95-97, 101-103, 108, 113, 116, 146, 224, 235
　1811-89　自由党政治家．クエーカー教徒．コブデンとともに反穀物法同盟の中心．自由党議員として自由主義の立場から諸改革に関わった．
ブラウン，E. G.（Browne, E. G.） 7, 112, 134
　1862-1926　オリエント学者．生涯をイラン研究に捧げる．
ブラック・アンド・タン 188
　1920年から21年にかけてロイド・ジョージ内閣が，アイルランドに派遣した遠征軍．遠征軍は，制服の色からこの名で呼ばれた．残虐な弾圧を行い，アイルランドの民族運動に対する抑圧の象徴的存在となった．
ブラッチフォード，ロバート（Blatchford, Robert） 122, 125
　1851-1943　社会主義ジャーナリスト．

ブラッドロー，チャールズ（Bradlaugh, Charles） 97, 105, 107
　　1833-91　自由思想家．1880年に議員となったが，誓約を拒否し議席を失った．その後，議席を得て誓約を行ったが，1886年，アニ・ベザントとともにバース・コントロールを提唱するパンフレットを出版し，訴追を受けた．

フランツ・フェルディナント（Franz Ferdinand） 150
　　1863-1914　オーストリア大公，皇位継承者．1914年，サライェヴォで暗殺され，第一次世界大戦のきっかけとなった．

ブラント，W. S.（Blunt, W. S.） 12, 100, 102, 104
　　1840-1922　詩人．外交に従事した経験を持つ．1882年，グラッドストン政府のエジプト介入を批判し，アラビ・パシャおよびエジプト民族運動を支持した．

プリブラム，A. F.（Pribram, A. F.） 9
　　オーストリアの歴史家．テイラーのウィーン留学時代の指導教師．

フリーマン，エドワード（Freeman, Edward） 86, 87, 92, 93, 95
　　1823-92　歴史家．オックスフォード大学近代史欽定講座担当教授．

ブリュンズウィック公爵（Brunswick, duke of） 24
　　1735-1806　プロイセン王フリードリヒ2世の甥．

フルード，J. A.（Froude, J. A.） 85, 86, 91
　　1818-94　歴史家．オックスフォードの近代史教授．

ブルーム，H.（Brougham, H.） 8, 32, 34, 35
　　1778-1868　法律家．政治家．『エディンバラ・レヴュー』の創刊に尽力．議会改革法案に協力．

ブルム，レオン（Blum, Leon） 229
　　1872-1950　フランス社会党の政治家．1936年人民戦線内閣の首相となった．

ブリンプ大佐（Blimp, Colonel）
　　ロー，デイヴィッド参照．

ブレイルズフォード，H. N.（Brailsford, H. N.） 8, 111, 112, 126, 144-146, 158, 162, 163, 166, 167, 200, 206-208, 210, 214, 219, 221, 235
　　1873-1958　社会主義の作家．ジャーナリスト．

ブロックウェイ，フェンナー（Brockway, Fenner） 142, 154
　　1888-1988　労働党の政治家．議員（1929-31, 50-64）．平和主義者．CND創設者のひとり．

ペアーズ，リチャード（Pares, Richard） 16
　　1902-58　歴史家．18世紀の大英帝国史研究で知られる．

ヘイスティングズ，ウォーレン（Hastings, Warren） 29
　　1732-1818　インド植民地の行政官．ベンガル総督．

ヘイズリット，ウィリアム（Hazlitt, William） 31
　　1778-1830　評論家．エッセイスト．強烈な皮肉と風刺が特徴的だった．

ペイン，トム（Paine, Tom） 5, 28, 29
　　1737-1809　イギリスの思想家．急進主義者．アメリカ独立に影響を与えた『コモン・センス』の著者．

ベヴァン，アナイアリン（Bevan, Aneurin） 227-229
　1897-1960　労働党左派の政治家．戦後のアトリー内閣で国民健康保険制度を導入．
ベヴィン，アーネスト（Bevin, Ernest） 193, 223, 229, 234, 235
　1881-1951　労働党の政治家．労働組合の指導者．チャーチル戦時内閣に入閣．戦後のアトリー内閣では外相を務めた．
ベコンズフィールド卿（Beaconsfield, Lord）
　ディズレイリを参照．
ベル，クライヴ（Bell, Clive） 159
　1881-1964　美術・文芸評論家．ブルームズベリ・グループのひとり．ヴァージニア・ウルフの姉ヴァネッサの夫．
ベロック，ハイレアー（Belloc, Hilaire） 39, 115, 117
　1870-1953　作家．評論家．
ヘンダスン，アーサー（Henderson, Arthur） 5, 124, 141, 154, 179-185, 188-190, 195, 198, 204, 216-218, 223
　1863-1935　労働党の政治家．第二次マクドナルド内閣の外相（任1929-31）．
ホー，サミュエル（Hoare, Samuel） 191, 206, 231
　1880-1959　保守党政治家．空相，インド相，外相，海相，内相を歴任．チェンバレン内閣の内相兼国璽尚書を務め，宥和政策の中心を担う．
ポアンカレ，R（Poincaré, R）
　1860-1934　フランスの政治家．首相，大統領を歴任．
ボウリング，ジョン（Bowring, John） 35
　1792-1972　『ウェストミンスター・レヴュー』の編集者．政治家．広東領事．香港総督など歴任．議員．
ポクロフスキー（Pokrovskii, Mikhail Nikolaevich） 213
　1868-1932　ソ連の歴史家．
ポター，ジョージ（Potter, George） 86
　1832-93　労働組合運動家．急進主義者．
ボトムリー，ホレイショー（Bottomley, Horatio） 90, 117
　1860-1933　ジャーナリスト．『ジョン・ブル』の編集者．議員（1918-22）．
ホーナー（Horner, Francis） 31, 33
　1778-1817　ウイッグの雑誌『エディンバラ・レヴュー』の創刊に関わる．議員．
ホプキンズ，ハリー（Hopkins, Harry） 185
　1890-1946　ニュー・ディール以来，ローズヴェルト大統領を支える．
ホブスン，J. A.（Hobson, J. A.） 5, 58, 111, 117-119, 121, 122, 144, 146, 157, 158, 167, 173, 235
　1858-1940　経済学者．『帝国主義論』の著者．
ホー–ラヴァル協定（Hoare-Laval Pact） 224, 225
　1935年，イギリスの外相ホーとフランスの首相ラヴァルのあいだで結ばれた協定．イタリアがエチオピアの3分の2の領有を認められるとする内容．イタリアに対

して妥協的なため，批判を受け，両者とも辞任を強いられた．

ホランド卿 (Holland, Lord)　30, 31, 33, 34, 49
　1773-1840　ウイッグの政治家．

ポリット，ハリー (Pollitt, Harry)　233, 原注6章(33)
　1890-1960　共産党の政治家．イギリス共産党書記 (1929-56)．委員長 (1956-60)．

ホールデイン卿 (Holdane, Lord)　106, 178
　1856-1928　法律家．政治家．自由党で閣僚として活躍．1924年の労働党政府に大法官として入閣．

ボールドウィン，スタンリー (Baldwin, Stanley)　7, 39, 209, 225, 233
　1867-1947　保守党の政治家．首相（任1923-24, 24-29, 35-37）．

ポンスンビー，アーサー (Ponsonby, Arthur)　15, 23, 111, 133, 139, 157, 166, 167, 174, 198, 222, 225
　1871-1946　外交官．コンスタンティノープルおよびコペンハーゲンで勤務．自由党議員 (1908-18)．第一次世界大戦に反対し，民主管理同盟の中心的なメンバーとなる．その後，労働党に加入．1922年には労働党から議員となった．貴族院議員 (1930-35)．1940年，労働党が挙国政府に参加したのに反対し辞任．

マクドナルド，J. R. (MacDonald, J. R.)　14, 22, 111, 114, 123-125, 142, 147, 153-155, 157, 169-172, 178, 180-182, 184-190, 197, 198, 203, 204, 209, 215
　1863-1937　労働党の政治家．首相（任1924, 29-31, 31-35）．最初の労働党内閣の首相．1931年の財政危機に際して，失業手当の削減を決定．さらに，挙国政府の首相を引き受けたことから，労働党から「裏切り者」として除名．

マクリーン，ジョン (Maclean, John)　185
　1879-1923　教師．労働運動家．社会主義者．グラスゴー出身のクライドサイダーのひとり．

マコーリー，T. B. (Macaulay, T. B.)　8
　1800-59　歴史家．議員となり (1830)，議会改革に尽力．『イギリス史』（5巻 1848-61）を書く．

マッシンガム，H. W. (Massingham, H. W.)　5, 122, 175, 177
　1860-1924　ジャーナリスト．『ネーション』の主筆 (1907-23)．

マッツィーニ，G. (Mazzini, G.)　46, 50
　1805-72　イタリアの革命運動家．青年イタリア党を組織し1848年の革命で活躍．

マーティン，キングズリー，(Martin, Kingsley)　91, 92
　1897-1969　ジャーナリスト．『ニューステーツマン』の編集者 (1931-60)．テイラーの親しい友人．

マニング枢機卿 (Manning, Cardinal)　89
　1808-92　オックスフォード運動のリーダーのひとり．1851年にイギリス国教会からローマ・カトリックに改宗した．

マルクス，カール (Marx, Karl)　46, 57, 71, 117
　1818-83　ドイツの思想家，経済学者，社会主義者．革命家．

マリ，ギルバート（Murray, Gilbert） 169, 202, 218, 224
1866-1957 シドニー生まれ．ギリシア研究者．オックスフォード大学教授．国際連合ユニオン会長．
ミッキーヴィッツ，A. B.（Mickiewicz, A. B.） 26
1798-1855 ポーランドの革命詩人．
ミドロジアン演説 60, 69, 77, 79, 91, 98, 102, 106
1879年から80年にかけて，グラッドストンがエディンバラシャーのミドロジアンで行った選挙演説．一連の演説で，グラッドストンは演壇上で聴衆に対し，ディズレイリの外交政策，財政政策，帝国政策を批判する訴えかけを行い，大衆の支持を得るとともに，名演説として名声を博した．
ミルナー卿（Milner, Lord） 105, 129, 141, 178
1854-1925 ドイツ生まれ．自由党政治家．ケープ植民地総督（任1897-1901），トランズヴァールおよびオレンジ川植民地総督（任1901-05），南アフリカ高等弁務官（任1897-1905）．帝国主義の一翼を担う．
ムッソリーニ，B.（Mussolini, B.） 223
1883-1945
ムハンマド・アリー（Mehemet Ali） 45
1769-1849 オスマン帝国のエジプト総督．オスマン帝国からの自立を目指し1831-33年および1839-40年の2回にわたり戦争を起こした．
メッテルニヒ公（Metternich, prince） 32, 44
1773-1859 オーストリアの宰相（任1821-48）．ウィーン体制の中心．
メラー，ウィリアム（Mellor, William） 217, 222, 236
1888年生まれ ジャーナリスト．ギルド社会主義者．
モーゲンソー，ハンス（Morgenthau, Hans） 2
1904-80 アメリカの政治学者．現実主義的外交政策を提唱．
モーリー，ジョン（Morley, John） 5, 23, 65, 85, 104-106, 108, 123, 127, 128, 157, 164
1833-1923 自由党政治家．アスクィス内閣の枢密院議長（任1910-14）．第一次世界大戦参戦を抗議して辞任した．
モリス，ウィリアム（Morris, William） 93
1834-96 デザイナー，詩人，作家，社会主義者．ラファエル前派の芸術家として確立したのち，東方問題を機に政治活動に参加．商業主義が人間性を奪い芸術を堕落させたとの認識から社会主義者となり，1880年代から1890年代にかけて，社会主義運動に関わった．
モリソン，ハーバート（Morison, Herbert） 192, 223, 226, 228, 229
1888-1965 労働党政治家．チャーチルの戦時内閣に入閣．アトリー内閣のもとで枢密院議長となり，国有化案を主導した．
モールズワース，ウィリアム（Molesworth, William） 60
1810-55 ウイッグの政治家．アバディーン内閣，パーマストン内閣で閣僚を務める．
モレル，E. D.（Morel, E. D.） 5, 14, 46, 113, 114, 122, 140-142, 144, 151, 156-162, 168,

169, 177, 182, 184, 189, 194, 198-200, 209, 213-215, 235
1873-1924　ジャーナリスト．政治家．パリ生まれ．父親はフランス人の官吏．父親の死により，母親と帰国．15歳で学校を離れ，リヴァプールの造船所に勤める．その後ジャーナリズムに関わりを持ち，リヴァプールの商人や船員から得られる情報をもとに記事を書いていたが，そこから，イギリスのアフリカ貿易に関心を持つようになり，コンゴ問題に立ち向かう．第一次世界大戦中，民主管理同盟に参加，中心的な役割を担う．1922年には，労働党の候補として選挙に臨み，チャーチルを破っている．

ラヴェット, W. (Lovett, W.)　49
1800-77　チャーティスト．全国労働者階級同盟に参加．

ラスキ, H. J. (Laski, H. J.)　229
1893-1950　政治学者．ロンドン・スクール・オヴ・エコノミクス教授．社会主義の立場で，多元国家論を展開した．

ラスキン, J (Ruskin, J)　85
1819-1900　芸術評論家．

ラッセル, バートランド (Russel, Bertrand)　8, 20, 58, 114, 115, 142, 147, 157, 158, 165, 168, 205, 210, 214
1872-1970　哲学者．ジョン・ラッセル卿の孫．第一次世界大戦中，平和主義の立場をとったために，大学講師職を失うとともに，6カ月にわたって投獄された経験を持つ．

ラッセル卿, ジョン (Russel, Lord John)　34, 60, 70, 72, 99, 100
1792-1878　ウイッグの政治家．首相（任1846-52, 65-66）．アバディーン内閣，第二次パーマストン内閣の外相．

ラブーシェアー, ヘンリー (Labouchere, Henry)　6, 103, 105-108, 122, 125, 127
1831-1912　ジャーナリスト．政治家．議員（1865-66, 67-68, 1880-1906）．

ランズダウン卿 (Lansdowne, Lord)　14, 126, 130, 177
1845-1927　統一党の政治家．外相（任1900-06）として，日英同盟，英仏協商に関わる．1917年，ドイツとの平和交渉を主張する手紙を新聞に発表し，影響力を持った．

ランズベリ, ジョージ (Lansbury, George)　181, 185, 198, 218, 222, 234, 235
1859-1940　労働党政治家．議会労働党党首（1931-35）．平和主義的な立場をとる．

リー, ヴァーノン (Lee, Vernon)　162
1856-1935　作家．評論家．本名 Violet Paget．ルネサンスを中心とする美術批評を行う一方，数多くのエッセイを著した．

リーズ＝スミス, H. B. (Lees-Smith, H. B.)　166
1878年生まれ．労働党の政治家．第二次マクドナルド内閣で閣僚を務める．

リトヴィノフ, マキシム (Litvinov, Maxim)　190
1876-1951　ソ連の政治家．外務人民委員（任1931-39）

リドン (Liddon, H. P.)　88, 89, 93

1829-90　高教会派の神学者．ブルガリア人虐殺事件でグラッドストンを支持．
リントン，W. J. (Linton, W. J.)　50
　1812-97　木版画家．チャーティスト．
レイヤード，ヘンリ (Layard, Henry)　41, 55
　1817-94　考古学者．ニネヴェおよびバビロン発掘のリーダー．
レーニン (Lenin)　118, 181, 184, 190, 191, 215
　1870-1924　ロシアの革命家．
レッキー，W. H. (Lecky, W. H.)　86
　1838-1903　アイルランド生まれの歴史家．思想家．
ロー，デイヴィッド (Low, David)　206, 225
　1891-1927　ニュージーランド生まれの風刺漫画家．ブリンプ大佐で知られる．
ロー，ボナー (Law, Bonar)　84, 115
　1858-1923　保守党の政治家．カナダ生まれ．首相（任1922-23）．
ロウントリー，アーノルド (Rowntree, Arnold)　151
　1872-1951　政治家．実業家．テイラーと同じブーサム校出身．1910年，自由党議員として選ばれたが，第一次世界大戦中に民主管理同盟に参加．1918年の選挙で落選したのちは，一族のビジネスに戻った．
ローズ，セシル (Rhodes, Cecil)　57, 116, 117, 128
　1853-1902　南アフリカの政治家．ケープ植民地首相（任1890-96）．
ローズヴェルト，F. D. (Roosevelt, F. D.)　84, 115
　1882-1945　アメリカ合衆国の政治家．大統領（任1933-45）．民主党．世界恐慌，第二次世界大戦中のリーダー．
ローズベリ卿 (Rosebery, Lord)　77, 106, 109, 113, 115, 130, 131
　1847-1929　自由党の政治家．首相（任1894-95）．グラッドストン内閣の外相（任1886, 1892-4）
ローバック，J. A. (Roebuck, J. A.)　40, 41, 60, 64, 65
　1801-79　カナダで育つ．急進主義の議員．クリミア戦争における軍隊の状況を糾弾しアバディーン内閣を辞任に追い込む．東方危機ではディズレイリを支持．
ローバーン卿 (Loreburn, Lord)　147, 164
　1846-1923　法律家．議員．1905年に大法官となる．
ロミリー，サミュエル (Romilly, Samuel)　33, 88
　1757-1818　法律家．微罪にも死刑を課す厳格にすぎたイギリス刑法の改革に尽力．
ロラン，ロマン (Rolland, Romain)　原注5章(43)
　1866-1944　フランスの作家．

原　注

1章

1．バーミンガムでの講演．1858年10月29日．

2．エヴァーズリー卿（ブライトのもとで通商政務次官だった）はF. W. ハーストにそのように述べた．1922年4月9日のハーストの日記．A. F. トムスン氏が私に教えてくださった．

3．J. L. Hammond, *Charles James Fox*, p. 29.

4．フォックスは1924年の段階でもなお，生きた異端の象徴だった．この年，エヴリマンズ・ライブラリーが民主管理同盟の著名なメンバーのイントロダクションをつけて，フォックスの *Speeches during the Revolutioary War* を出版した．

5．この講演を行った後，別の例が出てきている．今回のものは対ロシアを装っているが，対ロシアではない．

6．*Memorials and Correspondent*, iii, 373.

7．*Speeches*, iv, 199.

8．同，iv, 447-9.

9．同，v, 472.

10．同，v, 156.

11．同，v, 370.

12．同，vi, 116.

13．同，v, 340.

14．同，v, 227.

15．同，v, 312.

16．同，v, 339.

17．同，vi, 527.

18．Keith Feiling, *A History of England* (1950), p. 742.

19．*Rights of Man*, i, 78.

20．同，i, 77.

21．同，ii, 50-1.

22．同，ii, 87.

23．同，ii, 88.

24．*Memorials and Correspondence*, iii, 349.

25．同，iii, 217.

26. *Hansard*, new series, xxxii, 34.

27. Lord John Russell, *Letter to Lord Holland* (1819).

28. *Hansard*, third series, iv, 1062.

29. 同, viii, 1434.

2章

1. 1874年から80年のディズレイリ内閣は，多数派を維持したまま次の総選挙まで持ちこたえた最初の内閣である．

2. A. C. Turner, *The House of Commons and Foreign Policy, 1830-1867*. ボドリアン図書館所蔵．

3. *Hansard*, third series, xii, 661.

4. 1832年6月28日．*Hansard*, third series, xiii, 1137.

5. 1686年，スモレンスクはポーランドに奪われた．

6. *Westminster Reviw*, January 1831. J. H. Gleason, *The Genesis of Russophobia in England*, p. 132からの引用．

7. Urquart, *England and Russia*, p. vii.

8. Cobden, *Political Writings*, ii, 545.

9. 同, i, 20.

10. 同, i, 27.

11. 同, i, 142.

12. 同, i, 199.

13. *Hansard*, third series, clxi, 61.

14. 私は「平和主義」ということばを，平和的な政策を提唱した人々として使っている．「平和主義」ということば（20世紀になって初めてつくられたことば）で無抵抗主義を意味する場合もある．後者は政策を否定することで，代替政策を提唱するものではなく，それゆえ，私のテーマとは無関係である．私は平和を提唱する諸団体をここでは無視している．

15. 1858年，バーミンガムで行った外交政策に関する演説．

16. Cobden, 前掲書, i, 7.

17. 同, ii, 375.

18. 同, ii, 377.

19. *Hansard*, third series, cxii. 543-90.

20. *Kossuth ; his Speeches in England*, p. 26.

21. 同, pp. 35, 43.

22. 同, p. 53.

23. ハーニーに関してはロンドン大学図書館に，A. Schoyen によるすばらしい論文がある．

24. G. Robinson, *David Urquart*, p. 124.
25. 1854年3月31日の演説.
26. 1855年6月7日の演説.
27. *Hansard*, third series, clvii, 1260-6.
28. A. C. Turner, 前掲論文.
29. この行為によって，モーリエの公的な経歴に傷がついた．ラッセルはパンフレットが出版される頃にはもう，デンマークを支持する気持ちに戻っていた．したがって，モーリエの行動は忠誠を欠くように思われた．上司を困らせたくなかったので，モーリエは，1870年になってシュレスウィヒ問題が解決し，ラッセルが公務を離れるまで，沈黙を保った．この時点ですでに，モーリエが忠誠を欠いているという評判は外務省内で固まってしまっていた．この評判はどうしても消すことができなかった．一旦着せられた汚名はどうにもならないものである．そこで「否定しない，説明しない」のだ．
30. Morley, *Life of Gladstone*, ii, 117.
31. *Hansard*, third series, clxxvi, 827-66.

3章

1. W. T. Stead, *The M. P. for Russia*, i, 269.
2. 同，i, 356.
3. Gladstone, *Political Speeches*, ii, 354.
4. 同，ii, 30.
5. 1855年6月8日．*Hansard*, third series, cxxxviii, 1071.
6. グラッドストンからグレイ将軍への手紙．1869年4月17日．Morley, *Life of Gladstone*, ii, 316.
7. *Hansard*, third series, cciii, 1787.
8. Gladstone, 前掲書, ii, 32.
9. Morley, 前掲書, ii, 339.
10. 同，ii, 346-8.
11. Evelyn Wrench, *Geoffrey Dawson and his Times*, p. 215.
12. Hyndman, *Record of an Adventurous Life*, p. 180.
13. 1878年10月22日．W. T. Stead, 前掲書, ii, 8.
14. 同，i, 380.
15. *Daily News*, 1876年10月24日.
16. 同，1877年5月22日.
17. オックスフォードで行った演説．1878年1月30日.
18. サウスワーク自由党協会で行った演説．1878年7月20日.
19. Gladstone, 前掲書, i, 183.

20. 同, ii, 219.

21. 同, i, 115-16.

22. 同, ii, 221-2.

23. 同, ii, 351.

24. Blunt, *Secret History*, p. 238.

25. 1884年2月12日. *Hansard*, third series, cclxxxiv, 703.

26. Chamberlain, *Political Memoir*, p. 81.

27. *Hansard*, third series, cclxxii, 723.

28. グラッドストンからヴィクトリア女王への手紙. 1882年7月15日. *Letters of Queen Victoria*, second series, iii, 310.

29. W. T. Stead, 前掲書, ii, 130.

30. Blunt, 前掲書, p. 343.

31. メンバーについてはR. グロスの論文を参照. R. Gross, *Factors and Variations in Liberal and Radical opinion on foreign policy 1885-1899*（ボドリアン図書館収蔵）.

32. ケア・ハーディはこのようにディルクに語った. Gross, 前掲書, 310.

33. MacColl, *Memoirs and Correspondence*, p. 208.

34. Morley, 前掲書, iii, 522.

4章

1. K. Zilliacus, *Mirror of the Past* (1944), p. 128.

2. Bertrand Russell, *The Foreign Policy of the Entente*, p. 70.

3. 同 p. 71.

4. 1896年5月11日.

5. William Stewart, *J. Keir Hardie*, p. 151.

6. 帝国主義について行った演説.

7. J. A. Hobson, *The German Panic* (1913), p. 20.

8. Norman Angell, *War and Workers*, p. 36.

9. J. A. Hobson, 前掲書, p. 29.

10. *The Nation*, 1909年3月6日.

11. この文は次のように続く.「学校の子どもたちはいまなお無視されている」.

12. 1911年12月15日. *Hansard*, fifth series, xxxii, 2585-91.

13. 労働党の1911年年次報告.

14. C. R. Attlee, *The Labour party in Perspective*, p. 200.

15. *Olives of Endless Age* (1928). このなかでブレイルズフォードはマケドニア中の住民を「ブルガリアの小作民」と表現した.

16．1901年，労働党大会決議．

17．結果的に，フェビアン協会はボーア戦争に夢中になった．何年ものちに，バーナード・ショーがムッソリーニのアビシニア征服に夢中になったのと同様である．

18．*The Speaker*, 1903年5月16日，7月4日，1905年8月19日．

19．同，1904年4月16日．

20．同，1905年4月8日．

21．*The Nation*, 1907年6月1日

22．ハモンドは第二次世界大戦中『マンチェスター・ガーディアン』にフランス支持の論説を書いて，ようやくスコットに勝つことができた．この論説は *Faith in France* (1944) にまとめられている

23．ハモンドは1907年初めに社主とけんかした．『スピーカー』は廃刊となり，マッシンガムを編集者とした『ネーション』に代わった．ハモンドはしばらくのあいだ論説を書いていたのではないかと思う．その後ハモンドは歴史を書くようになった．そこで，ブレイルズフォードがハモンドに代わった．ブレイルズフォードはフランスにそれほど夢中になっておらず，ドイツ嫌いというわけでもなかった．この変化は純粋に個人の偶然の要素から起こったものだった．しかし，この変化は急進主義者の見解の変化と軌を一にしているように見えた．彼らのことを知らない歴史家は，知的な雰囲気が変わったのだと躍起になって一般化したい誘惑に駆られにちがいないこれは注意しておかなければならない．私にはジャーナリズムの経験が少々ある．学究的な歴史家の域を超えているのではないかと思う．だから，私はいわゆる世論について研究するときには，いつも最初に人の要素，偶然の要素から探っていくのである．

24．1911年12月14日．*Hansard*, fifth series, xxxii, 2624.

25．*The Nation*, 1910年10月29日．

26．ノエル・バクストンの発言．1912年2月21日．*Hansard*, fifth series, xxxiv, 691.

27．G. H. Perris, *Our Foreign Policy and Sir Edward Grey's Failure* (1912), p. 197.

28．労働党大会，1912年．

29．Norman Angell, *After All* (1952), p. 183.

30．W. H. ディキンスンの発言．1912年7月25日．*Hansard*, fifth series, xli, 1470.

31．F. W. Hirst, *Armaments : the race and the crisis* (1937).

32．T. P. Conwell-Evans, *Foreign Policy from a Back Bench*, p. 82.

33．コートニーからグレイ宛の手紙．1911年9月5日．G. P. Gooch, *Lord Courtney of Penwith*. p. 567.

34．モレル文書から引用したものはR. ウリガーの論文から引用している．

ロンドン大学図書館所蔵.

35. *Diplomacy Revealed* (1919), xxvi.

36. *The Nation*, 1911年1月14日, 4月8日.

37. 同, 1911年9月2日.

38. H. N. Brailsford, *The War of Steel and Gold* (1914), p. 35.

39. H. N. Brailsford, *The War of Steel and Gold*, third edition (1915), p. 7.

40. 同, p. 338.

41. *The Nation*, 1913年5月24日.

42. 同, 1914年5月30日.

43. J. L. Hammond, *C. P. Scott*, p. 153.

44. *Hansard*, fifth series, xl, 2006.

45. 同, lxiii, 1160.

46. Bertrand Russell, *The Foreign Policy of the Entent*, p. 63.

47. Persia : 4 June 1908, 53-270 ; 22 July 1909, 79-187 ; armaments ; 7 March 1908, 73-320 ; 13 March 1911, 56-276 ; post-Agadir : 27 November and 14 December 1911.

48. グレイからカンボン宛の手紙. 1912年11月22日.

49. *The Nation*, 1913年5月10日.

50. 急進主義者は5600万ポンドと噂された予算に対して運動を準備した. 5000万ポンドが受け入れることのできる上限だった. 予算が5100万ポンドまで減額すると, 急進主義者は沈黙した.

51. *Daily Chronicle*, 1914年1月1日.

52. *Hansard*, fifth series, lxv, 727.

53. *The Nation*, 1914年3月14日.

54. 同, 1914年8月1日.

55. 同, 1914年8月8日.

56. *Hansard*, fifth series, lxv, 1846.

57. *The Nation*, 1914年8月15日.

58. J. L. Hammond, 前掲書, p. 177.

59. R. C. K. Ensor, *England 1870-1914*, p. 575.

5章

1. Churchill, preface to E. L. Spears, *Liaison, 1914*, p. vii.

2. ケア・ハーディは最初の時点で異端者だったが, 以前の支持者がケア・ハーディのもとを去ってしまったため, どうにもならなくなった. ケア・ハーディは1915年9月, 心臓発作のため死去した. フィリップ・スノードンはアン

ティポデスにおり，11月になってようやく戻ってきた．スノードンは議会では活発に異端を主張したが，民主管理同盟にはあまり関わらなかった．おそらくマクドナルドが民主管理同盟で際だっていたからであろう．

3．H. M. Swanwick, *Builders of Peace*, p. 57.

4．国際組織について述べたあまり気持ちの入っていないこの程度のことばさえ，民主管理同盟の始まりとなった最初の私的な手紙では，省略している．

5．1916年，民主管理同盟は第5項目を追加した．これもネガティヴなものである．同じく，独立労働党が提案したものである．

6．*The Nation*, 1914年8月29日．

7．同，1916年10月28日．

8．同，1914年8月22日．文法的にはさておき，意味は明快である．

9．W. Stewart, *Keir Hardie*, p. 359.

10. H. N. Brailsford, *Belgium and 'the Scrap of Paper'*.

11. *The Nation*, 1915年2月6日．

12. 同，1915年2月13日．

13. 1916年10月11日．*Hansard*, fifth series, lxxxvi, 147.

14. 1916年10月12日．同，lxxxvi, 332-4.

15. *The Nation*, 1916年1月1日．『ネーション』は1916年7月29日および1917年1月6日この解決策を論説で展開した．

16. *Hansard*, fifth series, lxxxviii, 1728-30.

17. Bertrand Russell, *Foreign Policy of the Entente*, p. 73.

18. J. L. Garvin, *Economic Foundations of Peace*, pp. 400-2.

19. Ramsay MacDonald, *National Defence*, p. 18.

20. *Hansard*, fifth series, 109, 712-22.

21. 同，109, 719.

22. *Labour Leader*, 1916年12月19日．この件に関する引用は，ヴァン・デル・スライスの価値ある研究書，Van der Slice, *International Labour Diplomacy and Peace 1914-19*（1941）からの引用である．

23. Ramsay MacDonald, 前掲書, pp. 115-16.

24. 同, p. 120.

25. *Hansard*, fifth series, xcviii, 2034.

26. 同，107, 588.

27. *The Nation*, 1917年3月24日．

28. *Hansard*, fifth series, xciii. 1625.

29. *The Nation*, 1917年6月30日．

30. 1917年12月19日．*Hansard*, fifth series, xciii, 1999.

31. 1917年2月20日．同, xc, 1178.

32. 同, xc, 1298.

33. *The Nation*, 1917年5月12日.

34. 同，1918年7月6日，10月26日，9月7日.

35. 同，1918年6月15日.

36. 同，1919年1月18日.

37. 1917年5月16日. *Hansard*, fifth series, xciii,1694.

38. 1917年7月24日. 同, xcviii, 1177.

39. 1917年7月30日. 同, xcviii, 836. アルザスには鉱物資源がないということがこの理論のつまらないところである．フランス人はアルザスについても同じように強い感情を持っていた.

40. 1917年12月19日. 同，c, 2040.

41. ウェッジウッドの発言. 1918年5月16日. 同，106，610.

42. マクドナルドは1918年11月15日の『ザ・タイムズ』で，ロイド・ジョージの発言について書き留めたメモを発表した．これによると，ロイド・ジョージは次のように述べたということである.「平和への道のりは遠い．私は心から労働党の代表がこの会議に参加することを願っているし，あれこれ考えている」．しかし，マクドナルドはこの発言を，戦争終結後の労働党の立場がどうあっても，代表を参加させるとする明確な約束がなされたというように解釈した.「ロイド・ジョージ氏は労働党がこの戦争のために政府に参画したならば，労働党は講和会議に代表を送ることになろうと，戦時内閣で労働党に約束をした」(*Forward*, 1918年11月16日). ロイド・ジョージはどちらが正確かという競争に勝ち，労働党はG. N. バーンズを送ることで我慢しなければならなかった.

43. モレルはロマン・ロランに『真実と戦争』を1冊送った．モレルはロランがフランスにいると思っていたが，実際にはスイスにいた．連合国ではなく，中立国に印刷物を送ることは法律違反だった．この些細な罪のために，モレルは6カ月の強制労働の判決を受けた．政府がモレルの性道徳について証拠を捏造しなかったのは不思議なことである.

44. もちろん，ロイド・ジョージは労働党が自分に同意したことを明らかにした.「この要求はわれわれが前進しつつあるということと，具体的な点で，同じ意味である」(*War Memoirs*, v, 2485). しかし，日付はロイド・ジョージが言ったことと違っている.

45. The Bradford *Pioneer*, 1919年2月21日.

46. *Forward*, 1919年5月24日.

47. 彼は，ベルンでベルギーの社会主義者がドイツ人と会合を持つことを拒否したときに辞任した．彼は会合に賛成していた.

48. ヴァンダーヴェルドは1937年，この話をヴァン・デル・スライス氏に伝えた. Van der Slice, *International Labour Diplomacy and Peace*, p. 372.

49. 1919年11月5日. *Hansard*, fifth series, cxx, 1631.

50．1919年11月5日．同，cxx, 1582.

51．Swanwick, *Builders of Peace*, p. 60.

52．ヘンダスンは次のように続けた．「彼らはこの防衛問題を無視する余地などないはずだ」．ヘンダスンが防衛の対象と考えたのは，フランスからの攻撃だった．

6章

1．Ramsay MacDonald, *The Foreign Policy of the Labour Party* (1923), p. 22.

2．同，p. 51.

3．このパンフレットが出たために，バートランド・ラッセルは『協商の外交政策』について答えた．私はこの本を異端の立場をよく表している例として，前の章で引用した．論点は家族内のけんかだった．マレイはラッセルのいとこと結婚していたのである．

4．Ramsay MacDonald, 前掲書，pp. 8, 20-1.

5．スワンウィック夫人自身がノーマン・エンジェルに述べたことば．Norman Angell, *After All*, p. 242.

6．H. M. Swanwick, *Builders of Peace*, p. 1157.

7．*Hansard*, fifth series, 188, 436.

8．同，188, 478.

9．Norman Angell, 前掲書，p. 252.

10．H. N. Brailsford, *After the Peace* (1920), p. 21.

11．同，p. 82.

12．同，p. 22.

13．同，p. 49.

14．同，p. 47.

15．H. N. Brailsford, *Olives of Endless Age*, p. 82.

16．Morel, preface to *Builders of Peace*.

17．H. N. Brailsford, *After the Peace*, pp. 70, 79.

18．*English Historical Review*, lxx, 295.

19．Hugh Dalton, *Towards the Peace of Nations* (1928).

20．Vigilantes, *The Dying Peace* (1933); *Inquest on Peace* (1935); *Why We are Losing the Peace* (1939).

21．K. Zilliacus, *Mirror of the Past* (1944).

22．1933年2月，国際連盟の総会は日本について，連盟規約に基づく義務があるにもかかわらず，武力に訴えたことを承認した──まったく違う話である．

23．「国際連盟を研究する者」の論調はあとになるとかなりジリアカスに引

っ張られた．それももっともなことである．というのは，「国際連盟を研究する者」とはジリアカス自身だったからである．

24. 1931年12月13日．

25. 満州事変については，R. Bassett, *Democracy and Foreign Policy* (1952) が詳しい．

26. ネヴィル・チェンバレンとその支持者たちは，1939年３月15日，ドイツがプラハを占領するまで，この主張を続けた．

27. ここからの引用は，S. Davies, *The British Labour Party and British Foreign Policy 1933–39*（ロンドン大学図書館所蔵論文）による．

28. 1933年11月．

29. 1933年10月16日．

30. *Daily Herald*, 1935年３月29日．

31. 同，1935年４月４日．

32. *New Statesman*, 1936年５月９日．

33. 私の記憶は混乱している．ウィンストン・チャーチルとハリー・ポリットが国際連盟ユニオンの会合で同じ演壇に立ったと記憶しているのだ．おそらくこんなことはなかったにちがいない．しかし，ありうることではあった．

34. *Documents and Materials relating to the eve of the second world war*, ii, 109.

35. この会議について行われた発言でいちばん興味ぶかいのは，アーネスト・ベヴィンが民族国家を非難した発言である．「旧オーストリア－ハンガリー帝国は，経済面で言うとヨーロッパ史上最も健全なものだったと思う」――ハインドマンの賛同が得られそうもない判断である．

36. C. R. Attlee, The *Labour Party in Perspective* (1937), pp. 226–7.

37. *Labour Monthly*, 1937年３月．

38. Vincent Sheean, *Between the Thunder and the Sun* (1943), p. 222.

39. Vigiliantes, *Why We are Losing the Peace*, p. 187.